教师教育精品教材·教学技能训练系列

U0652099

地理课堂
教学技能训练

主编 江晔 刘兰

华东师范大学出版社

图书在版编目(CIP)数据

地理课堂教学技能训练/江晔,刘兰主编.—上海:华东师范大学出版社,2008
(教师教育精品教材·教学技能训练系列)
ISBN 978 - 7 - 5617 - 5985 - 1

Ⅰ.地…　Ⅱ.①江…②刘…　Ⅲ.中学—地理课—课堂教学—教学法—师范大学—教材　Ⅳ.G633.552

中国版本图书馆 CIP 数据核字(2008)第 052008 号

教师教育精品教材·教学技能训练系列

地理课堂教学技能训练

主　　编　江　晔　刘　兰
策　　划　高等教育分社
责任编辑　朱建宝
审读编辑　张新宇
责任校对　邱红穗
封面设计　陆　弦
版式设计　蒋　克

出版发行　华东师范大学出版社
社　　址　上海市中山北路 3663 号　邮编 200062
网　　址　www.ecnupress.com.cn
电　　话　021 - 60821666　行政传真 021 - 62572105
客服电话　021 - 62865537　门市(邮购)电话 021 - 62869887
地　　址　上海市中山北路 3663 号华东师范大学校内先锋路口
网　　店　http://hdsdcbs.tmall.com

印　刷　者　常熟市文化印刷有限公司
开　　本　787 毫米×1092 毫米　1/16
印　　张　15
字　　数　286 千字
版　　次　2008 年 6 月第 1 版
印　　次　2023 年 7 月第 13 次
印　　数　19201-20300
书　　号　ISBN 978-7-5617-5985-1/G·3468
定　　价　35.00 元

出 版 人　王　焰

(如发现本版图书有印订质量问题,请寄回本社客服中心调换或电话 021-62865537 联系)

编者的话

  21 世纪初,我国基础教育课程进行了全面改革,新课程确立了以开发能力、培养健全人格为核心的教育发展观。这一新的教育发展观要求教师像医生、律师一样,具备从事教育教学的专业能力。为此,加强教师教学技能技巧训练成为当前教师专业成长的必要举措和当务之急。地理教学实践证明,教师要把地理知识表达出来,传递出去,教会学生学习地理,教会学生运用地理知识解决现实问题,不仅要有地理知识和经验,更要有从事地理教学的专业能力。

  技能是顺利完成某种任务的智力与动作的活动方式,一般分为智力技能和动作技能两种。智力技能是指顺利完成某项智力任务而组织起来的心理活动,如阅读、理解、速记等。动作技能是指顺利完成某项动作任务而组合起来的实际动作,如绘图、写字、骑车等。然而,在实际活动中,人们要完成某一任务,智力技能和动作技能往往是组合在一起的。地理教学技能是指地理教师在地理教学中,依据地理教学理论,运用地理专业知识和教学手段,顺利完成地理课堂教学目标的一系列教学行为方式,是智力技能和动作技能的综合体现,主要包括课堂教学设计技能、说课技能、导入技能、讲授技能、提问技能、变化技能、课堂学习活动组织技能、"三板"技能、教学媒体运用技能、结束技能、课外实践活动指导技能、教学反思技能、课后评课技能等。这些教学技能是地理教师专业能力的重要组成部分,对于地理新教师来说,只有通过积极有效的训练,才能驾轻就熟地把握地理教材,循循善诱地引导学生,游刃有余地驾驭地理课堂教学。

  地理课堂教学活动是一个完整而又复杂的系统,它包括课前的准备、课中的实施和课后的反思总结。本书 12 章既涉及课前教学设计和说课技能,又包含课中导入、讲授、提问、变化、媒体运用、活动组织和结课等技能,还包含课后的教学反思、评课等技能。地理新教师通过学习、训练,可以全面掌握地理课堂教学技能。

由于地理新教师缺乏教学经验,因而本书注重实际操作,重点介绍地理教学技能运用的原则、要求、方法与步骤,同时提供教学案例和"技能训练",以帮助新教师理解和掌握地理教学的基本技能。

本书由江晔、刘兰主编,江晔负责统稿和审阅。承担执笔任务的有(以章为序):江晔(第1章),吴玉峰(第2章),郭潇潇(第3章),江晔(第4章),魏丽冬(第5章),刘兰(第6章、第7章),魏丽冬(第8章),郭潇潇(第9章)、吴玉峰(第10章)、殷育楠(第11章、第12章)。

本书的编写借鉴了众多学者的研究成果和地理教师的成功经验,在此一并表示衷心的感谢。由于编者水平有限,不当之处在所难免,恳请广大读者批评指正。

编　者

2008 年 1 月

目　录

地理课堂教学技能训练

第 1 章　地理课堂教学设计技能

在"巴西"一课教学时,有地理教师是这样构思的:

一、赛一赛:引出国名;

二、画一画:明确位置和轮廓;

三、比一比:了解自然环境特征;

四、议一议:分析热带雨林的成因、作用、问题和对策;

五、读一读:分析农业、工业、人口和城市;

六、猜一猜:拓展知识;

七、说一说:用关键词表达对巴西的印象。

基于对新课程以学生为本,重视地理学习过程,加强地理理解学习,倡导学生动手实践、自主探究、合作交流等理念的认识,本节课在教学设计中借鉴电视栏目的某些做法,采用初中生喜闻乐见的形式,构建了开放式的课堂教学形式,很有收效。

地理课堂教学能否达到预期的教学目标,教师课前的教学设计异常关键。因此,掌握课堂教学设计技能是教师有效完成教学任务的重要保证。

随着地理教育理论和技术的发展,运用系统的观点和方法对地理课堂教学进行设计越来越受到重视。地理课堂教学设计是指教师在课前备课时,应用系统方法,全面、综合地考虑地理教学活动中的各种因素和条件,制定地理教学目标,研究地理教学对象,分析地理教学任务,选择合适的教学方法和媒体,直至编制出地理教学方案的过程(见图1-1)。

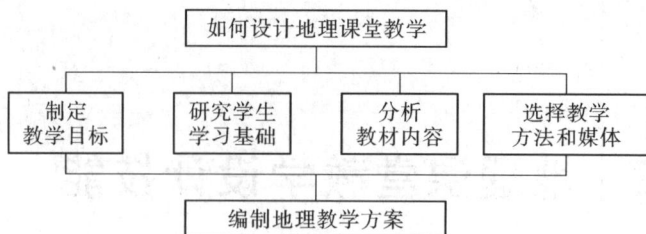

图1-1 地理课堂教学设计过程

第1节 制定地理课堂教学目标

地理课堂教学设计是从确定地理课堂教学目标开始的。只有有了明确的课堂教学目标,才能有的放矢地设计与实施地理课堂教学。

> 🔔 **疑问解答**
>
> **问**:地理教学目标与地理教学目的有什么区别与联系?
>
> **答**:在地理教学工作中,我们看到一些教师常常将地理教学目标与地理教学目的相混淆。实际上,两者既有联系,又有区别。
>
> 它们的联系是:地理教学目的,新课程把它称为"课程目标",是由国家政府规定的地理学科教育应达到的基本要求,是制定地理各阶段教学目标、专题教学目标和地理课堂教学目标的依据和指导。
>
> 它们的区别是:地理教学目的是地理课堂教学目标的上位概念,它是由国家政府制定的,其要求是概括和宏观的,其描述则是笼统和抽象的,如"使学生获得可发展的基础知识、技能和能力",因此,它难以测量;而地理课堂教学目标是教学目的的下位概念,是由每一位地理教师制定的,是对学生一堂地理课后必须达到的学习结果的一种规定,一般采用具体的行为动词来描述,如"学生能在地图上读出广州的经纬度位置",因此,它是可测量的。

新教师学习制定地理课堂教学目标,应该从最基本的步骤做起,那就是理解地理课堂教学目标的构成,掌握地理课堂教学目标的表述方法,认识地理课堂教学目标的制定方法与要求。

一、地理课堂教学目标的构成

课堂教学目标是确切、详细地定义和描述的每节课的预期效果。这种预期效果主要是通过学生学习结束后的行为表现反映的,因此,人们也把课堂教学目标称为行为目标。课堂教学目标是选择、组织教学内容的必要前提,也是课堂教学与评价的基本出发点。

地理课堂教学目标制定是以地理课程目标为指导的。新一轮基础教育课程改革对地理课程目标重新进行了整合和规范,提出了"知识与技能"、"过程与方法"、"情感、态度与价值观"三大领域的课程目标,并赋予了新的涵义和要求。教师在制定地理课堂教学目标时必须依据地理课程目标中规定的三维目标,并且应该将课程目标变化的新思想落实在课堂教学目标的制定中。

拓展链接

现代教学论认为,学习过程是以人的完整的心理活动为基础的认知活动和情意活动相统一的过程,两者缺一不可。所以,"情感、态度与价值观"作为课程目标是其他目标要求无法替代的。事实上,当一个学生掌握的知识与技能、经历的过程、形成的方法,最终都升华为情感、态度与价值观,升华为意识、观念、责任、习惯,从而使学生终身受用。因此,"情感、态度与价值观"是课程的终极目标。

二、地理课堂教学目标的表述

1. 当前地理课堂教学目标表述中存在的问题

在课前准备中,不少新教师会悉心钻研教科书,但却不重视对课堂教学目标的分析、制定。有些教师虽然制定了教学目标,但只是纸上谈兵,教学时另搞一套;也有些教师化了大量心思去制定课堂教学目标,但由于缺乏相应的方法与技能,拟定的教学目标有的不科学,有的不规范,也有的不恰当。常见的课堂教学目标表述问题主要有以下几个方面:

首先,以教师的教学活动作为教学目标,如"通过教学,培养学生分析问题的能力,发展学生的空间想象能力和对事物时空变化的理解能力","使学生能够在填充图册上填出欧洲的主要山脉和河流"。这样的表述只是表示了教师的教学行为和教学结果,而没有陈述学生在教学后学习行为所发生的变化。应该以学生作为行为主体,以"学生能……"等行为动词来表述目标。

其次,教学目标对学生学习行为的表述缺乏可观察性和可测量性,如"知道我国省级行政单位的名称、简称和人民政府驻地","理解水循环过程","掌握板块构造学说及其运用"等。用类似"获得"、"认识"、"掌握"、"领会"等动词往往只是笼统、抽象地表示了学生的内部心理活动,而没有提出学生在学习后外显行为的变化,以致教学结束时很难检查教学目标是否完成。应该用"能说出……""能绘制……""能举例说明……""能分析……"等行为动词来表述目标。

再次,教学目标表述简单、空泛,如"提高归纳能力"、"掌握阅读地图的方法"、"发展创新能力和思维能力"等。这样的表述过于简单,没有具体说明希望学生通过怎样的学习活动来达成教学目标;也过于笼统,缺乏具体性和针对性,可以套用在很多其他课题的教学中。应该用"尝试用表格形式归纳气旋与反气旋的基本特点"、"形成运用等高线图判读海拔高度的方法"等具体内容来表述目标。

最后,一堂课的教学目标设计过于繁杂。例如,有教师在进行"世界主要气候类型"的教学时,设计了这样的目标:"归纳各种气候类型分布的规律,绘制'世界气候类型分布模式图';用自己的语言说明各种气候类型的特点和成因;绘制气温变化曲线及降水量柱状图,并判断气候类型;利用'世界气候类型的分布'学习软件探究世界气候类型分布规律,建立简单的世界气候类型空间分布模型;利用'世界气候类型分布模式图'分析小组自选的一种气候类型的特点与成因,初步学会探究气候类型的方法;交流小组的探究成果,并质疑其他小组的结论;能辩证地看待各种气候的优劣;感知世界气候类型的多样性,进而感悟探究过程的复杂性。"如此多而且要求又高的教学目标在一堂课中是难以完成的,这样的教学目标很可能是形同虚设,对教学难以真正起到指导作用。正确的目标设计应该是适量、适当,而不是多多益善,也不是要求越高越好。

2. "ABCD"模式表述方法[①]

"ABCD"模式课堂教学目标编写方法是一种以行为观为基础的描述方法,它强调用可观察、可测量的外显行为来描述教学目标。该方法认为明确的行为目标主要包含四个方面:

教学对象(A,即 audience),指学生。行为目标描述的应是学生的行为,而不是教师的行为。所以,规范的行为目标的开头应是"学生能……",虽然书写时可以省略,但目标必须是针对特定的学生提出的。

行为(B,即 behaviour),是目标中的最基本成分。行为的表述必须具有可观察、可测量的特点,应使用明确的行为动词来描述,如"列出"、"写出"、"填出"、"比较"、"计算"等,具体可参见表1-1中的地理课堂教学目标表述。常用动宾结构的短语陈述行为,其中动词说明学习行为,宾语说明学习内容。结构式为:行为动词+动作对象。例如,"能说出天气与气候的区别"。

---

① 参考张祖忻等.教学设计——基本原理与方法.上海:上海外语教育出版,1992

表 1-1 常用的表述地理课堂教学目标的行为动词

目标领域	常用行为动词	举 例
知识与技能	说出、辨认、写出、列举、描述、识别、归纳、说明、比较、分析、概括、判断、预测、应用、设计、总结、计划、制作、绘制、计算、测量	➤ 观察世界洋流分布图,说出世界洋流的分布特点 ➤ 根据已有气候资料绘制气温变化曲线及降水量柱状图 ➤ 在给定的太阳结构图上,准确指认太阳的六个圈层 ➤ 运用给定的太阳系结构图和八大行星相关数据资料概括出八大行星的结构特征
过程与方法	经历、感受、参与、尝试、探讨、交流、合作、分享、参观、访问、体验、领会	➤ 在学习天体系统时,尝试运用图表形式概括事物的方法 ➤ 通过月相观测活动,体验从常见的自然现象中发现问题、总结规律的研究过程
情感态度与价值观	指明、选择、描述、解说、坚持、改变、比较、建立、解决、表现、应用、增强、形成、树立	➤ 通过理解从大陆漂移学说到板块构造学说的"三级跳",树立善于思考、勇于创新的精神 ➤ 反思以往人类对待环境的态度,形成正确的环境伦理观

条件(C,即 conditions),指产生行为的条件,即评定学习结果时的约束因素(包括人、环境、设备、信息、时间、问题明确性等因素)。例如,在××图上,能独立分析××地理分布规律;在提供××资料的情况下,能在空白地图上标出××城市的位置,等等。

标准(D,即 degree),指评定行为的最低依据,或学生应达到的最低水准。

按"ABCD"模式可以编写如下地理课堂教学目标:

学生　能在所给出的中国地形图上,　列举　三列　我国东西走向的山脉。
对象　　　　　条件　　　　　　行为　标准　　内容

在实际地理教学中,还可以简化"ABCD"模式的表述方法,主要表述三个方面,即对象、行为动词和内容,如"学生能解释寒潮的概念"。

🔍 案例节录

全国高中地理选修课程"宇宙"专题教学目标

一、知识与技能目标

1. 通过对"宇宙起源"部分的学习,学生能说出 3 种有关宇宙形成假说的名称;能说明"宇宙大爆炸"假说的主要观点。

2. 通过"恒星演化"部分的学习,学生能说出恒星的概念;能运用赫罗图,概括出恒星演化的主要特点。

3. 能以表格形式从时间、主要参与国家、探索领域等方面概括出人类探索宇宙的主要历程;能举例说出人类探索宇宙的意义。

4. 通过"星空观察"部分的学习,学生能在给定的图中辨认出地平坐标系和赤道坐标系简图;能在给定的天球坐标系简图上,确定北极星、织女星、牛郎星、天狼星等恒星的位置;能读懂星空图;掌握活动星图的使用方法;能在给定的星图上辨认出银河及大熊座、小熊座、仙后座、天鹰座、天琴座、金牛座、猎户座、狮子座等星座;能说出星空季节变化的基本规律;在晴朗的夜晚进行野外星空观察时,能准确辨认出当时星空中的主要星座和恒星,初步形成野外星空观测的技能。

二、过程与方法目标

1. 通过对各种有关宇宙起源的假说的了解,领会从不同角度思考问题的方法,学会用发展的眼光看待"宇宙大爆炸"学说。

2. 在观看恒星演化过程图片、影像资料,尝试概括恒星演化主要阶段和特点的过程中,体会归纳、总结、概括、提炼及运用书面语言准确表达思想的方法。

3. 在"收集探索'地外文明'资料,谈谈自己看法"的活动中,学会从各种渠道搜集、筛选、整理信息,体验与人交流的乐趣。

三、情感、态度与价值观目标

1. 在学习"宇宙大爆炸"假说和恒星演化的过程中,体会到人类对宇宙的认识是不断深化、永无止境的过程,增强探索宇宙奥秘的兴趣,形成辩证唯物主义宇宙观。

2. 在"举例说出人类探索宇宙的历程"中,树立科学的探索精神和爱国主义精神。

3. 通过野外星空观察活动,养成严谨的科学态度。

(摘自夏志芳主编《高中新课程选修课教与学——地理》,北京大学出版社2006年版)

三、制定地理课堂教学目标的方法与基本要求

1. 制定方法

制定地理课堂教学目标是进行地理课堂教学设计的重要环节,广大教师应该引起充分重视。地理课堂教学目标的构成体系是:地理课程总目标→阶段(高中、初中)地理课程目标→单元教学目标→课堂教学目标。因此,制定课堂教学目标时应注意:

首先,要认真研究、学习地理课程总目标和阶段地理课程目标中与教学课题相关的要求,从总体上把握课程标准的意图与要求。

其次,要具体分析课程标准中的"内容标准",进一步明确某单元教学的基本目标要求。

再者,要将"内容标准"细化、具体化。因为"内容标准"规定的是学生在某单元课程学习后应该获得的结果,是地理课程目标在教学内容上的基本要求,不是详细和具体的课堂教学目标。当然,还必须要结合教材与实际教学特点,才能制定出与所教班级特点相适应的课堂教学目标。

例如,以初中地理课程"北方地区和南方地区"为例,在《全日制义务教育地理课程标准(实验)》"阶段目标"中与"北方地区和南方地区"有关的要求是:"能初步说明地形、气候等自然地理要素在地理环境形成中的作用,以及对人类活动的影响;初步认识人口、经济和文化发展的区域差异,以及发展变化的基本规律和趋势。"该阶段目标表明了课程标准要求贯彻"人地关系"协调发展和认识区域联系与差异的总体要求;在"内容标准"中提出了三条标准:一是"在地图上找出秦岭、淮河,并说明'秦岭-淮河'一线的地理意义",二是"运用地图指出北方地区、南方地区地理单元的范围,比较它们的自然地理差异",三是"说出各地理单元自然地理环境对生产、生活的影响"。依据三条标准要求,在总目标的指导下,再综合考虑课堂教学目标制定要求和课堂教学各因素,可以设计如下课堂教学目标:

知识与技能:能说明"秦岭-淮河"一线是划分我国东部北方地区和南方地区的界线;通过阅读北方地区和南方地区地形图和气候图,运用表格形式归纳和比较北方地区和南方地区主要的自然地理特征;能举例说明北方地区和南方地区的自然地理环境对农业、工业、交通运输、建筑、饮食等人类生产生活的影响。

过程与方法:通过比较概括北方地区和南方地区的自然地理特征,初步学会区域地理学习的比较法和归纳法;通过角色扮演,感受北方和南方地区居民不同的生活习惯和文化习俗。

情感、态度与价值观:感受我国南、北方地区人民的智慧;在南、北方地区居民角色扮演活动中学会与人合作、交流,并用合适的方式表达自己的看法。

2. 基本要求

地理课堂教学目标的编制是一项复杂、细致的理论性和技术性都很强的工作,需要结合地理教学的实际,依据一定的原则要求。主要体现在以下几个方面。

(1) 明确性

地理课堂教学目标对课堂教学具有导向和标尺的作用。具体而明确的地理课堂教学目标能够引导师生围绕目标的实现而恰当地组织教学过程,有效地展开教学活动,并且以此为标尺,准确地检测地理课堂教学结果。反之,含糊、笼统、无具体内容的课堂教学目标既不能发挥导向作用,也难于检测课堂教学效果。

地理课堂教学目标明确性的主要标准是以可测量的行为动词表明可观察到的地理学习结果。

（2）整体性

"知识与技能"、"过程与方法"、"情感、态度与价值观"这三个维度是课堂教学目标的有机整体。在设计目标时,必须认真分析课程标准的要求,全面设计课堂教学目标,既要有知识与技能目标,也要重视其他目标,不能厚此薄彼。但在具体设计时也应注意不要牵强、生硬地编造教学目标来体现目标编制的整体性。

整体性的另一层意思是每一目标领域都应有高低不同的水平要求,如"知识与技能"中的"知识"方面就有记忆、理解、应用等不同水平的要求,"技能"方面有模仿操作、独立操作、创新操作等不同水平的要求。教学应该将不同水平的要求看作一个有机的发展整体,在制定目标时,要合理地、科学地设计不同的层次要求,以促进学生的学习不断进步和发展,既不能放低标准,也不能过高要求。将同样的标准要求从初中提到高中,同样是不可取的。

（3）适度性

制定地理课堂教学目标时一定要依据课程目标要求,针对教学对象的特点和教学内容的要求。既不能要求太高,让学生跳着也摘不到果实;也不能要求过低,使学生无需动脑思考就能完成。一节课的教学目标制定应该是在个别方面有点难度或高度,而且最好将有难度的地方分散在教学的不同时段,让学生在一节课中,遇到有难度的内容时适度紧张,而在一般的标准要求中,比较轻松地学习,使教学在有节奏的状态中完成。

（4）灵活性

由于学生的学习基础和学习能力存在着差异,也因为教师课前设计的目标要求带有很大的主观性,与课堂教学过程不一定存在着一一对应关系,因此,地理教师应该认真钻研课程标准,制定出灵活而富有弹性的教学目标。

🔔 **疑问解答**

问:新课程强调要重视课堂生成,那么,课前预设教学目标还有必要吗?

答:我们不能片面理解新课程的本意,过分强调生成,而忽视预设在地理教学中所起的重要作用,更不能对教师课前预设予以全盘否定。

课前预设是指教师课前根据地理课程标准的要求、教材的具体要求以及学生的具体情况,设定既明确又适当的教学目标,确定教学的重点和难点,设计精彩的教学环节。不言而喻，预设是教师与文本的对话，体现了教师对课程标准和教材的理解，是教师多年来的教学经验和智慧的结晶。做好预设，尤其是设计好教学目标，可以使地理课堂教学的各个环节、各种方法更有针对性，更切实际，更能为实现课程目标服务。所以，预设是进行地理课堂教学的必要环节。

课堂生成是在指课堂教学中，作为学习的主体、具有主观能动性的学生，他们在与教材对话、与教师和其他学生交流中会生成出课前教师备课中没有预料到的问题和想法。新课程要求教师主动建构与日常生活乃至社会、世界的联系，让学生的所见所闻，让窗外的电闪雷鸣或风云雨雪，自然"粘贴"进课堂中来。因此，课堂教学必须认真对待学生的奇思妙想。

如果说课前预设是强调教师指导，课堂生成则是重视学生自主。那么，课前预设与课堂生成则揭示了教与学的辩证关系。艺术地处理好这一辩证关系就是"学生自主"离不开"教师指导"，"教师指导"着眼于"学生自主"。

第 2 节 研究学生学习基础

学生是教学活动的主体，是实现教学目标、完成教学任务的核心因素。因此，"备学生"是备课的重要方面，课前有必要了解学生的学习准备状况。学习准备状态是新教学的起点，清楚准确地了解这一状态，可以为进一步的教学内容选编、教学活动设计、教学方法与媒体运用等提供背景和依据。正如美国著名教育心理学家奥苏贝尔(D. P. Ausubel)在《教育心理学：认知观》一书的扉页上写到的："假如让我把全部教育心理学仅仅归纳为一条原理的话，那么，我将一言以蔽之：影响学习的唯一最重要的因素就是学生已经知道了什么，要探明这一点，并应据此进行教学。"

一、学生地理学习的基础

1. 学生的知识基础情况

学生的知识准备主要指生活经验方面的准备和地理基础知识的准备。我国古代"以其所知，喻其所不知，使其知之"的论点告诉我们，学生知识准备的程度和水平对新知识学习有重要影响。

地理基础知识是地理学习的必要条件。例如，教学"季风的成因"时，气压与风、地球上气压带风带分布、地球自转偏向、海陆热力差异等都是重要的必备知识。

缺乏这些知识,对东亚季风成因、南亚季风成因等都难以理解。所以在教学前,教师应该了解或考查学生对这些概念的掌握程度,以保证季风成因知识的顺利学习。

由于地理与社会、生产、生活关系十分密切,生活体验自然就成为地理学习的重要基础,影响着地理学习。例如,有位上海地理教师在教学"季风形成"专题时,原以为他的上海学生都知道上海冬、夏季节的盛行风向,因此关于季风的概念教学就设计为让学生自己从生活体验中去分析季风概念的含义,但没有想到他的很多学生都回答说他们不知道上海夏季吹什么风,冬季吹什么风。面对这意料之外的回答,老师显得很尴尬。这一例子告诉我们,进行教学设计时教师需要清楚地了解学生已经具备了哪些与新学内容相关的生活体验和地理基础知识,其中哪些是正确的,哪些是错误的,哪些是模糊的,只有这样才能更好地把握教学的轻重缓急。

疑问解答

问:备课中应如何分析、了解学生的学习准备情况?

答:了解学生的学习准备情况,可以从地理课堂教学目标入手,逆向剖析,找出为实现该教学目标需具备的知识与能力。如教学"在地图上辨认几个地点的相对方位"时,经过对这部分教学目标的逆向层层剖析,就能理清相关知识与能力清单,即如果学生只知道生活中有东、南、西、北之分,而没有在地图上怎样确定东、南、西、北的概念,更不要说确定几个点的相对方位,那么新的学习可从地图上的方位开始,据此就确定出了教学起点(图1-2上的虚线)。

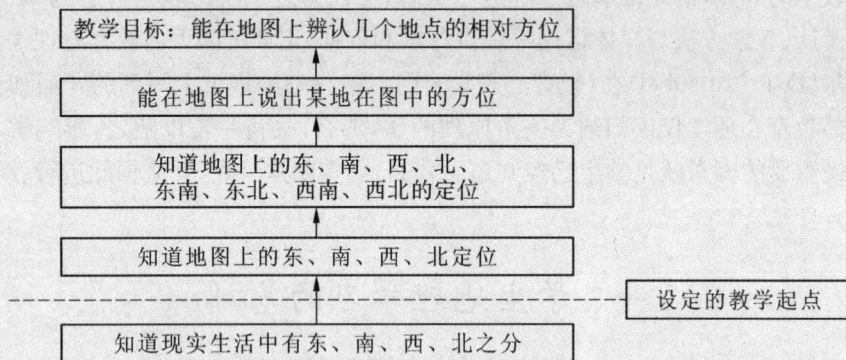

图1-2　确定教学起点

2. 初、高中学生地理学习的特点

学生是地理教学的对象,按照年龄不同可以分出初一、初二年级的少年期学生和高一、高二年级的青年初期学生。两个年龄阶段的学生各具不同的生理和心

理上的特点,因而在地理学习的某些方面表现出一定的差异(见表1-2),教师"备学生"时必须要研究、了解。

表1-2　初、高中学生地理学习特征比较

地理学习特征	初　中　生	高　中　生
认知方式	偏重于场依存方式	偏重于场独立方式
认知特征	注重地理事物的细节	关心地理环境的整体性
思维方式	经验型抽象逻辑思维	理论型抽象逻辑思维
兴趣水平	水平较低,喜欢地理的"新"、"奇"、"乐"内容	水平较高,关心地理能解决什么问题
注意稳定性	在一定条件下(教学变化),能维持20分钟	基本能维持一节课

🔔 **疑问解答**

问:"场独立方式"、"场依存方式"对地理教学有什么影响?

答:"场依存方式"是指人对客观事物的判断常以外部线索为依据的认知方式;"场独立方式"是指人对客观事物的判断常以自己的经验、观点为依据的认知方式。

由于学生地理认知方式的不同,对地理信息的加工方式也不同,对地理学习也就有不同的偏好。地理认知方式偏重场依存方式的学生喜欢结构严密、表征地理事实详尽、事实与原理相结合的地理教材;喜欢系统、明确、富有条理和逻辑的讲授。这是因为他们需要外部提供清晰、完整的地理知识结构。而地理认知方式偏重场独立方式的学生能适应结构松散、时有"布白"的地理教学,因为他们善于用自己的认识来重组地理结构,闭合教学的"空白"。因此,初、高中地理教学应该运用不同的教学方法,以适应学生的学习需要。

3. 男、女学生地理学习特点

不同性别的学生因各自不同的生理和心理特点,在地理学习的某些方面表现出一定的差异(见表1-3),教师"备学生"时同样要认真研究。

表1-3　男、女学生地理学习特征比较

地理学习特征	男生与女生
空间知觉	男生在认识地理事物和现象的空间、在运用地图分析地理事物和现象、在实地对方向和路途的识别与再认等方面均明显优于女生

地理学习特征	男生与女生
思维方式	男生在对地理事物间联系的综合、抽象、概括方面要优于女生；女生在对地理事物的具体分析、在建立地理事物表象并在表象基础上进行地理形象思维方面表现比较突出
兴趣水平	男生对地理学习更感兴趣，且水平也要高于女生
注意指向	男生的注意主要是指向物，偏爱各种自然地理事物；女生的注意则较多地指向于人，更喜欢各种风土人情和人文地理内容

男、女学生在地理学习的某些方面的差异是客观存在的，这对地理教学的影响很大。例如，空间知觉和思维特点等方面的差异直接影响地理学习的质量，进而影响学生地理学习的兴趣。因此，在进行地理教学时，教师要意识到这些差别，并尽可能通过各种方式，充分发挥男、女学生各自的优势，促进他们之间的互补，以有效地完成教学任务。

二、研究学生地理学习的基本方法

地理教学是一门科学，研究学生的地理学习特点应该遵循科学的研究方法。掌握研究学生地理学习的方法是地理教师必备的重要教学技能。一般来说，分析、研究学生，既包括研究全班学生的总体情况，也包括分析个别学生的特殊情况，其基本方法主要有观察法和调查法。

1. 观察法

观察法是指教师在地理教学的自然状态下，有目的地观察与分析学生的地理学习行为表现，了解学生地理学习基本情况的方法。观察法是教师了解学生最常用、最基本的方法。

在地理教学中实施观察法的途径很多，常用的有：

① 观其神情。眼神是心灵的流露，学生的精神状态，如学生对教师讲的内容是否有兴趣，对教师所用的教学方法是否满意，回答问题是否有信心，参加地理测试是否紧张等，都可以通过观察来了解。

② 听其话语。从学生的回答与提问中了解他们掌握知识的程度、思考问题的深度和广度及语言表达能力。

③ 察其活动。例如，观察学生阅读时的速度与方法、讨论的积极性和合作

性等。

④ 阅其作品。例如,从地理作业中了解学生是否理解所学知识、存在哪些问题等。

实施观察应有计划和步骤,特别要注意确定好观察项目和观察指标,制定详尽的观察记录和整理资料的方案;要事前设计好观察记录表,观察中尽可能使用照相机、录像机、计数器等观察工具,同时要及时做好观察记录;要尽可能在自然状态下进行,使所得的数据客观真实。

2. 调查法

调查法是指教师围绕教学主题,使用问卷、访谈、座谈、测验等手段,有计划、有步骤地收集、分析学生地理学习状况的方法。常用的调查方法有问卷法、测验法、谈话法等。

(1) 问卷法

首先,确定调查的主题,即教师想了解的学生某些方面的基本情况,如"学生对地理学习的看法"、"学生心目中的地理教师"、"地理概念教学情况"等。

其次,编制问卷。问卷设计时要注意以下一些问题:

一是宜用选择题和填空题,尽可能不用或少用问答题,以便于学生回答。

二是要遵照简短(问题数量一般控制在 10 个以内)、易行、主题突出、问题具体明确、通俗易懂等原则。例如,有教师在问卷中问:"学期开始时学习的地图技能你是否已经掌握? 掌握(　　)基本掌握(　　)没有掌握(　　)。"其实学生对"地图技能"具体指什么并不明确,对"掌握"的含义和要求也不清楚。即使学生明确了掌握的含义,即使学生掌握了辨别方向的技能,若没有掌握使用比例尺的技能也不会知道如何回答,因此,学生只能是想当然地回答,致使问卷失效。

三是要避免带主观意识的暗示性语言,如:"地理是一门很有用的学科,你喜欢地理学习吗?"

四是要避免一个问题包含两种以上内容,如"上课认真听讲和积极举手回答问题。是(　　)否(　　)"(两种内容并列),这会让认真听讲而不喜欢举手回答问题,或者没有认真听讲但喜欢举手发言的同学不知所措。

五是设计的问题用词应尽可能少,切忌夸夸其谈,洋洋洒洒。

此外,一般以班级为单位了解学生的基础情况,但在需要的情况下,也可以抽取部分同学进行问卷调查。在统计数据时可以分门别类进行,如按班级、按性别、按成绩等统计,这样可以从不同侧面统计出学生的特点,在此基础上再分析原因。

🔍 案例节录

"中学生对地理学习的感受"调查表

亲爱的同学：

为了能更深入地了解广大同学对地理学习的看法,以更好地推进地理教学改革,我们正在进行一项研究,其中需要了解中学生对地理学习的一些实际感受,本表(见表1-4)是为此而设计的。

表中每一项内容后有三个选项,请打"√"表示你的选择,只能选择一个选项。请大家认真、如实填写,谢谢支持。

表1-4 "中学生对地理学习的感受"调查表

年级_____ 班级_____ 性别_____ 填表时间_____

内　　容	同　意	无法确定	反　对
我对地理学习非常感兴趣			
我不喜欢地理,它使我感到乏味			
在地理课上我总是感到很无聊			
总的来说,我对地理有好感			
在课外我也喜欢阅览地理方面的读物			
学习地理没有什么用			
我不明确学习地理的目的			

(2)测验法

测验法是用一组测试题(标准化试题或教师自编试题)去测定某种教育现象的实际情况,从而收集资料数据进行研究的一种方法。如果说问卷调查主要调查学生对于地理学习的态度和观点,那么测验调查则侧重于调查学生地理专业素质和能力水平。因此,在地理教学摸底调查中测验法是不可缺少的一种手段。

使用测验法的关键在于测试题的编制。地理测试题类型多样,目前采用较多的主要有填充题、选择题、材料情境题等。

填充题是一种传统题型,其形式简单、评分容易、试卷覆盖面广,便于测试记忆性内容。编制填充题时要注意科学性,突出重点,应避免抄写教材原文后,简单地隐去其中部分内容,导致学生理解模糊,教师阅卷困难。

例如,高中地理课文中有一段文字:"世界农业发达的地区主要分布在热量条件和降水条件配合较好的热带和温带地区。"如果在拟订填充题时简单地隐去"热带和温带"让学生填充,学生也许会填上"平原"或"土壤肥沃"等内容。因此,必须加上一些限制性的文字,如改为"从温度带来看,世界农业发达的地区主要分布在热量条件和降水条件配合较好的_____地区",才能引导学生填出正确答案。当然,好的做法是尽量避免照搬照抄教材原文,自己重新组织文字。

选择题是标准化考试中典型的客观性题型。它有容量大、覆盖面广、答案唯一性强、评分客观迅速等特点。选择题通常由一个说明题意的"题干"和若干个"选项"组成。最常见的选择题有四个备选答案(选项),其中有一个正确答案,称为单项选择题。例如,"大气中的固体尘埃主要集中在(   )。A. 臭氧层,B. 平流层,C. 对流层,D. 电离层"。

试题的科学性是编制选择题时应十分注意的问题。例如:"平均每上升 1 000米,气温(   )。A. 上升 0.6℃,B. 下降 0.6℃,C. 上升 6℃,D. 下降 6℃。"这道题粗看似乎没有问题,实际上在题干前面应加"在对流层"这个条件,因为在平流层,情况并非这样。此外,编制选择题时,还应注意:题干的意思应明确、简洁;不正确选项和正确选项之间要有一定的近似性、迷惑性;同一道题各个选项的文字长短、结构要力求接近,避免带有暗示性;正确答案的序号要有一定的随机性,等等。

材料情境题是一种由以前的问答题演变而来的,兼含选择、填充、简答、读图、填图、析图、绘图等多种答题形式和功能的复合式题型。编制材料情境题时,选择的情境性材料要以教学目标为依据,一道题要构成一个相对完整的知识内容中心,避免出现各种内容的拼凑;材料应尽可能收集教材外的素材,然后改写,以便检查学生运用知识的能力;材料的信息要简洁明了,切忌无用材料滥竽充数;应尽可能采用不同形式的情境性材料编制试题,如地图、短文、表格、统计图、示意图、景观图、漫画等;设问形式应多样化,包括填充、选择、简答、绘图、填图、作画等,多角度地考查考生对情境性材料的理解能力;一道题中的若干小问题,应保持从易到难的梯度。

🔍 案例节录

填充题、选择题、材料情境题举例

1. 法国的西南部隔比利牛斯山脉与_____半岛相连;德国的西北部、东北部分别濒临北海、_____海。

2. 贮煤地层的岩石类型,一般是(   )。

A. 侵入岩   B. 喷出岩   C. 沉积岩   D. 变质岩

3. 读"中国东部地区梅雨期起讫等日期线图"(见图1-3),回答问题。

(1) 在多年平均情况下,福州梅雨起始日是_____,徐州梅雨终止日是_____。

(2) 在多年平均情况下,杭州梅雨的持续天数约_____天,宜昌的梅雨持续天数约_____天。

(3) 我国东部地区梅雨起始日期的早晚、梅雨天气持续天数长短的空间分布特点是:

自南向北_____;

自东向西_____。

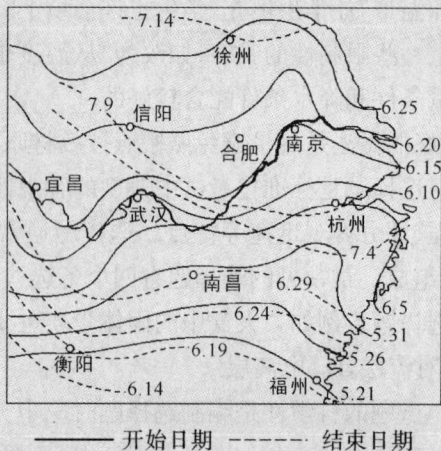

图1-3 中国东部地区梅雨期起讫等日期线图

(4) 上海有的年份梅雨季节较常年明显偏长,有的年份梅雨期间雨天很少(这种情况俗称"空梅"),其原因分别是_____。

(摘自2007年全国普通高等学校招生统一考试上海地理试卷)

(3) 谈话法

谈话法是指教师根据需要,有目的地与学生交谈,以了解学生的内在知识水平和心理特点的方法。与学生谈话可以是一对一的个别谈话,也可以是一对多的集体谈话。

使用谈话法需要注意的问题有:一是事先要有设想,尤其是集体谈话,想了解什么内容要设计好问题,以避免漫无边际地交谈。事先设想主要包括谈话进行方式、提问的措辞、对学生回答的记录和分类整理方法等,记录可以用类似表1-5的表格整理。二是谈话时要掌握好提问的技术,善于洞察学生的心理变化,善于随机应变,以调控好谈话过程。

表1-5 谈话调查用表

被谈话学生_____ 性别_____ 班级_____ 谈话时间_____ 地点_____	
谈话原因	
谈话问题	
学生反应	
教师分析	
备　注	

第3节　分析教材内容

　　地理教材是地理教学过程中教师用来协助学生达到教学目标的各种信息材料。分析与处理地理教材是设计地理课堂教学、制定合理有效的教学方案的前提和基础，也是实现地理教学目标的关键步骤。因此，地理教师必须掌握分析和处理地理教材的技能。

　　地理教材包括基本教材和辅助教材(如图1-4所示)，本节主要讨论地理教科书的分析与处理。

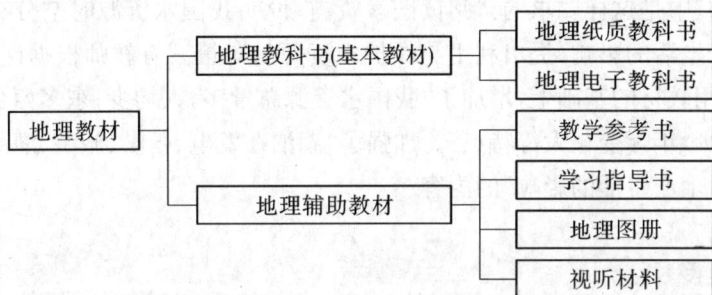

图1-4　地理教材组成

一、研究地理课程标准要求

　　地理课程标准是国家地理课程的基本纲领性文件，是国家对地理基础教育课程的基本规范和质量要求，它规定了地理课程的性质、目标、内容框架，提出了教学建议和评价建议。学习、研究地理课程标准对教师全面了解中学地理教学结构、内容、要求，明确每堂课的教学目标等具有十分重要的指导作用。

　　首先，通过学习地理课程标准，教师能从中了解地理课程的教育理念。2001年国家颁布的《全日制义务教育地理课程标准(实验稿)》提出了许多新的理念，如"学习对生活有用的地理"、"学习对终身发展有用的地理"、"改变地理学习方式"、"构建开放式地理课程"、"构建基于现代信息技术的地理课程"、"建立学习结果与学习过程并重的评价机制"等。上海市也提出了"关注促进学生发展的地理"、"关注贴近学生生活的地理"、"关注实践与应用的地理"、"关注与现代信息技术整合的地理"等新课程理念。学习、研究这些理念，有助于教师更新教育观念,在分析与处理教材时将课程标准的思想落到实处。例如,在分析、处理教材时,许多教师有意识地增加与学生生活密切相关的素材,关注世界的变化,突出人口、资源、环境等可持续发展内容,加强地理实践性活动,重视现代信息技术内容,等等。

其次,课程标准中的"内容标准"(上海为"内容与要求")是课程标准的主体部分。其中,关于内容方面的标准要求是学生学习地理课程必须达到的基本要求,而"活动建议"(上海为"实践与应用要求")是为开展学与教活动提供的参考性建议。它们既是编写教材的依据,也是教师分析教材、运用教材的依据,教师应该以此为依据加强或简化教材内容,增删教材内容。例如,关于"河湖"方面,《全日制义务教育课程标准(实验稿)》中是这样要求的:"自然环境与生产生活——河湖",在"实践与应用要求"中是这样要求的:"阅读图表资料,说明我国水资源时空分布的特点,以及对生产生活的影响,提出利用与保护水资源的对策。"有教师根据课程标准的要求,在利用教材的基础上,增加了"我国水资源总量多,人均少;东多西少,南多北少;夏多冬少,年际变化大等特点"。加强了"湖泊在发电、蓄洪、旅游、灌溉、水产养殖等方面对生产生活的影响"的内容。

拓展链接

新课程教材观认为,教材不是传统观念上的实施教学的"法定"文件,而是教师指导学生学习的教学材料,是师生间进行建设性对话的"文本"和"材料"。正如叶圣陶先生在几十年前曾指出的"教材无非是个例子",是一个依据课程标准编写的教案。

既然教材是一种教学的材料、例子,是一种可用的工具,那么,教师就应该根据自身教学的特点对教材进行加工、选择、取舍、更新。事实上,正是在这种加工、选择、取舍、更新的过程中,教和学才得以生动活泼地进行,教师和学生才能真正成为交互主体。

再者,课程标准中的"实施建议"部分,包含有"教学建议"、"评价建议"等内容。这些内容比较宏观地概括了地理教学的建议,对进行教材、教学分析具有纲领性的指导意义。例如,《全日制义务教育课程标准(实验稿)》中有一条"注重评价学生对地理概念、区域的自然和人文特征的理解水平"的评价建议,这就要求教师在分析教材知识内容时把注意力放在地理概念、地理特征、地理规律、地理成因等原理性地理知识方面,而不是一些孤立的、琐碎的地理细节上;把注意力放在对这些地理知识的理解上,而不是记忆上。"教学建议"部分有相应的案例介绍,教师可以对照起来学习运用。

二、分析地理教材的基本方法与要求

分析地理教材，就是将教材分解开来，认识它的每个部分或每个层次的实质，乃至整本教材的实质，进而通过综合获得对地理教材的全面认识的思辨过程。所以，地理教材分析遵循的是"整体—部分—整体"的思辨路线。以下从教材背景、教材结构、教材内容三个方面分析地理教材。

1. 了解地理教材诞生的时代背景

任何一部教材都是在特定的社会、经济、科学技术发展的背景下产生的。分析地理教材的时代背景有助于教师把握教材的时代特点，领会教材的时代要求，从而正确、有效地运用地理教材。

作为地理新教师，应该充分认识地理教材的时代背景，转变传统的地理教学观念。在教材分析时首先要充分了解教材的诞生背景，从而将时代的要求融进每一堂课的教学要求中。

21世纪初的我国课程改革，无论是基于全国地理课程标准的教材，还是基于上海市地理课程标准的教材，都体现了新时期对地理教育的要求。因此，分析、运用教材时，要充分挖掘教材的这种时代特点。

表1-6　21世纪初我国地理教材改革的时代背景

现代社会特征	现代教育要求	现代地理科学要求
现代社会是一个知识快速更新、新事物不断涌现的变革社会。它需要地理教育培养学生成为有知识、有创造力、有地理科学素养的一代新人……	现代教育要求地理教育尊重学生个性发展特点，从培养学生的实践能力和创新精神出发，选择对学生生活及终身发展有用的地理内容，通过建构学习培养学生终身学习的能力……	现代地理科学要求地理教育以"人类发展和地理环境之间的关系"为核心来组织课程内容，加强地理科学素养和人文精神的培养，为今日和未来世界培养活跃而又负责任的公民……

2. 把握地理教材结构

教材结构分析是指从构成关系、逻辑顺序和组成方式等方面对教材进行整体和局部分析。教材结构分析不仅有助于教师深入理解地理教材，而且对于教材的重新组织、加工和展开大有帮助。

（1）整体分析

地理教材结构的整体分析就是从宏观的角度分析、了解教材编排体系和内容

第1章　地理课堂教学设计技能

框架结构。通过整体分析,教师可以明确教材的编排思路、意图、特点和基本内容,明确某一教学内容在整个教材中的地位和作用,从而更好地将课程要求贯彻到每一节课中。

关于教材编排体系,不同教材表现出不同的特点。例如,人民教育出版社出版的《义务教育课程标准实验教科书·地理》的教材编排体系包括章、节、框题、课文四个部分(见图1-5)。其中,章、节、框题和课文是逐级的从属关系,课文又包括叙述式课文和活动式课文。与以往的教材相比,新教材在体系结构的设计中加大了"活动"的力度,使得"活动"成为教学内容的重要组成部分,"活动"的功能已不仅仅是复习巩固课堂知识,而是要促进新知识的教学,这是新教材体系结构的一个创新点。

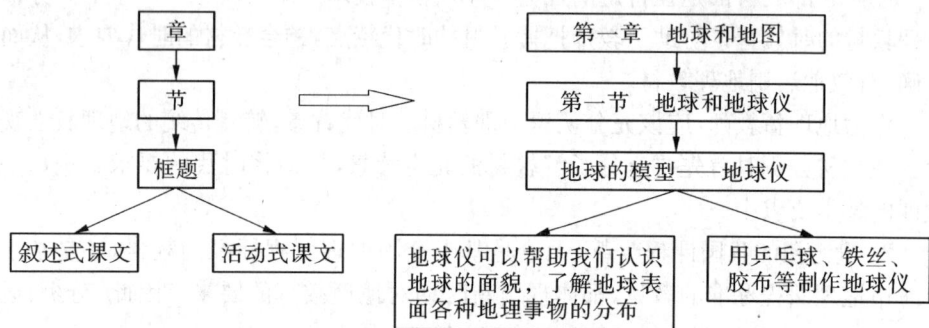

图1-5 人教版地理新教材(7—9年级)的体系结构示意①

据此,教师就应该重视研究教材中的"活动"板块,增强教学的探究性和实践性,让学生切实参与到教学活动中来,体现"改变地理学习方式"的重要理念。

关于教材内容框架结构,分析《九年义务教育课本(试验本)·地理》(上海教育出版社,2003年版)可以看出,在"世界分国篇"、"全球篇"和"省区·地区篇"内容后面,专门安排了不同尺度的区域作为"自主学习"的内容,其目的是通过必修内容的学习,使学生在初步掌握了学习方法以后,能将所学的方法运用于新的学习情景中,使学生在"自主学习"中学会学习区域地理的基本方法。据此,教师应该重视对教材中"自主学习"模块的研究,将"自主学习"安排在更多的情境中,切实提高学生的自主学习能力。

(2)局部分析

地理教材局部分析是指从微观的角度分析教材某一章或某一节的结构组成、

---

① 段玉山主编.地理新课程课堂教学技能.北京:高等教育出版社,2003

地理课堂教学技能训练

教材表述系统、教学重点和难点。局部分析为教师和学生使用教材提供具体的方法指导,具有较强的可操作性。分析的步骤是:

① 分析教学知识点和知识的内在联系

首先把教材的某一章或某一节划分为若干个教学知识点。一般来说,可以将教材的框题作为教学知识点,如果框题所涉及内容范围比较大,则可以进一步细化。其次分析、梳理各知识点,形成知识之间的内在联系。一般来说,知识间的联系有并列联系、主从联系、因果联系、递进联系等。通过这两方面的分析,可以确定本章或本节的知识结构。例如,上海市《高级中学课本·地理(高中二年级第二学期、试验本)》"地球的运动"专题,列出了地球自转、地方时与区时、地转偏向力、地球公转、季节的形成等五个教学知识点,进一步分析五个知识点之间的关系,可以组成一个关系图(见图1-6)。

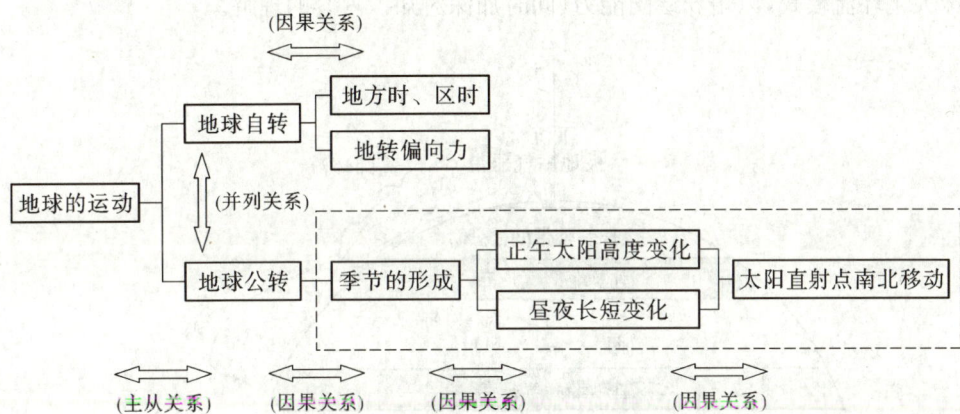

图1-6 "地球的运动"专题知识联系示意图

当某一知识点内容比较复杂,应该进一步分析其内在的知识联系。例如,图1-6中的虚线框图,就是对"季节的形成"的分析。如果为了教学方便,还可以进一步细化知识。

只有在教师明确了具体知识点及其相互之间的内在关系后,教学才有可能变得条理清晰,层次分明,详略有致。

② 分析教材表述系统

地理教材表述系统主要有课文系统、图像系统和活动系统三个子系统,因此,分析教材应该着重从这三方面入手。

课文系统,就是以文字符号(包括数字)的形式储存和传递的教学信息,在教材中主要由正文和教学辅助材料,如"阅读"、"导读"或"专栏"等组成。课文系统深刻阐述了地理事物和现象的本质特征和相互联系,精确表述了地理概念和原理。分析课文系统,应该重点分析地理知识的内在联系,建立知识间的逻辑关系;分析课文内容对落实"知识与技能"、"过程与方法"、"情感态度与价值观"三维课程目标的作用。

图像系统,就是以具有直观形象的图像形式储存和传递的教学信息,在教材中主要由地图、示意图、景观图、统计图等组成。图像系统以直观形象的方式表述了地理事物与现象的分布及其复杂的空间关系等。分析图像系统,一方面要分析图像所表达、解释的地理内容,所承担的训练地理技能、方法的功能,是否成为教学重点或难点等;另一方面还要分析如何运用图像。例如,分析"北半球大气环流"示意图(见图1-7)可以看到,该图解释了地球上风带和气压带的形成原理;能训练学生的空间思维与想象能力和因果逻辑推理能力;可以借助现代多媒体手段,让图中内容分层显示,并逐步条理清晰地分析;还可以要求学生在学习这幅图后绘制南半球大气环流模式,以培养绘图能力,同时加深对知识内容的理解。

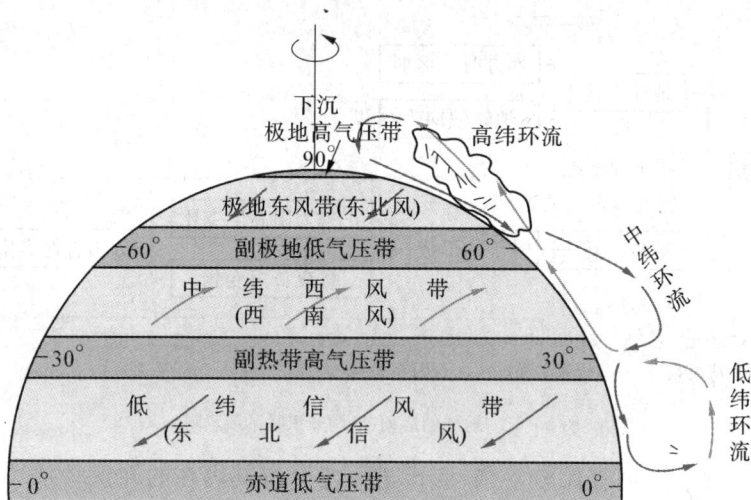

图1-7 "北半球大气环流"示意图

活动系统,就是以指导学生进行思考和实际操作等活动方式来传递的教学信息,在教材中往往由"讨论"、"思考"、"制作"、"观察"或"想一想"、"说一说"等要求构成。分析活动系统应该仔细分析"活动"的作用和组织形式。例如,上海市《高级中学课本·地理(高中二年级第一学期、试验本)》在有关"气压与风"内容的最后,设计了如下思考题:

3. 山区,白天风沿坡面从山谷吹向山顶,晚间由山上沿坡面吹向谷地;沿海地区,海陆间常发生昼夜风向的转变,近地层白天风由海洋吹向陆地,晚间由陆地吹向海洋(见图1-8)。这是为什么?

地理课堂教学技能训练

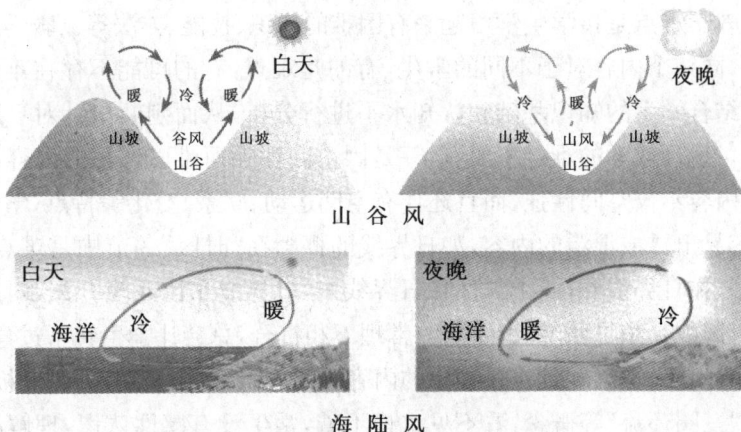

图1-8 "山谷风"、"海陆风"成因练习

这思考题促进了学生对所学"热力环流"内容的理解,并且运用知识分析说明生活中的问题,属于运用性练习,有助于培养学生分析问题、解决问题的能力。在进行图像分析时,就要设计好将这一活动安排在哪里,是如教材编排放在这部分内容学习的最后,还是在进行这部分内容教学时就插入进去。

(3) 分析教学重点和难点

地理教学重点往往是指地理教学内容中最基本、最核心的、具有共性、概括性的、原理性强的知识、技能、方法等。

地理教学内容中具有这种特性的知识、技能、方法不少,学生掌握了这些知识、技能与方法,就能举一反三,触类旁通。地理教学中概括性和原理性强的内容主要是指地理基本概念、基本原理和重要方法。例如,等值线图阅读方法、地球自转公转运动规律、太阳直射点南部移动、气温垂直变化规律,以及气候、水圈、资源、地理环境整体性与差异性等概念与原理,由于这些内容和方法具有常用性、应用性和迁移性,是地理后继学习的基础,自然就是教学的重点。

🔔 疑问解答

问:一般教学设计时都是以教学目标中的"知识与技能"作为教学重点?可以将"过程与方法"或"情感、态度与价值观"作为教学重点吗?

答:当然可以。以往教学往往是重知识,轻方法;重技能,轻情感。所以表现在具体的教学重点设计上就是只关注"知识"或是"技能",以"方法"作为教学重点的很少,而以"过程"、"情感、态度与价值观"作为教学重点的更是少之又少。然而,新课程将"过程与方法"视为核心课程目标,将"情感、态度与价值观"作为终极课程目标,所以,我们必须要转变认识和做法,根据具体教学需要,科学、合理地分析教学重点。

地理教学难点是指学生学习起来有困难的知识、技能、方法等。教学难点不能一概而论,同一个内容对于不同的学生,有的是难点,有的可能不存在难度。这就需要教师结合学生的知识基础和认知水平进行分析,从而判断出针对一般学生而言的难点。地理教学的难点主要有:一是因空间性强而难以理解的内容,如"地球运动",该内容不仅空间性强,而且还伴有空间运动、联系、变化等特点,学生很难理解;二是容易出错或混淆的内容,如日界线的概念在"时区"一节中是难点,原因在于东十二区在日界线西,西十二区在日界线东,日界线东比西晚一天,西比东早一天,其他时区则是东早西晚,由于它与常理不相符合,总会让学生转不过弯来;三是离学生现实生活较远、并且比较抽象的内容,如"积温"、"生长期"、"磁北极"、"地转偏向力"、"三圈环流"等概念,看不见也摸不着,学生没有感性认识,理解起来有一定困难;四是需要一定背景知识做基础的内容,如"大气圈对地球生命的保护"是建立在太阳短波辐射、大气长波辐射、大气逆辐射、大气散射、大气反射等背景知识基础上的,如果学生对这些已学过的知识掌握得不扎实,那么,理解大气圈对人类保护作用的相关内容就会有难度。

案例节录

"营造地表形态的力量"难点分析

由于本堂课内容涉及的是一些非常宏观的地理场景和一些变化非常缓慢的作用过程(如风化、变质作用等),而且与学生的切身体验和生活实际有一定距离,因此,学习难点可能会出现在以下几个方面:一是地壳的相对运动,一般人们的直接印象是:地球表面不是连在一起的吗,怎么会相对发生运动? 只有借助板块构造学说来解释才能理解。二是变质作用,课文中没有用文字加以介绍,由于这一作用发生在地壳深处,过程复杂,学生理解有困难。三是冰川地貌,因为少见而难以理解。

(本案例由张家港市后塍高级中学孙德勤撰写)

突破难点就是要在教学中成为学生学习"拦路虎"的地方选择策略,设计方法,让学生真正理解并掌握难点内容。常用的方法有:分散难点,各个击破;联系实际,举例说明;加强比较,区分异同;直观呈现,增强感知;梳理关系,层层解剖等等。

第4节 选择教学方法

地理教学方法是地理教学系统的重要构成要素。实践证明,科学、合理地运用教学方法有利于发挥教师的主导作用,加强学生的主体地位;有利于促进学生掌握地理知识和技能,促进学生情感、态度与价值观的形成和发展。

一、常用地理课堂教学方法

关于教学方法的概念有许多不同的定义,虽然各种定义的表述不同,但可以从众多的定义中概括出教学方法的四个要点:为实现教学目标服务,包括教法和学法,受教学内容制约,是一系列的方式与手段。根据这四个要点,结合地理学科的具体情况,可以把地理课堂教学方法表述为:在地理课堂教学过程中,教师和学生为实现地理课堂教学目标,根据特定的地理教学内容而采用的符合学生认知规律的一系列行为与认识方式、步骤、手段和技术的总和。地理课堂教学的常用方法见表1-7。

表1-7　常用地理课堂教学方法

行为方法		认识方法
运用语言教学为主的方法	讲述法 讲解法 讲谈法	比较 分类 分析 综合 抽象 概括 归纳 演绎 ……
运用象征符号教学为主的方法	地图法 纲要信号图示法	
运用直观教学为主的方法	演示法 实验法	
运用自主探究为主的方法	发现法 讨论法 合作探究法	
运用实际操作为主的方法	练习法 游戏法	

地理课堂教学既有外显的行为方式,又有内在的认识活动,所以,表1-7中所列的两类方法在实际运用时,总是根据教学需要被选择并组合为一个有机整体。例如,在教学寒流概念时,如果选择讲解法,只是说明主要采用教师讲,学生听的行为方式,至于是运用怎样的认识方式,是比较、分类方法,还是归纳、演绎方法,或其他认识方法,还需要从认识方法中选择。因此,表中的两类教学方法在教学中是有机结合的。如果在教学中,还运用了直观教学中的演示法,那就是讲解法、演示法、比较分类法三种具体教学方法的组合。

二、地理课堂教学方法优选原则

教师要把自己钻研掌握的地理教学内容传授给学生,方法很重要。好的教学方法不但可以使学生较快地获得知识,还可以启发学生思维,培养学生智能,进行情感、态度与价值观教育。所以,备课中一定要认真研究教学方法,根据教学目标、教材内容和教学对象特点,运用地理教学理论,来确定相应的地理教学方法。选择地理课堂教学方法时,要注意以下原则。

1. 要了解地理教学方法的基本特点

任何教学方法都具有自身独特的方面,在某种条件下是适当而有效的方法,而换个条件或对另一种形式的教学来说,可能就不适用。所以,了解、熟悉各种教学方法的可能性和优缺点就显得十分重要。

2. 要以现代课程理念为指导

现代地理教学论认为,地理教学不仅可以使学生获得地理知识与技能,更重要的是要培养学生的地理探索能力、地理学习能力、地理科学素养和人文精神。因此,地理课堂教学不应把教材知识结论简单地告诉学生,而应该让学生经历钻研、探索的过程,启发他们经过探索、思考去掌握地理知识。

3. 要依据地理课堂教学目标、任务

教学方法是为实现教学目标、完成教学任务服务的,所以,选择教学方法必须以教学目标、任务为出发点。例如,若课堂教学目标主要是传授新的地理知识、建立新的地理概念,这时就应考虑选择直观性、逻辑性强的方法,以利于学生在建立地理表象的基础上,形成正确的地理概念。若课堂教学目标是形成地理技能,那么,除了选用讲解、演示等方法陈述要求以外,主要应考虑选用实践、练习的方法加强训练。

> 疑问解答
>
> 问:学生的情感、态度与价值观是怎样形成的? 教学中适合运用什么方法教学?
>
> 答:在地理学习中,学生情感、态度与价值观的形成是一个价值标准不断内化的过程。教师或教科书上陈述的价值标准,对学生来说是外来的,这种外来的价值要变成学生信奉的内在价值,需要经历一个内化的过程。

地理课堂教学技能训练

一般来说,情感、态度与价值观形成的价值标准内化过程为:首先是接受,即学生感受到某一现象的存在,表示愿意接受和注意,并做出相应的反应(如学生认识燃烧秸秆会污染大气环境,对此举手发表自己的看法)。然后是确信,即学生在接受的过程中,加上自己的主观意见,对某一现象的价值作出自己的评判,并形成对该现象的价值观;同时,在与该现象有关的行为上显示出高度的坚定性(如学生形成了确信自己节约每一滴水都是在为可持续发展战略"添砖加瓦")。最后是性格化,即学生把对事物的价值观、信念内化,形成一个系统的人生观和世界观,在态度、言语行为等方面都受其约束和控制,以致言行表现出明显的个性特征等(如学生形成了正确的保护水资源的观念,并能在实际行动中从自我做起)。

由此可见,情感、态度与价值观是建立在对具体事物认可、坚信基础上的,教学中,简单地运用讲授法是很难真正起到教育效果,比较适宜的方法是通过案例分析、现身说法或是参观、访问,用事实让学生信服,通过讨论、辩论、角色扮演等来提高认识。

4. 要符合教学内容特点

德国教育家第斯多惠说:"真正的教学方法并不单纯是任意强加于科目的表现形式,它是从科目的性质产生出来的,是科目的本质。"由此可见,教学方法的选择取决于教学科目的性质和内容。无论是学习知识,还是学习掌握知识的方法,或是培养发展智能,都必须服从于知识的性质。

对地理教学课题的分析,一般应考虑:①课题内容的性质,即所教地理知识属人文地理知识,还是属自然地理知识?②课题内容的学习方法论要求,即分析所教课题内容的思路,由此初步确定符合课题内容的教学方法。

例如,进行日本经济地理特征教学时,经过分析将知识归属为区域人文地理知识中的国家经济地理,比较适合的行为方法是讲谈法,图像方法是地图法和其他数据图表法,认识方法是比较方法和区域分析综合法。

5. 要遵循学生的地理认知特点

地理课堂教学方法最终是实施在学生身上的,方法是否符合学生的认知特征,是衡量教学方法是否有效的一个基本准则。学生对方法选择的影响,表现在方方面面,主要有:

(1) 学生学习地理的特点

众所周知,地理学科内容具有极明显的整体性和差异性,所以,归纳出整体、演绎出个别、比较出异同是学生地理思维的主要方式。地理学科内容的广远性使学生对许多地理事物的发生、发展既无法亲身感受,也不能直接观察和实验。所以,借助"近处"的地理事物来推知"远处"的地理事物,借助模拟的地理形态来想象真实的地理事物是地理学习的又一特点。选择教学方法时不能不考虑这些特点。

(2)学生的年龄特点

中学地理教学对象主要处在两个不同年龄时期。高中学生处于青年初期,自觉性、独立性已经有明显增长,他们的思维特征表现为理论型为主的抽象逻辑思维,即思维过程中具有较强的抽象概括性。所以,对他们可以选择运用有一定要求的案例法、发现法、讲解法等,发展他们的独立学习能力。而初中学生处于少年期,自觉性、独立性均不如高中生。他们的思维特征表现为经验型为主的抽象逻辑思维,这就是说,他们的抽象概括水平不高,思维过程需要大量的生活经验和事实材料来作支持。所以,选择教学方法时,多考虑直观的、谈话的、教师引导为主的方法。

第 5 节   编制教学方案

地理课堂教学方案(即地理教案)是地理教师上课的课时计划。地理课堂教学方案如同战前拟定作战方案一样不可缺少,它是地理教师在深入研究教材、全面了解学生的基础上,经过周密策划设计而成的地理课堂教学活动的实施方案。地理教案设计得越科学,对可能出现的问题估计得越细致、周到,就越有助于取得良好的教学效果。

一、地理教案的基本内容和格式

编写地理教案是备课的最后一步工作,是地理教师必须具备的一项基本教学技能。

1. 地理教案的基本内容

地理教案除包括授课学校、班级、日期和执教者等基本内容外,还包括如下内容:

(1)课题

课题是指地理教案的名称,是一堂课的主体内容的概括,一般用课本中章、节或节内框题的名称来命名。例如,"板块运动"、"行星风系"、"气压带和风带"、"自然界的水循环"等是用专题,即节的名称作为课题;而"地球公转与季节"、"板块构造学说"、"季风与农业"等是用节内框题的名称作为地理教案的名称。

（2）教学目标

地理教案中的教学目标是地理课程目标的具体化,需要地理教师依据课程标准,根据所教对象特点予以制定(关于地理课堂教学目标的编写方法,参见本章第1节)。

（3）教学重点和难点

教学重点和难点是通过分析教材、研究学生得出的,是教学的关键所在。抓住地理教学的重点和难点,处理好重点与一般的关系,突出解决重点和难点问题,是地理课堂教学成败的关键(关于如何确定教学重点和难点,参见本章第3节)。

（4）教学方法

地理教学方法种类很多,教师要根据一节课的具体情况,综合考虑教学目标、教学内容、学生的特点等多种因素,经过优化组合,选择出适合本节课的教学方法。例如,学习"人口与人种"一节时,可选择以讲谈法、归纳法为主,辅之以讨论法等。

（5）教学用具

教学用具包括教具和学具,教案中应清楚、详细地列出所用教学用具。地理课堂教学中经常使用的教学用具有教学挂图、地球仪、经纬网仪、实物投影仪、幻灯机、多媒体平台(计算机、大屏幕投影)以及各种多媒体教学软件、自制课件等。教学用具的选择应视具体教学需要而定,有条件的学校可以多使用现代化教学用具,以体现新课程提出的"构建基于现代信息技术的地理课程"、"关注与现代信息技术整合的地理"等教育理念。

（6）教学过程

教学过程是地理课堂教学的具体实施过程,这 内容是教案的主体部分。对这部分编写设计的具体要求是:

详案编写。教案编写有详案和简案两种方式。两种教案的格式基本一样,不同的只是在"教学过程"一项中有详略之分。详案就是对教学过程设计中的主要环节及其辅助环节和活动等都有详细的文字编写,甚至是一字一句编写。至于教学中是编写详案还是简案,要根据教师自己的教学需要和学校对教师的要求而定。一般来说,新教师应该编写详案,这样做一方面对教学事先有了足够的熟悉和了解,可以增强教学自信,另一方面便于积累教学素材。

规范编写。编写应该按照具体要求来做,一般来说,"教学过程"部分主要包括"教学累计用时"、"教学主要环节"、"教学行为(讲解、提问、演示等)"、"学生活动"、"板书、板图"等方面。如果按照教学进行过程分主要有"导入"、"新课展开"、"运用练习"、"结课"等环节。新教师在编写"教学过程"时,应该对每一环节作仔细认真的分析、设计。而且,在教案中,可以用红笔写或划出、或是单独编排等手段将"提问"、"演示"、"板书"、"板图"等凸显出来,以保证实际教学中能快速找到它们,确保教学的顺利进行。

　　精心设计。"教学过程"是教案的主体部分,一定要精心准备。作为一个新教师,首先要确保编写出符合基本要求的教案,具体表现为:教学目标适切、教学内容充实有条理、教学方法与手段合适,以及过程合理、注意引导学生学习。然后是提出更高的目标,编写出富有一定特色和创意的"教学过程"。如运用故事、歌曲的歌词、货币图案、游戏活动等一些方式巧妙创设贯穿教学始终的教学情境,使教学构成一个完整的整体。

　　🔍 案例节录
运用马克货币设计"德国"一课主要内容

　　借助马克上印有的栎树叶图案,解释德国的地理位置和气候特点。

　　借助马克上印有的帆船图案,讲解德国发达的水运和密布的河网。随后沿着河流,分别讲解德国的著名城市。

　　借助马克上印有的六分仪图案,引出德国是高度工业化的经济大国,重点讲解鲁尔、慕尼黑工业区。

　　借助马克上印有的钢琴、羽毛笔等图案,介绍马克思、爱因斯坦、贝多芬等伟人的诞生与地理环境的关系。

　　借助马克上印有的埃尔茨教堂、林贝格大教堂图案,讲解德国的建筑特色,带领学生欣赏德国的著名建筑。

　　最后,通过马克到欧元的变化说明当今欧洲联合、世界统一的大趋势;运用欧元背面保留马克部分图案说明在世界统一的趋势下,文化仍保持其独特性。

　　　　　　　　　　　　　　(本案例由上海师范大学地理系03级吴春华撰写)

(7) 教学提纲

　　教学提纲是教学过程的主线,反映了教师教学的思路,是地理教案编写中不可缺少的重要部分。编写教学提纲可以帮助教师整理教学思路,如果一节课的教学提纲不清楚,整个教学过程就会发生混乱。教学提纲可分为教学内容提纲和教学流程提纲。

　　教学内容提纲主要是对一节课的内容作梳理,使它条理化。从内容上来说,教学提纲反映的应该是教学的重点和难点,以便于在教学过程中落实重点与难点,也便于学生了解、掌握；从要求上来说，它必须是逻辑性强的，能够根据学生的特点做到知识学习的循序渐进，并且做到精炼、适量；从形式上来说，经常采用的是纲目式或框图式；从文字表述上来说，一般不超出三级，但在重点或难点方面可以适当增加层级。一级纲目是本节具有明显特点的内容要点，二级纲目在一级纲目的范围之内，是对一级纲目的具体化（见图1-9）。

```
一、森林的环境效应
1. 环境的肺脏
(1) 净化空气
(2) 吸烟滞尘
2. 环境的卫士
(1) 山区：涵养水源、保持水土
(2) 干旱、半干旱地区：防风固沙、保护农田
3. 环境的调节者
(1) 调节气候
(2) 减弱噪音
(3) 美化环境
```

图1-9　纲目式教学提纲

疑问解答

　　问：备课中需要编写的教学内容提纲与教学板书是一回事吗？

　　答：它们既有共同的方面，也有差别。共同的方面表现为：它们都呈现一节课的重点内容和教学思路，因此从内容上和要求上基本一致。但由于教学提纲是给教师自己看的，而板书则是给学生看的，所以，板书可以有更多的表现形式，如图示式、表格式等。

　　教学流程提纲也叫教学流程示意。与教学内容提纲不同的是，教学流程提纲的编写主要侧重在一节课内容的教学过程安排，因此，一份规范的教学流程应该既包括教学内容，又包括教学环节与方法。如果是在教学内容提纲基础上再编写流程提纲，就使流程变得详细、完整（见图1-10）。

　　（8）教学后记

　　教学后记，也叫教学小结或教学回顾，可以是教师课后对教案实施情况的回顾与总结，也可以是教学心得、体会的简括。教学后记有助于教师及时总结一节课的优点和不足，为以后的教学提供借鉴。教学后记形式不限，可以写成短文，也可以列成条文等。

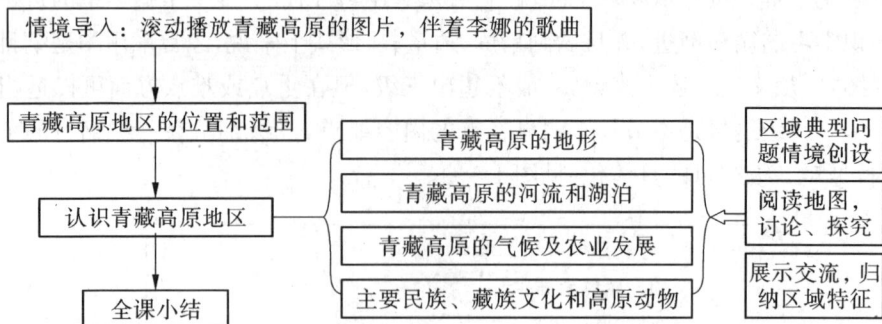

图1-10 "青藏高原"一节内容教学流程示意

"营造地表形态的力量"一课短文式教学后记

本节课在时间上非常紧张。但我首先从学情调查入手,"知己知彼",同时分散知识难点(如板块构造、风化等),为学生深入学习做好准备。由于内力作用过于宏观或过于微弱,而外力作用学生接触较多,因此在展开学习时,我的组织方式是内力作用以学生"找"为主,教师多举生活中的例子"促"学生理解;外力作用以学生的"说"为主,教师适时提出一些具有"导"向性的问题,帮助学生构建知识体系,效果比较理想。本节课能紧扣教学目标,运用丰富的图表和资料,注重知识和技能的练习与培养;通过多样的讨论等活动,关注学生的学习,渗透情感和合作意识教育。

(本案例由张家港市后塍高级中学孙德勤撰写)

"傍水而居"一课条文式教学后记

1. 基本能按照教案设计进行教学。

2. 对话教学贯彻始终,有效地启发了学生对地理问题的思考,学生纷纷列举自己生活中的例子回答问题,充分调动了学习积极性。

3. 新课讲解重点突出,运用多媒体手段较好地吸引了学生的注意力。

4. 由于学生发言积极,课堂时间没有把握好,原本设计的"找一找"活动结课方式因时间问题没有完整地表现出来,深感遗憾。这是不是败笔呢?我认为不是,关注课堂生成、关注学生学习正是新课程所要求的。

(本案例由杭州外国语学校严萍撰写)

2. 地理教案的基本格式

编写地理教案是一项创造性的工作,没有一成不变的格式,以使用方便为宜,其基本格式如表1-8所示。在实际设计时,有的教师将"教学过程"一分为二,左边写教师的活动,右边写学生的活动;或者左边写主要教学进程,右边写板书要点、板图板画、提问内容、学生活动以及备注等。

表1-8 地理教案的基本格式

教师_____ 学校_____ 班级_____ 日期_____

课　　题	
教学目标	
教学重点与难点	
教学方法	
教学媒体	

教　学　过　程				
时间分配(分)	教学主要环节	教师教学行为 (讲解、提问、演示等)	学生行为	板　书

教学提纲:

教学后记:

二、地理教案的编写方法

1. 详案编写

详案编写是指编写地理教案时,主要用详尽的文字形式表达备课结果的方法,是新教师编写地理教案的基本方法。详细编写教案有助于教师全面、细致地把握地理课堂教学过程、组织教学语言、设计教学板书,从而充分发挥教师的主导作用。

在设计"等高线与地形图的教学方案时,可参照表1-9所示形式。

表1-9 "等高线与地形图"的详案编写

课题名称	专题7 等高线与地形图	
教学目标	1. 知识与技能 (1) 能说出等高线图的基本特点。 (2) 利用等高线地形图判断坡度陡缓。 (3) 在等高线地形图上,辨认山顶、山脊、山谷、陡崖、悬崖等地形部位。 2. 过程与方法 (1) 尝试运用等高线地形图分析、解决某地工程区位决策方法。 (2) 通过阅读等高线地形图,体验从地图中发现问题、总结规律的认识过程。 3. 情感、态度与价值观 运用所学的等高线地形图知识和原理解决生活和生产中的实际问题,养成理论联系实际的学习习惯,感悟地理科学的应用价值。	
教学重点与难点	重点:等高线的特点、等高线地形图判读 难点:等高线地形图判读	
教学方法	讲解、提问教学、图表演示、归纳总结、练习	
教学用具	多媒体课件	
课时安排	一课时	
主要环节与时间	教师(讲解、提问、演示等)活动	学生活动
一、新课导入 时间:0—3分钟	同学们,在这节课的开始,老师先来给大家讲一个发生在老师自己身上的故事。 那是1988年,我还在读大学二年级,我读的专业不用说大家也知道,是地理科学。记得那年10月,我们去杭州野外实习。一天,天下着小雨,我们正在山上考察地貌,教地貌课的老师拿着等高线地形图在教我们怎么在野外读图,很多同学在公路旁围着老师在听、在记录。突然,一位农民工一边快速向我们奔来,一边大喊道:"快往下撤,山上要炸山了,这里封山了"。这时,我和一位同学落在后面,一转眼找不到老师和其他同学,怎么办,必须赶快逃,怎么逃?公路的哪头是通到山脚?本想查看等高线图,找一条捷径,可是这时手上那张布满了密密麻麻等高线的地图怎么也看不懂,完了,惊慌之中,我们找不到下山的路,只好在没有路的丛林中艰难地连摔带滚地滑到山脚⋯⋯ 当年的等高线地形图已经找不到了,今天老师带来一张类似的等高线图。 (展示等高线地形图) 如果当年老师我在图上的这个位置,同学们能为老师指出应该怎么走,能既快速,又安全地到达山脚? ⋯⋯ 好了,现在大家都选好了,答案很多。到底哪些同学能够为老师找到一条生路?学完今天的"等高线与地形图",你们就有能力助老师一臂之力了。接下来,我们就来学习等高线地形图的判读。 (板书:专题7 等高线与地形图)	倾听故事、讨论、选择

主要环节与时间	教师(讲解、提问、演示等)活动	学生活动
二、新课展示 复习海拔与相对高度 时间:4—7分钟	(指等高线地形图提问)这张等高线图上标出的高度是什么高度? 　先来复习两个概念:海拔和相对高度。 　海拔——高出平均海水面的高度,这就是通常人们所说的高程或绝对高程。 　相对高度——指两个地点的绝对高度之差,表示地面某个地点高出另一个地点的垂直距离。相对高度的起点是不固定的。 　虽然海拔和相对高度指的都是垂直距离,但海拔的起算点是黄海平均海平面,各地的海拔是可以比较的,因此,我们通常用海拔来表示地形高度,并绘制成等高线。	回忆、思考
等高线的基本特点 时 间: 8—16分钟	那么什么是等高线? 等高线有什么特点? 　(Flash展示等高线) 　总结概括: 　等高线:在地图上将海拔相同的各点连接而成的线投影到平面上所形成的水平曲线。 　等高线的基本特点: 　(1)同线等高:同一等高线上的各点,高度相等。 　(2)等高距全图一致:等高距即指两条相邻等高线之间的高度差。 　(3)等高线均为闭合曲线(大图中看不到等高线的闭合,中断在边框上)。 　(4)等高线一般不相交、不重叠;有时看到重合,那只有在峭壁陡崖处出现;有时也会看到相交,那只有在悬崖处出现。 　(5)等高线疏密反映坡度缓陡;等高线愈稀,则坡度愈缓;等高线愈密,则坡度愈陡。	分析、总结等高线的基本特点
在等高线地形图上判读各种地表形态 时间:17—25分钟	要想成为一位能够指挥千军万马的将军,首先必须对作战的环境有深入的了解,而作战地区的地形就是其中一个非常重要的方面。 　在等高线地形图上怎么样来区分不同的地形呢? 首先回忆一下,初中时学过哪五大地形类型? 　(展示地形鸟瞰图和等高线地形图) 　五大地形是指高原、平原、山地、丘陵、盆地,哪位同学能说出高原与平原、山地与丘陵的相同点与不同点?	回 忆、思考、回答

主要环节与时间	教师(讲解、提问、演示等)活动				学生活动
在等高线地形图上判读各种地表形态 时间:17—25分钟	1.(板书)五大地形类型的判读				回忆、思考、回答
	地形类型	定 义	相同点	不同点	
	高 原	海拔高度一般在500米以上,面积广大,地形开阔,周边以明显的陡坡为界,比较完整的大面积隆起地区	表面平坦,相对高度小	高原的海拔高,即绝对高度高	
	平 原	陆地上海拔高度相对比较小的地区。平原是陆地上最平坦的地域,海拔一般在200米以下			
	山 地	指海拔在500米以上,相对高度大于200米的高地,起伏很大,坡度陡峻,沟谷幽深,一般多呈脉状分布	相对高度较大,有地表起伏	山地的相对高度更大,坡势更陡	
	丘 陵	一般坡度较缓,遍布连绵不断的低矮山丘。海拔一般在500米以下,相对高度一般不超过200米			
	盆 地	四周高(山地或高原)、中部低(平原或丘陵)的盆状地形	中间低,四周高		
	承转:我们的地表形态千姿百态,除了五大地形之外,还有山脊、山谷、山峰、鞍部、陡崖。 2.(板书)地形部位的判读 山脊是从山顶到山麓凸起高耸部分;山谷是从山麓到山顶凹陷低洼部分;鞍部是相邻两个山顶之间呈马鞍形的低地。其中山地以较小的峰顶区别于高原。				
在等高线地形图上判读各种地表形态 时间:26—32分钟	(展示陡崖、悬崖、鞍部、山脊、山谷等高线地形图) 哪位同学能在这张等高线地形图上,读出山地、丘陵和盆地,并说出你的判读依据。左右同学可以讨论一下。 (总结):我们可以根据等高线形态和等高线的疏密状况来判读。 继续思考在这张等高线地形图上,怎样判读陡坡、缓坡、陡崖、悬崖、鞍部、山谷、山脊等形态? (总结):我们可以根据等高线的疏密程度以及海拔高度来判断: (1)陡坡——等高线密;缓坡——等高线疏;				讨论、回答、思考、比较、总结得出方法

主要环节与时间	教师(讲解、提问、演示等)活动	学生活动
在等高线地形图上判读各种地表形态 时间:26—32分钟	(2) 陡崖——等高线特别密集以至几条等高线重合; (3) 悬崖——几条等高线相交; (4) 鞍部——等高线数值外低中高,大致呈"∞"形; (5) 山谷——等高线弯向海拔高处,该处为低凹的山谷,其中弯曲最大处的连线称为山谷线——集水线; (6) 山脊——等高线弯向海拔低处,该处为高凸的,其中弯曲最大处的连线称为山脊线——分水岭。 在弯曲很多的等高线图上怎样判断山谷和山脊呢? (板画)山脊、山谷等高线的判断方法:画一幅简单的两侧高、中间低的山谷等高线图,在山谷等高线上作一条水平线,在水平线与等高线交点上连续取 a、b、c 三点,比较三点的海拔高度,b 点低于两侧的 a、c 两点,由此可以得出图中等高线弯曲的连线是山谷,反之则为山脊(这种判断方法也可以用来判断其他的等值线图)。	讨论、回答、思考、比较、总结得出方法
三、运用练习 时间:33—37分钟	好,学了知识和方法,就要看看我们同学是不是真正掌握了,让我们来做一做。 1. 在四幅等高线地形示意图中,选择能体现"深山藏古寺"意境的图。 2. (1) 如果在甲村和乙村之间修建一条公路,应选择_____(②或③)线,理由是_____。 (2) 如果在该地区建设小城镇,甲、乙、丙、丁四个村庄发展条件最有利的是_____,理由是_____。 (3) 为了解决未来小城镇的用水、用电问题,该地区计划在④处修建水电站。选坝的理由是_____。但随之可能带来的问题是_____。	观察、讨论、练习,回答
四、结课 时间:38—40分钟	同学们都学得不错。 现在,回过头来我们看看上课伊始老师讲的故事。现在我们应该都知道怎么走可以下山了吧。 应该是走甲线,因为甲线是通向山脚的,而且等高线比较稀疏,说明坡度比较缓,所以,老师要谢谢选择甲线的同学,选择丙线的同学也对,但显然坡度相对陡了一些,而选择乙线的同学,是错的了,因为这是朝山顶的方向。对不对? 好,今天同学们学了一招了吧?以后旅游,或生存训练,或到了工作岗位完成某任务时可能会用得上。 下课。	回答
教学后记	(略)	

2. 流程式编写

　　教学流程是浓缩了的教学过程,其层次清楚、简明扼要,把复杂的教学过程分解为相对简单的几个环节,直观地显示整个地理课堂教学过程各要素之间的关系、比重,有利于地理课堂教学的有序展开。

　　在实际教案编写中,这种编写方法适合有教学经验的教师。新教师可以在编写详案的同时,再编制一份"教学过程"的流程,教学时将这份流程放在一边醒目的位置上,不断提醒自己教学的顺序,使自己清醒地知道教学的基本进程。

　　🔍 案例节录

"巴西"流程式教案编写

　　一、教学目标

　　1. 知识与技能

　　(1) 能在世界地图上描述巴西的纬度位置和海陆位置特点,能说出巴西是南美洲面积最大、人口最多、人种复杂的国家等基本特征。

　　(2) 能举例说明巴西自然环境对经济发展的影响,能分析巴西迁都对巴西国家区域经济发展的意义。

　　2. 过程与方法

　　能运用比较的方法分析巴西南北地区的地理差异;通过巴西自然条件对经济发展影响的学习,学会用自然与人类活动密切联系的地理认识论分析问题;在了解巴西多姿多彩文化特点的同时,进一步形成尊重、欣赏其他民族文化和生活习俗的意识、角度与能力。

　　3. 情感态度和价值观

　　在讨论学习"亚马孙河流域热带雨林保护和开发的意义与措施"中,进一步树立环保意识和全球观念。

　　二、教学重点、难点

　　巴西自然环境对经济发展的影响;热带雨林保护和开发的意义与措施。

　　三、教学方法

　　地图法、讲授法、讨论法等。

　　四、教学用具

　　世界地图、巴西地图、多媒体课件。

　　五、教学流程

　　教学流程如图1-11所示。

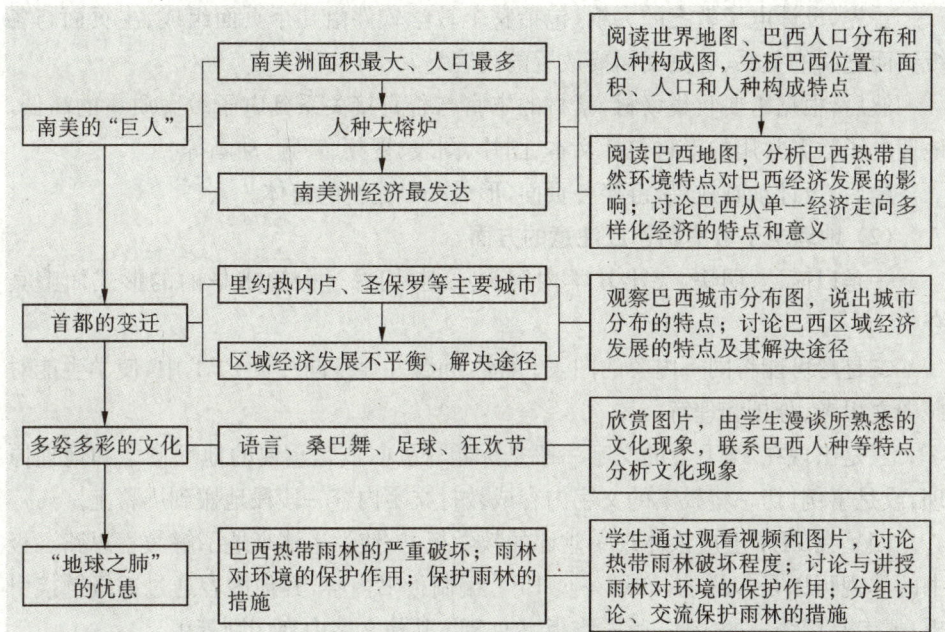

图1-11 "巴西"一课教学流程

3. 电子教案编写

电子教案就是教师借助现代教育技术,通过计算机将教案进行编辑、存储,精心设计制作在磁介质(或光介质)上的多媒体地理授课方案。电子教案具有信息量大、方便快捷、能调动学生多种感官并用的特点。电子教案图文并茂、有声有色,直观性强,能动态分层展示教学内容。因此,电子教案既能极大地激发学生学习地理的兴趣和欲望,又能促进学生学习的意义建构,提高学习效率。

目前较为流行的多媒体电子教案制作,主要有幻灯式、流线式、网页式等几种形式。其中,幻灯式电子教案操作方便,易学易用,是制作多媒体电子教案的首选形式。幻灯式电子教案一般使用 PowerPoint(简称为 PPT)软件制作而成。PowerPoint 功能强大,能够制作出集文字、图表、声音、动画、视频等于一体的演示文稿,并可以按一定的顺序播放。

（1）电子教案编写的基本步骤

利用 PowerPoint 制作幻灯式电子教案的步骤如图 1-12 所示。

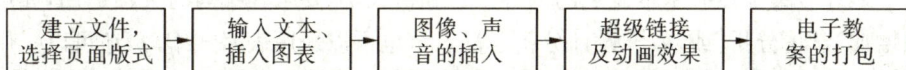

图1-12 利用 PowerPoint 制作电子教案的步骤

第1章 地理课堂教学设计技能

首先,设计电子教案的大纲,包括整个教学软件由几个页面组成、主页面与各级页面之间的关系、各页面需要放置的内容等。

然后,根据需要收集素材,素材的丰富与否直接关系到电子教案质量的高低,地理电子教案常用的素材包括文本、图片、图表、视频、音频、动画等。

最后,设计动画效果,链接各页面,形成一个流畅的整体。

（2）地理电子教案制作应注意的方面

一是以简洁、明快、突出教学内容为原则,切忌过分追求华丽的形式而喧宾夺主。

二是尽可能将同一内容的图表、文字、问题并存于同一页 PPT 中,使学生能对照图文思考、分析和理解。

三是出现在 PPT 上的文字一般是标题、提问,或是重要的地理概念和地理原理,或是事例,切忌将教案的文字内容或教材文字内容一段段地搬到屏幕上。

四是在 PPT 上应该体现一堂课的教学板书,使学生清晰地了解教学思路。板书的体现可以是多样的,如用一页 PPT 编制板书内容,其他内容通过超级链接引出;或者是用统一的字体、版式将板书文字与其他文字内容区别等等。

五是每页 PPT 中的内容应该根据教学进程分步显示,而不是一页 PPT 内容整体显示。

三、地理教案编写的基本要求

1. 科学性

编写地理教案首先必须做到科学无误,主要是观点正确、内容准确、引用的材料真实可靠。

2. 规范性

教案编写还要讲究格式,尤其是新教师更要从基础做起。从教学目标到教学过程,从提问内容到提纲和板书设计,都要纲目分明、眉目清楚、仔细周密、行文规范。

3. 灵活性

地理教案虽然有基本规定的内容项目和格式,但要求在编写时灵活运用,如可以增加"学情分析"或"教学设计分析"等栏目,也可以采用表格式编写,还可以采用叙述式编写。灵活性还要求教师根据教学目标,视课堂实际情况的变化,对课前设计、编写而成的教案作适当的调整。

技 能 训 练

1. 运用"ABCD"教学目标表述方法,编制某一地理课时的教学目标。

2. 下面是一段关于"冬季风"的教材文字,分析这段内容,完成训练要求:

"冬季,亚洲大陆比同纬度的太平洋降温快,气温低,在中高纬度的大陆内部形成强大的冷高压中心(蒙古、西伯利亚高压,也称亚洲高压),被切断的副极地低气压退居北太平洋上,成为阿留申低压。强大的亚洲高压与阿留申低压、赤道低压之间产生强盛的偏北气流,形成寒冷干燥的冬季风。"

(1) 运用测试法,编制一份测试卷,以了解学生学习这部分内容的知识准备情况。

(2) 选用一种"活化"教材的方法,将这段教材文字转换成某种形式的教学内容。

(3) 设计出这段内容的教学内容提纲和教学流程提纲。

3. 自选一课时地理教学内容,根据地理教案编写的格式和要求,编写一份详案和一份流程式教案。

4. 根据问卷设计的基本要求,请以有关"地理学科作用"或"地理学习方法"为主题,也可以"地球公转的地理意义"、"中国气候特征"知识理解为主题,设计一份调查问卷。

第2章 | 地理课堂教学说课技能

说课萌芽于中国的沃土,是一种实用性强、简便易行的教学研究形式,它在教育理论和实践之间建起了一座桥梁,成功地解决了一线教师教学与研究不能兼顾的矛盾,具有蓬勃旺盛的生命力。广泛深入地开展说课活动,对于提高教师素质、提升教育品质都有十分重要的意义。

第1节 说课的内容

说课是教师面对同行和专家,以科学的教育理论为指导,在精心备课的基础上,主要用口头语言,并借助有关的辅助手段,阐述自己对课程标准及教材的理解和把握、课堂教学程序的设计和安排、学习方式的选择和实践等一系列教学元素的确立及其理论依据的一种教学研究活动。简言之,即做什么,怎样做,为什么这样做。

拓展链接

说课的"诞生地"是在河南省新乡市红旗区。1987年6月底,为参加市"教坛新秀"评比,需要选出本区的参评人员,但时至期末,新课已经讲完,采用听课评比的形式已不可能。区教研室一位同志提出,可以选几节课,重点听听老师们的课堂设计。结果一试,大家一致认为这是个好办法,省时高效,简便易行,不但能考评出教师的知识水平和教学能力,还极大地调动了广大教师学习教育理论、钻研业务的积极性,有效改变了"教"和"研"脱节的现象。联想到导演的"说戏",于是就为这一活动起了一个新名词——说课。

说课产生以后,经过几年的探索实践,逐渐成为一种比较成熟的教研形式,并迅速在全国推广开来。1992年成立了"全国说课研究协作会",定期召开学术研讨会和说课年会。1993年11月,全国第一部说课专著《说课探索》出版发行,从理论和实践两个方面进行了有益的探讨,之后又有《说课新探》等20多种说课专著相继出版,推动了说课研究的深入发展。各地区围绕说课研究的重点、热点,组织学术研讨,开展教学实践,不断推陈出新,创设了很多适应本地区并有利于提高教师素质的说课模式。时至今日,说课已经由最初仅仅是备课和上课之间的一个教学环节,发展成为一种综合性的教学研究活动。对于刚刚走上工作岗位的新教师来说,深入掌握说课技能,积极参加说课活动,是促使自己快速成长为熟练教师、研究型教师、智慧型教师的重要途径。

（摘自李兴良等《教学智慧的生成与表达——说课原理与方法》,教育科学出版社1999年版）

说课的内容极为丰富,一般可概括为说教材、说教法、说学法、说教学程序等几个方面,而课程标准和学情分析则贯穿于上述几个方面之中。"做什么、怎样做和为什么这样做"是说课的核心,具有决定性作用,是教师对课程标准、教材、学生及教育教学理论等认识的结晶,也是教育观念及教育机智的集中体现。

一、说　教　材

说教材是说课最基本的内容,即"教什么"的问题。说教材可以从以下几方面进行。

1. 说教材分析

教材是实施课堂教学的基本依据之一,对教材深度和广度的分析是否恰当直接影响说课质量。因此,只有认真领会所说教材的地位和作用以及知识的前后联系,才能准确把握教材的关键内容,才能将教材编排思路变成自己的教学思路,并通过具体教学活动予以体现。

说教材的时候一定要联系课程标准,课程标准是教育部对教学工作的指导性文件,规定了该学科、该学段教学的内容、基本能力要求、教学原则、教学方法、实施建议等内容。教材是依据课程标准而编写的,是课程标准部分内容和要求的具体化。联系课程标准说教材,就是要在吃透课程标准的精神的基础上,阐述教师自己对教材的理解、分析及处理意见或方法,即说教材编写意图、教材的地位作用、新旧知识的衔接点和生长点、对教材的删减增补等内容。

案例1　说"人类对太空的探索"的教材编写意图

本课内容出自根据《上海市中学地理课程标准(试行稿)》(以下简称《课程标准》)编写的《高级中学课本·地理(高中二年级第一学期、试验本)》(中国地图出版社,中华地图学社,2004年版),是第一篇"宇宙与地球"当中的第三个专题,主要内容包括太空探索的历程和太空探索的意义两部分。

根据《课程标准》中课程设置的要求,"认识宇宙"是高中阶段基础型课程的第一部分,是学习其他部分的基础。从地理科学的角度来看,地球的宇宙环境是地球表层环境的大背景,离开对地球宇宙环境的考察和分析,地球表层环境的演化和发展规律就不能得到完整的解释。人类对太空的探索是认识宇宙的重要方法和途径,同时也是认识宇宙的重要目的之一,因此,教材在"认识宇宙"这一部分安排"人类对太空的探索"专题,有着充分的科学依据。

《课程标准》在总目标中提出"积累科学素养和人文素养",科学素养首先表现为科学精神,如坚持真理、执著探索、勇于献身等。在人类对太空的探索历程这一部分内容中,教材编选了大量事例,就充分展现了宇宙无限、人类的探索也永无止境的科学内涵,教师还可以让学生去搜集更多的事例,包括失败的案例(如美国哥伦比亚号航天飞机发射失败,宇航员遇难),让学生体会科学的征途并非一帆风顺,从而更加珍惜、热爱我们已经获得的真理。所以,本专题是对学生进行科学素养教育的极有价值的载体,是达成高中地理教学情感态度与价值观目标的重要途径。

案例2　说"以种植业为主的农业地域类型"的地位作用

本节是《普通高中课程标准实验教科书·地理(必修2)》(人民教育出版社2004年版)第三章"农业地域的形成与发展"中的第二节。在第一节学习了"农业的区位选择"之后,讲述"季风水田农业"和"商品谷物农业"两种以种植业为主的农业地域类型。对这两种种植业做具体分析,是对第一节内容的加深和升华。同时本节与下一节"以畜牧业为主的农业地域类型"在内容的安排上是并列关系。从宏观上看,本节既是前面知识的加深和升华,又是后面知识的对比和参照。

(资料来源:http://www.pep.com.cn)

案例3　说"土地资源"的前后知识联系

本节课是《义务教育课程标准实验教科书·中国地理(八年级上册)》(人民教育出版社2006年版)"土地资源"一节教学的第二课时。教材在地形、气候、陆地水之后安排土地资源，主要是考虑到地形、气候是促进和影响土地资源形成与利用的主要自然地理环境要素，而土地资源的利用受人类长期的生产活动与社会经济条件的影响，是人类经济活动(农业、工业、交通运输等)的物质基础，因此本课时教学内容有明显的承上启下、前后关联的特征。

案例4　说"地球自转的地理意义"的教材处理

地方时是本节内容的一个重点和难点。这一部分牵涉到初中地理经线、经度等知识，对于这部分知识，有很多学生已经印象不深，或者当初就没有弄懂，我在教学时根据学生的具体情况适当予以补充，加强初、高中地理知识的联系和系统性，帮助学生"温故而知新"。

2. 说教学目标

教学目标包括本节课的总目标与具体的基础知识目标、智能发展目标和思想教育目标，这些目标都要与教材分析和学情分析保持高度一致，要有切实可行的落实途径。课堂教学的时间是有限的，在有限的时间内完成的教学内容也是有限的，因此制定的教学目标既要体现课程标准的要求，又要反映教材的特点，注意知识与技能、过程与方法、情感态度与价值观三个维度目标的整合。

疑问解答

问：课程标准要求从"知识与技能"、"过程与方法"、"情感态度与价值观"三个维度确立教学目标，那么讲评学生作业中出现的问题，该如何确立三维目标呢？

答：三维教学目标是统一于学生的学习结果这一整体的，就像金字塔的三个侧面一样。所以，只要是有意义的学习，学生都会在这三个方面获得特定的收获。

具体到有关作业讲评课应该如何设计三维目标的问题，可以参考以下一些思路：

知识与技能：作业讲评是针对学生作业中比较突出、比较集中的问题而展开，说明学生对某些知识和技能的掌握不够充分，离原有的教学目标还有差距，那么讲评课就应当着眼于弥补这个差距，或者重新调整教学目标以适应大多数学生的平均水平。

过程与方法：作业讲评课也不宜采取教师一讲到底的教学方法，还是应该充分调动学生，鼓励他们自评、互评，让学生自己找出出错的根源，自己订正错误，从自己以及别人的错误中吸取经验，这是一种很有效的学习方法，也是学生不可避免的成长历程。

情感态度与价值观：可以侧重于学习习惯或学习品格的养成，如认真细心、独立思考、善于质疑、勇于创新等方面。也可以借助作业来强化作业本身的知识背景所蕴含的思想教育因素，特别是一些综合性较强的材料分析题，往往是承载着丰富思想教育内容的生动具体的载体，教师应当善于把握和利用。

说教学目标可以分成两个层次，即确立什么样的教学目标和为什么确立这样的教学目标。

（1）确立教学目标

确立教学目标就是用准确、科学的语言来表述教学目标的内容（这部分内容已在第 1 章第 1 节详细叙述）。

（2）确立教学目标的依据

确立教学目标的依据主要有两个方面：一是课程标准，二是学生的情况，其中课程标准是最主要的依据。

案例节录

"现代地理信息技术"一课教学目标的确立依据

《上海市地理课程标准（试行）》对基础型课程部分"地理信息技术的应用"这一内容的学习要求级别是 A，即"要求学生知晓主要地理事实和基本地理概念"，具体而言，这部分内容应"重点介绍地理信息技术在国民经济建设和日常生活中的应用，不要在具体技术细节上展开"。但是考虑到上海的中学生对于信息技术比较熟悉，有很多学生能够操作 GIS 软件，也有不少学生的家用汽车上安装有 GPS 设备，这样的知识和实践基础使得学生有可能、也有兴趣去进一步了解地理信息系统的更为深入的内容，据此，我确定了以下教学目标：

......

3. 说教学重、难点

说课时，必须突出教学重点内容，从而起到提纲挈领的效果；也必须从学生实际出发，找出难点、化解难点以达到预期的教学目的。这些都需要教师在说课过程中掌握，并说清如何在教学过程中体现出来。

（1）说重点

说重点，就要说明重点是什么，为什么是重点，以及如何在教学过程中突出重点。

所谓重点就是教材内容当中那些最基本、最核心的概念性知识。这些知识往往往具有概括性、理论性等特征,是其他知识产生的基础,掌握了这些共性知识,就能够举一反三,广泛迁移。例如,地理基本概念(赤道、两极、经线、纬线、地壳、板块、地形、锋面、气旋、反气旋、洋流等等)、地理基本原理(大气环流、板块运动、水循环、城市化等等)和地理基本方法(地图的阅读、等值线的运用等)等常作为教学重点。

🔍 **案例节录**

说"常见的天气系统"的重点及其确立依据

"常见的天气系统"是《普通高中课程标准实验教材·地理(必修1)》(人民教育出版社,2004年版)第二章第三节的内容。

教学重点:①对我国天气有重要影响的锋面天气;②高压系统、低压系统的天气特征。

教学重点确定的依据:确定锋面天气为本课重点是因为锋面系统是影响我国的主要天气系统。我国的降水和一些灾害性天气大都与锋面有联系。例如,我国北方夏季的暴雨、我国冬季爆发的寒潮以及北方冬、春季节的沙尘暴天气都是冷锋造成的天气现象。另外,掌握了冷、暖锋的形成以及与天气的关系可以"学以致用",解释发生在我们日常生活中一些常见的天气现象。例如"一场春雨一场暖","一场秋雨一场寒"。高压、低压系统的天气特征也是本课的重点。因为夏秋季节,我国东南沿海常出现的台风天气就是热带气旋强烈发展的表现,我国长江流域的伏旱天气以及北方秋季"秋高气爽"的好天气都是在高压系统的控制下形成的。

(本案例由甘肃省民乐一中彭德军撰写)

以下教学举措有利于突出教学重点:

一是利用非同寻常的视觉和听觉效果引起注意。例如,运用色彩鲜艳的景观图、简洁明快的示意图、生动有趣的 Flash 动画、声情并茂的视频资料等来表现的内容,往往更容易引起学生的注意,加深他们的印象。

二是把握时间,合理安排重点内容。重点内容必须要有适当的时间保证,究竟需要多少时间要根据内容而定。对于既是重点又是难点的内容当然要花较长的时间组织教学,不然不足以说明问题,如"四季形成的原理";而对虽是重点却非难点的内容,花太多的时间容易横生枝节,反而冲淡了重点。

研究表明:学生的注意力在课堂上分配并不是均匀的,只有把重点内容放在学生注意力相对比较集中的时段,才能有效地突出重点。

(2)说难点

说难点,就是要说出难点是什么,为什么是难点,以及在教学中如何突破、解决难点。

就地理教材而言,难点主要体现在以下三个方面:一是离现实生活较远的、抽象的内容;二是需要一定背景知识做基础的、综合性较强的内容;三是学生容易混淆、误解的相似、相近的内容等。

说"常见的天气系统"的难点及其确立依据

教学难点:冷锋、暖锋与天气的关系;南北半球气旋与反气旋的气流状况与差异。

教学难点确定的依据:把冷锋、暖锋与天气的关系确定为难点之一,原因有四:一是锋面对天气的影响比较抽象;二是要抓住冷、暖气团哪个为主动;三是锋面两侧的温度、湿度、气压、风等有明显差异;四是要懂得什么是过境前、过境时、过境后,它们分别被什么天气系统控制。本课难点之二是南北半球气旋与反气旋的气流状况与差异,造成这一难点的原因主要是难以长久性地记忆,容易将南北半球气旋与反气旋的水平气流旋转方向记错。

(本案例由甘肃省民乐一中彭德军撰写)

二、说 教 法

说教法是指说明在教学过程中运用哪些方法,其中贯穿着说理论依据——为什么要这样教。教学方法的选择受到教学内容、学生特点、教学媒体、教师特长以及授课时间的制约,因此,说教法要依据上述内容说明本课之所以选择某种教学方法的理由。在此基础上,进一步说明运用某种教学方法需要哪些相关因素和方法的配合。简言之,说教法要说明:选用怎样的方法,选择这种方法的依据,运用此方法应注意哪些问题,你的改进意见和创新是什么。

说"地理信息技术在区域地理环境研究中的应用"的教学方法

"地理信息技术在区域地理环境研究中的应用"是《普通高中课程标准实验教科书·地理(必修3)》(人民教育出版社 2004 年版)第一章第二节的内容。教学方法的选择主要考虑到:

对于地理信息技术的内容,在必修模块中只要求做到一般性了解,即"知晓基本概念,了解基本事实",属于感性认知的要求,因此选择教学方法时应侧重于学生的直观感受和体验,根据陈澄对地理教学方法的划分,以直接感知为主的教学方法主要有演示法和参观法,本节课采用演示法,即将3S技术的成果通过多媒体以不同形式展现在学生面前,让学生自己去观察、体验、感知。

教学媒体的选择主要考虑到:

利用现代多媒体手段辅助教学,可以全方位地展示现代地理信息技术的种种特点,将遥远的、庞大的地理信息近距离地呈现在学生面前,全面调动学生的各种感官,有利于学生对所要感知的事物形成完整的认识;同时,多媒体设备本身是现代地理信息技术的一个重要组成部分,也只有利用多媒体手段才可以去感知、体验现代地理信息技术的力量和魅力。

三、说 学 法

说学法是说课中的重要内容之一,主要解决现代教学研究中"怎样学"的问题。说课把说学法专门列为一项内容,充分说明说课促进教学法的改革。

说学法时需要分析学生在学习过程中可能出现哪些障碍,以及形成这些障碍的原因;说清在教学过程中指导学生掌握哪些学习方法,培养哪些能力;根据学生年龄特点和认知规律,说清准备创设何种教学环境和条件,以确保学生在课堂上有效地学习。

案例节录

说"主要的地貌类型"的学法指导

"主要的地貌类型"一节包括流水地貌、喀斯特地貌、海岸地貌、风成地貌、黄土地貌等五种地貌类型,这五种地貌类型虽然在成因和特点上都各不相同,但是从学生学习过程的角度来说则有着较高的一致性,例如,是怎样形成的? 分布在哪里? 有什么特点? 对人类影响如何? 等等。如果在一节课的时间内完成这五种地貌的学习,那么时间太过紧张,学习无法深入下去;如果每一种地貌都由教师按照同样的模式来教学,一则浪费时间,二则学生容易产生疲劳和厌倦。针对这些情况,我决定带领学生针对一种地貌(我选择流水地貌)进行详尽的学习,在学习结束后,与学生一起总结学习的思路、过程,待学生领会以后,要求他们以组为单位,仿照流水地貌的学习,自学其余几种地貌类型,将学习的结果和心得制作成PPT课件,在下一节课上进行展示、交流。

学习结束后,我没有停留在所有问题都已解决的层次上,而是更进一步地向学生指出了我们学习的思路,或者是学习类似内容的思维规律,即当我们面对一种地貌景观的时候,我们要首先判断它属于何种地貌类型(what),然后分析它的分布情况(where),形成原因(why),最后还要分析它是如何影响我们的(how)。这四个"W"就是我们在学习地貌类型时必须要解决的问题。明确了这一点之后,我才向学生提出自学的要求,使学生有了明确的学习目标、学习方法,有效地提高了自学效率。

(本案例由上海松江区第二中学蒋瑞娟撰写)

四、说教学程序设计

说教学程序设计就是说课堂教学过程的安排以及为什么这样安排。各科教学任务都是通过教学过程来实现的,因此,说教学过程是说课的主要部分。说教学过程一般包括五个方面:

一是说出课堂教学的整体思路和环节,一般包括复习旧知、导入新课、新课讲解、知识应用。

二是说出教材教法处理和学生之间的联系,为完成教学目标,教师如何合理地处理教材,运用哪些教学手段,如何安排师生互动过程,以及这样安排的目的和达到的效果。

三是说出对每一环节、每个层次、每个步骤的设想、安排以及依据和预期效果。课程标准特别强调培养学生的创新能力、操作能力、解决实际问题的能力、信息储备能力,在思维方式上强调独立、探索、钻研,教师在设计教学环节时首先要考虑这些问题。

四是说出教学中突出重点、突破难点、抓好关键的方法和理由。

五是说出习题设计和板书设计的意图、目的和理论依据。课堂练习与作业是检查课堂教学效果和巩固课堂教学内容的手段,因此习题设计一定要准,既要体现该节课的教学目标,又要考虑到不同学生的接受能力,做到分层设计、区别对待。板书要醒目有序,说课时要说出板书设计的合理性。

🔍 案例节录
说"等温线的影响因素及判读"(高三复习课)的教学过程

1. 导入学习

开门见山式导入,先设计提问:影响温度分布的因素有哪些?

◆设计意图:让学生从总体上粗略地了解本节课的学习内容框架。教学中按照影响等温线的因素,如太阳辐射、海陆分布、地势地形、洋流等逐步展开,通过板图引导学生思考、探究,发现存在的规律。

2. 提问创设问题情景,板图引导学生思考分析

提问:太阳辐射在地球表面有何分布规律? 若仅考虑太阳辐射这一个因素,等温线会呈现怎样的分布规律?

针对学生的回答,通过板图引导学生了解南北半球等温线分布的规律,进而帮助学生掌握判读南北半球的方法。

◆设计意图:依据建构主义学习理论和发现学习理论,利用提问创设思考情境。充分发挥学生主体参与性,引导学生联系知识,积极思考,大胆联想,发散思维,主动探究。培养学生的读图分析能力和综合归纳能力。

3. 创设问题情景,目标导学探索,建构知识体系

思考:以北半球为例(下面举例均以北半球为例),在 7 月时,由于海陆热容量(比热容)不同,海洋和陆地升温情况不一样,海陆等温线会发生怎样的变化?

(教师板图,引导学生思考回答)让学生自己动手去画受海陆热力性质差异影响下的等温线,并总结等温线的分布规律。在讲地势、地形、洋流对等温线分布的影响时,也是给学生创设问题情景,辅以板图,根据学生分析板演,既直观形象地展示了学生的思维过程,又让学生从中学到了分析问题、解决问题的方法,对他们来说,以后遇到同类问题就有了一个清晰的解题思路。

◆设计意图:引导学生积极地观察与分析,主动地探索学习;力图强化图文信息转化能力,通过师生双边活动或学生的分析讨论,充分发挥教师主导和学生主体作用;促使学生掌握地理问题的分析、归纳和综合等逻辑思维方法;根据学习知识应用和思考问题的解答,提高学生的地理实践应用与解决问题的能力。

总之,在教学中我遵循一个原则,学生会的我不开口,尽量让他们去发现、去归纳;学生不会的要讲清讲透,让学生真正理解掌握知识。

4. 检测、点评、反馈

(1)直接根据前面所学知识,判读等温线的延伸方向,使学生掌握地理知识的归纳和综合等逻辑思维方法。

(2)通过问题情景,检测反馈学生对以下知识的掌握情况:等温线的弯曲与海陆的分布及季节,等温线分布与洋流流向及性质、名称,等温线分布与地势高低与地形的关系。

◆ 设计意图:现代学习观认为,学习需要学生自己与学习环境进行交互作用,从而完成知识建构。教师创设情景,激发和维持学生学习动机,引导学生、帮助学生自主发现、探索知识,达到巩固所学知识、检验学生的实践应用能力、培养学生创造性思维的目的,从而提高教学质量,优化课堂教学效果。

(3) 创设问题情景,对相邻两条等温线间的闭合等温线区域进行判读,结合该图中的问题情景,根据等温线判读两地间相对高度。

◆ 设计意图:巩固所学等温线分布规律,提高学生的地理实践能力。检验学生的实践应用能力,培养学生的创造性思维,提高教学质量,优化课堂教学效果。

5. 作业布置

◆ 设计意图:强化训练,巩固本课所学知识,提高应用能力。

(本案例由常州西夏墅中学郑小亚撰写)

说教学程序是说课的重点,不容易完全把握,在具体操作时要注意以下几个方面:

一是要重视说教学程序的合理性。说课与实际课堂教学并不是机械的对等关系。说教学程序除了要说明教学中所能表现出来的"教什么"、"怎样教"外,还要体现出"为什么这样教"的构思过程,这是说教学过程的精华所在。部分教师却将侧重点更多地放在了说"教什么"、"怎样教",忽视了对"为什么这样教"的理论阐述,简单地认为说教学程序就是对课堂教学过程的简述,缺乏应有的理论分析。要改变这种状况,就需要弄清说课的理论性这一本质特征。说课最重要的是"说理","无理"便谈不上说课。从这个意义上来说,"说理"在说教学程序中应该是主要的,而对教学程序自身的说明则是次要的,它只是"依据"的具体体现形式,是科学的教育理论付诸教学实践的载体。所以,我们应该认清说课的基本特征,即说"为什么这样教"。

二是要突出重点,避免平铺直叙。有些经验不足的教师在说教学程序时详略不当,缺乏对内容主次上的把握,影响了教学程序的科学性和艺术性。所以,在说教学程序时,我们要能从自己的教学思想出发,从宏观上审视和把握所设计的程序,大胆删除那些无关紧要的程式性的内容,尤其是某些过细的具体内容,以达到突出重点的目的。

三是要前后呼应,体现说课的系统性。教学程序是教师在教学目标的调控下,依据教材特点,采用一定的教学方法,促使师生共同完成学习任务的有序过程。它是前三个内容的综合体现和运用,不是简单的并列关系和机械的混合体。而个别教师在说教学程序时,对过程的具体内容说得多,而对过程的程序构建、步骤安排的顺序考虑得少,对顺序的科学性、时效性和艺术性的钻研和研究也不够。顺序的安排并不是可有可无、可此可彼的,好的过程总有一个最佳的组合结构。所以,说好教学程序,一定要把内容有机地融入其中,将教学程序与教材、目标、重难点之间的对应关系和教法的具体实施、学法指导的具体方法等有关内容交代清楚。

四是要活用理论,不要生搬硬套。教学程序的设计,应遵循一定的教学思想和教育理论进行。然而很多教师在设计教学程序时,往往是先设计好程序,再找自圆其说的依据,类似给教案穿靴戴帽,理论和内容设计脱节。这样就会使说课形式化、概念化,失去生命力。之所以有这种现象,主要是有些教师在理论方面比较缺乏,不能理论联系实际。说课的目的就是推动教师学习教学理论,掌握教育规律,因此,在说课活动中不应该回避理论的学习。

总之,说教学程序设计在说课中是最重要、难度最大、存在问题最多的部分,需要我们在说课实践中不断探索,发现问题,总结提高,以促进我们自身的业务提高,实现专业化发展,更好地服务于教学。

疑问解答

问:从上述说课的内容上看,说课与备课有很大的相似之处,那么说课与备课究竟有何联系与区别?备好课是否一定能说好课?

答:说课与备课既有相同点,又有不同点。

相同点在于:

(1)主要内容相同,说课与备课的教学内容都是相同的。

(2)主要任务相同,都是课前的准备工作。

(3)主要做法相同,都是要学习课程标准,吃透教材,了解学生,选择教法,设计教学过程。

不同点在于:

(1)概念内涵不同。说课属教研活动,要比备课研究问题更深入。而备课是教学任务如何完成的方法步骤,是知识结构转化为学生认知结构的实施方案,属于教学活动。

(2)对象不同。备课是要把结果展示给学生,即面对学生去上课;而说课是对其他教师说明自己为什么要这样备课。

(3)目的不同。说课帮助教师认识备课规律,提高备课能力;而备课是面向学生,目的是促使教师搞好教学设计,优化教学过程,提高课堂教学效益。

(4)活动形式不同。说课是一种集体进行的动态的教学备课活动;而备课是教师个体进行的静态教学设计活动。

(5)基本要求不同。说课时教师不仅要说出每一具体内容的教学设计,包括做什么、怎么做,而且还要说出为什么要这样做,即说出设计的依据。而备课的特点就在于实用,强调教学活动的安排,只需要写出做什么、怎么做就行了。

　　既然说课与备课之间存在区别,那么仅仅备好课并不意味着一定能够说好课。备课是说课的基础,要想说好课,就必须首先充分备课,教学内容、目标、重难点、过程、手段、特殊情境的预设等等都要了然于胸。此外,说课与备课最大的不同就是说课要说出上述每一项具体内容的理论依据,这就需要教师广泛深入地学习教育教学理论,准确地把握理论,正确地应用理论。所以说课对教师的要求比备课要高得多。

　　说课之后,还可以在同行反馈和自我反思的基础上进一步修改教学设计,进行二次备课甚至多次备课,这样,通过"备课—说课—备课"这样的循环往复,将大大提升上课的质量,直至上出"精品课"。

第2节　说课内容组织形式和说课模式

一、说课内容组织形式

　　一般来说,说课头绪比较多,内容比较繁杂。如果说课时能直接、明了地组织说课内容,就有助于提高说课质量。在地理教学说课中常用的组织形式有表格式和框图式。

1. 表格式

　　表格式就是在表格中呈现教学的内容、所用的教学媒体、教师和学生的活动以及这些活动的设计意图等。使用这种表格,不仅使自己在说课时心中有数,有条不紊,更重要的是使听说课的教师和专家能够迅速领会说课教师的思路,可以将主要注意力放在说课的具体内容上,在较短的时间内获取更多的信息,并对其进行理解和评价,从而提高说课活动的有效性。

案例节录

"地球的运动"—课表格式说课

　　在进行"地球的运动"说课时,可以采用表格形式表示(见表2-1)。

表 2 - 1　"地球的运动"说课的表格式组织形式

教学内容	教学媒体	教　师　活　动	学生活动	设计意图
地球的自转	地球仪	板书:一、地球运动的一般特点 (一)地球的自转 1. 方向 活动: 将全班同学每 4 人分为一个小组,两人转动地球仪,两人把观察到的相关结果画在示意图上(分别从北极和南极上方观察转动的地球仪)。 小结: (1)自西向东; (2)逆时针——北极看; (3)顺时针——南极看。	学生轮流转动地球仪,认真观察探讨,并把结果通过绘图等形式表达出来。	让学生动手演示地球仪的运动方向,更形象直观地了解地球运动的方向。
	视频:恒星日与太阳日	过渡:生活在地球上的人怎样知道地球自转了一周? 地球自转一周的时间是多少呢? 板书:2. 周期	思考。	
	图片:恒星日与太阳日	地球自转一周的时间随观测参照物的不同而不同。我们一般以太阳和天空中的恒星为参照物,相应的周期我们分别称之为太阳日和恒星日。 播放视频:恒星日与太阳日 活动: 展示图片"恒星日与太阳日",分析恒星日与太阳日的关系,同时可用吹塑片演示。 注意:恒星(除太阳外)距离地球很遥远,不论地球公转到何处,所看到的恒星方位几乎不变。 结论: 恒星日 23 时 56 分 4 秒($360°$)——自转的真正周期。 太阳日 24 时($360°59'$)——昼夜交替的周期。	观察恒星日和太阳日的关系。 分析恒星日与太阳日的关系。 明白恒星日是地球自转的真正周期。	通过观看视频,让学生更直观地了解恒星日和太阳日的关系。 培养学生的观察能力、立体空间思维能力、逻辑思维能力。

(资料来源:http://www.xingyun.org.cn)

2. 框图式

框图式是指说课者利用框架图来说明整节课的教学流程。框图式层次分明,逻辑清晰,反映出说课教师对整堂课教学过程的总体把握,具有很强的表现力。说课者以此为蓝本,在展述说框图中的每一环节时,也都呈现类似的框图,使说课者和听说课者自始至终都能以一种全局的眼光来审视说课的内容,避免出现"一叶障目,不见泰山"的因小失大的失误。

"板块构造学说"说课的框图式组织形式

在进行"板块构造学说"说课时,可采用图2-1所示框图。

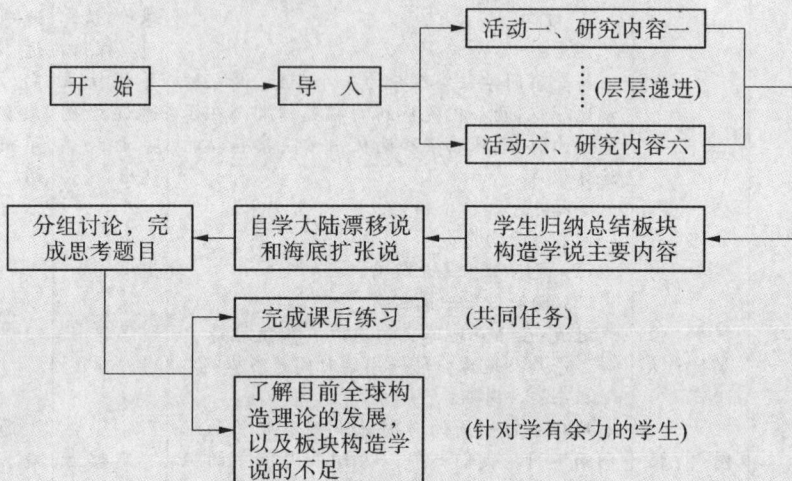

图2-1 "板块构造学说"的说课框图

(本案例由上海松江区第二中学王亚辉撰写)

通过以上两个案例可以看出,在说课时,利用表格或者框图来组织说课内容,可以起到理清思路、统揽全局、合理安排、有效表达的效果。在设计表格和框图的时候,应当尽可能有所创意,能够体现出说课教师的特色。但同时要注意,"实用"才是最高目标,决不能只注重形式的新颖,而忽视了内容的重要性。

二、说课的模式

说课的方法往往是根据说课的内容而决定的,而说课的内容又同说课的目的有直接联系。例如,如果是为了评级、参赛或者培训而进行的说课,则需要全面述说教材、学情、教法、学法、过程等等内容;而如果是为了同一备课组内的集体备课或者教研交流活动,那么既可以进行全面的说课,也可以针对某一方面的内容,如重难点的教学、学生活动的组织等进行专项说课。在长期的说课实践过程中,逐渐形成了比较稳定的说课内容与方法的组合,这就是说课的模式。

1. 说课的基本模式

最早形成、应用最广泛的说课模式是"说教材、说教法、说学法、说教学程序"的"块"式说课法(很多情况下,教法和学法是合在一起说的),这是说课的基本模式。这种模式内容全面,条理清晰,便于掌握,易于学习,为青年教师初步了解说课、模仿性地参与说课提供了范本,对于初登讲台、经验不足的年轻教师或虽然有教学经验但初次接触说课的教师来说,是一种全面把握教材、宏观感受教学全过程、快速规范教学行为的好方法。

🔍 案例节录

"中东"第一课时块式说课

一、说教材

1. 教材出处及分析

"中东"这一课题是人教版的《义务教育课程标准实验教科书·地理》七年级下册中的第八章第一节,适用于七年级学生学习使用。

作为区域地理的内容,"中东"这一节的教材并没有着重某一个国家,而是对整个区域进行了总体描述。教材突出了以下几点:①长期的热点地区;②重要的地理位置;③丰富的石油资源;④匮乏的水资源;⑤宗教以及文化的差异。其目的在于使学生了解该区域一些基本的地理常识,并通过阅读和思考培养分析原因、总结规律等地理思维能力,其中也渗透了对读图、搜集归纳地理信息能力的训练。

2. 教学目标

"中东"一课,在内容上属于"认识地区"的范畴,《全日制义务教育地理课程标准(实验)》中,对认识地区的要求如下(节录):

在地图上找出某一地区的位置、范围、主要国家及其首都,读图说出该地区地理位置的特点。

运用图表说出某一地区气候的特点以及气候对当地农业生产和生活的影响。

运用地形图说明某一地区主要河流概况,以及河流对城市分布的影响。

运用地图和资料,指出某一地区对当地或世界经济发展影响最大的一种或几种自然资源,说出其分布、生产、出口等情况。

运用资料描述某一地区富有特色的文化习俗。

根据上述要求,结合本课的具体内容,选择中东的位置(五海三洲)和资源(石油、水)作为教学的主要目标,具体教学目标设计如下:

知识与技能:(略)。

过程与方法:(略)。

情感态度价值观:(略)。

3. 重点和难点

教学重点:"三洲五海"的地理位置、丰富的石油资源、匮乏的水资源。

教学难点:水资源匮乏的原因。

教学重点确定的依据:首先,中东地区联系三洲五海的重要地理位置,特别是拥有一些重要的国际通道如苏伊士运河、土耳其海峡等使其成为具有全球战略意义的兵家必争之地,该处无比丰富的石油资源更使其成为当今世界大国争夺的焦点,水资源的匮乏和分布不均则是本地区民族矛盾产生的一个重要背景,三洲、五海、两种液体是共同导致中东地区冲突不断、战火连绵的深层原因,也是解决问题的症结所在。

教学难点的确定:中东地区水资源匮乏主要是由气候所致,中东地区的气候又同当地的纬度位置、海陆位置和地形有着深刻的联系,这三种因素对气候的影响是学生在上学期所学习过的,但当时学习的时候是作为原理来一条一条地学习的,现在要把它们综合运用于一个特定的区域,这就需要学生进行一番复杂的综合思维活动,对于七年级的学生来说,无疑有一定难度。

4. 教材处理

鉴于中东地区在国际上的重要性,学生对该地区的关注度也比较高,我在原有教材内容的基础上适当作了一些拓展,主要集中在巴以冲突和伊拉克战争两个方面。本节课共用三课时,第一课时主要利用多媒体展现冲突、战争频繁的中东,激发学生呼唤世界和平的情感;接着利用自制课件辅助讲授中东重要的地理位置和丰富的石油资源,并通过课堂练习巩固重点。第二课时从中东的气候入手,分析中东匮乏的水资源,以图片叙述文化的差异,并通过动画演示巴以的领土纷争,教师在教学中力争做到既全面兼顾,又突出重点。第三课时主要从分析伊拉克入手,通过分析伊拉克的历史,了解伊拉克灿烂的古文明——古巴比伦。通过学生集体讨论伊拉克战争,既锻炼了用地理思维分析问题的方法,又提高了历史思维能力。其目的在于使学生了解该区域一些基本的地理常识,并通过阅读和思考,培养学生分析原因、总结规律等的地理思维能力,其中也训练了学生读图、搜集归纳地理信息的能力。

二、说教法和学法

读图是本节课最主要的教学活动,本课除了使用教材当中的地理图表之外,还补充了许多景观示意图和其他图片,以训练学生捕捉地理信息的能力。

之所以选择这种教学活动,主要是考虑到教学内容和教材的编排形式、学生的年龄心理特征以及实际情况等方面。

从教学内容来看,本节课属于区域地理的内容,有关的知识如国家、民族、宗教、地形、气候等都能够在地图中发现、提取;在教材的编排形式上,课本和配套的地图册中都有大量的相关地图,为使用地图提供了可能。

从学生的年龄心理特征来看,初中学生仍然处于少年期,他们的抽象思维虽然日益占据主要地位,但在思维中具体形象成分仍然起着重要作用。所以在这一阶段选择教学方法时,还是要充分考虑直观性原则,而地图的直观性是毋庸置疑的。

此外,初中学生维持注意的时间还不长,如果教师长时间地讲授,学生容易分心,即使强行集中注意力,也容易产生疲劳感。而不断变换的地图,尤其是穿插在内的大量风光图片,则不仅可以吸引学生的注意力,还能使学生整节课都能保持一种较高的兴趣,从而有利于学生的学习。

在学生学的方面,除了在教师的指导下完成各种读图任务以外,还进行了资料收集、交流讨论等活动,特别是针对伊拉克战争的自由讨论,训练了学生的思维能力和表达能力。

三、说教学过程

教学过程如表2-2所示。

表2-2　教学过程

教学流程	师生互动	设计意图
导入新课	[多媒体录像]1.“伊拉克战争”,2.CCTV-1“伊朗核问题”报道。 [问题]请问录像所报道的是什么事件? 发生在哪个地区? [板书]第一节　中东 二战后,除了“伊拉克战争”和“伊朗核问题”以外,中东地区还有哪些备受世界关注的事件? [朗读]第50页:中东历史上爆发的战争。	以集“光、色、像、声”于一体的多媒体录像导入,有助于调动学生所有感觉器官,激发学生兴趣,为本课创设一个良好开端。
长期的热点地区	学生交流自己所收集到的有关中东地区的重大新闻事件,教师也参与其中,展示自己所收集到的新闻图片。	课前布置学生收集资料,锻炼他们整理、归纳资料的能力,通过交流锻炼表达能力,加深对“热点地区”的理解。同时唤起学生的同情心和对和平的珍惜之情。

教学流程	师生互动	设计意图
范围	略。	略。
地理位置的重要性	[活动]学生在地图上分别找出中东地区重要的地理事物"三洲、五海、两洋、一湾、一运河"。 [引导读图提问]"五海"中的地中海与红海,黑海与地中海分别靠什么联系?这些地理事物具有什么重要性? [回答]土耳其海峡和苏伊士运河,是两大洲的界线,在沟通东西方交通方面起着重要的作用。 教师模拟设置两个实际航运的任务: 英国货船到日本和美国战舰入地中海。 [学生活动]设计航线,以图表形式表示。 [教师补充]历史上英、法、以都曾因争夺苏伊士运河而侵略埃及。	培养读图能力,理解地理位置的重要性。
丰富的石油资源	略。	略。
课堂练习	填图册相关内容。	巩固强化。
结束语	位置和石油使中东成为世界热点,水资源和文化差异同样也使其成为世界热点,具体是怎么回事?请听下节分解。	设置悬念,引起学生再学习的欲望。

四、板书设计

板书设计如图 2-2 所示。

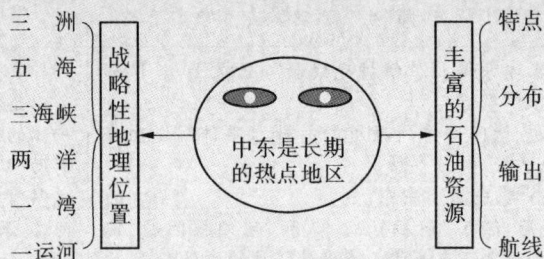

图 2-2 板书设计

(本案例来源于人民教育出版社网站,后经笔者综合改编)

2. 基本模式的变式

在很长一段时间内,"块式"说课成为被普遍接受和使用的模式,这种基本模式使说课活动这个新生事物变得易于操作,在一定程度上推动了说课活动的推广。当然,在说课活动的发展过程中,也不断有新的说课模式出现,如点式说课、线式说课等。这些新的模式是在基本模式的基础上加以变化、改造而成,是基本说课模式的变式。

(1) 点式说课

这里的"点",就教材而言,包括重难点、拓展点、创新支点等。就教学设想和教学安排而言,包括导入点、切入点、突破点等。

重、难点的说法,在前面已经介绍过了。拓展点,强调教师作为课程的开发者,在领会教材编写者意图的同时,以教材为基础,在适当之处拓展学习内容、学习途径,为学生发展提供更宽广的天地。创新支点是指教材当中能够激发学生思考,培养和发挥学生创新思维、创新能力的地方。

导入点、切入点和突破点分别是指教师在导入新课、引入新环节、解决重难点等方面所采取的方法和手段。

点式说课既可以同时说几个点,也可以只说一个点,同基本的说课模式相比,点式说课不追求内容的全面和形式上的包容一切,它以教学当中的具体问题为目标,进行有针对性的剖析和论说,具有"短、平、快"的特点,因此比较适用于备课组内日常的集体备课和研讨活动。

🔍 **案例节录**

说"板块运动"的创新支点

上海市《高级中学课本·地理(高中二年级第一学期、试验本)》(中国地图出版社,中华地图学社,2004年版)的"板块运动"一节,以"从大陆漂移学说到板块构造学说的'三级跳'"为题设计专栏,为在地理教学中培养学生科学精神和科学能力提供了许多创新支点。

创新支点之一:有根据的猜想

猜想是创造性思维的起点,是在一定事实基础上的合理想象。教师可以向学生出示一张以大西洋为中心的世界地图,说明魏格纳当年就是在这样的地图上产生大陆漂移的灵感的,然后提出问题:"我们同学们能不能产生同样的灵感呢?"高中的学生很快就能发现大西洋两岸大陆轮廓能够很好地吻合在一起,由此猜测出南北美洲和欧洲、非洲曾经是连成一体的。这个过程实际上是还原了科学家最初的思维活动:观察→思考→提出猜想。

创新支点之二:发散性思维

在教学中,教师可以提出这样的问题:"大西洋两岸轮廓的吻合也有可能只是偶然的巧合,作为一名严谨的科学家,当然不能仅仅根据这样一个简单的现象就得出正式的结论,科学家的任务就是要寻找证据,以证明偶然性背后的必然性。请同学们思考一下,如果我们是魏格纳的话,应该从哪些方面来寻求大陆漂移的证据呢?"这样就打开了学生的思维,促使他们从各种角度来思考同一问题,与此同时,也感受到科学研究所必需的严谨态度。

创新支点之三:逆向思维和批判性思维

当学生习惯于沿着正向的思维方式去寻求支持大陆漂移说的证据的时候,教师突然话锋一转,问道:"你能不能发现大陆漂移学说最大的缺陷在哪里呢?"学生很可能对这样的问题感到震惊,已经有这么多的证据来支持大陆漂移说了,那它怎么可能会有缺陷呢? 教师可以做一些讲解,诸如任何理论都不是完美无缺的等等,最关键的是向学生指出,我们平时都习惯于顺应和接受既有事实,而缺乏质疑和改造的精神,现在就让我们来质疑一下大名鼎鼎的大陆漂移学说吧。在这里,学生是否真正能够找到大陆漂移说的问题所在是不重要的,重要的是学生开始从逆向的角度,用怀疑的眼光来看待一种理论,来进行批判性的思维,这是难能可贵的科学精神的萌芽。

创新支点之四:继承→批判→发展

教师可以重点指导学生研究,从大陆漂移学说到海底扩张学说再到板块构造学说这一发展历程中,新的理论是如何继承、批判和发展前人理论的,将这一过程的发展脉络认真梳理一下,然后大胆预测,板块构造学说今后的发展方向会是怎样的。通过这样的活动,学生可以由小及大,切实感受科学发展、理论创新的脚步,体会到科学活动的真谛就在于继承和创新。

(2) 线式说课

线式说课,一般分为说主线和说辅线两种类型。说主线,主要是说教学设计和教学程序,说辅线主要是说板书设计、课件设计及其应用等。这里我们主要介绍主线的说法。

教学设计,是教师依据课程标准,在深入分析教材、学情等的基础上,对怎样实施教学所作出的整体规划,偏重于全局的条理连贯和轻重详略的安排得当。教学程序是依据教学设计所提出的具体实施方案,偏重于细节的处理方式和技巧。

针对教学设计和教学程序的线式说课,不同于基本说课模式中的说教学程序。有些教师在用基本模式说教学程序时,往往容易出现两种失误,一是教学程序不能很好地联系前面所说的教学目标、重点难点、学情分析、教法学法等,割裂了整个说课内容的内在统一性;另一种是前面说过的内容在说教学程序时又再次重复,影响了说课的质量。而线式说课则是教师说自己如何依据教材特点,采用一定的教学方法和进行一定学法的指导,促使师生共同完成学习任务的有序过程。它将基本说课模式中的内容综合而有机地体现和运用于对教学程序的述说当中,但绝不是简单的并列和机械的混合。这里再介绍一种简易的线式说课模式(见图2-3)。

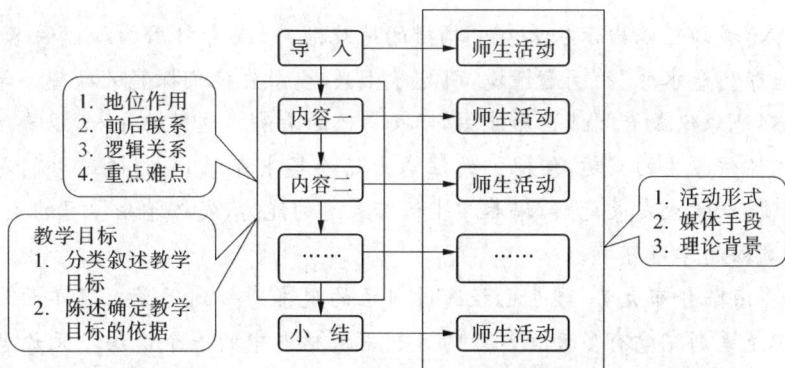

图2-3 线式说课模式

在这种模式中,从新课的导入开始,按照授课顺序分别述说每一教学环节的教学内容及相应的师生活动,其中说教学内容时可根据需要穿插述说教学目标、教材的地位作用、前后联系、重点难点等,说师生活动时还要说明活动的形式、需要用到的媒体手段以及如此设计活动的理由等。

案例节录

"大洲和大洋"线式说课

教材:《义务教育课程标准实验教科书·地理(七年级上册)》

教学流程如图2-4所示。

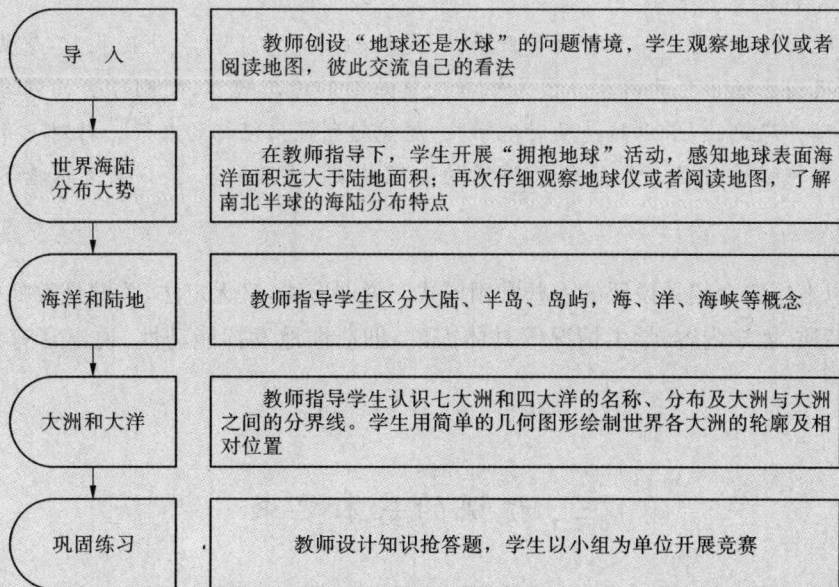

导 入	教师创设"地球还是水球"的问题情境,学生观察地球仪或者阅读地图,彼此交流自己的看法
世界海陆分布大势	在教师指导下,学生开展"拥抱地球"活动,感知地球表面海洋面积远大于陆地面积;再次仔细观察地球仪或者阅读地图,了解南北半球的海陆分布特点
海洋和陆地	教师指导学生区分大陆、半岛、岛屿,海、洋、海峡等概念
大洲和大洋	教师指导学生认识七大洲和四大洋的名称、分布及大洲与大洋之间的分界线。学生用简单的几何图形绘制世界各大洲的轮廓及相对位置
巩固练习	教师设计知识抢答题,学生以小组为单位开展竞赛

图2-4 "大洲和大洋"线式说课

导入:教师可以出示从太空中拍摄的地球照片,或者引用加加林的名言,创设出"地球还是水球"的问题情境,引起学生兴趣,激发他们探究的欲望。学生则通过观察地球仪或者阅读世界地图,发表自己的看法。这样的导入,以直观生动的形象,抓住学生的兴趣,使他们的注意力始终集中在课堂上;通过对问题的讨论和交流,让学生发表见解,培养学生语言表达的能力,发挥学生学习的主动性,营造了宽松的学习环境。

世界海陆分布大势:学生已经通过自己的观察感知到世界上海洋面积大于陆地,但是差别究竟有多大呢? 教师可利用教材当中的一个说法,"无论怎样划分,地球上任何两个大小相等的半球,都是海洋面积大于陆地",组织学生开展"拥抱地球"活动,就是随机地用双手拥抱地球,看一看双手所覆盖的地方是不是海洋多于陆地。这个活动首先具有知识上的挑战性,"无论怎样划分所得到的两个相等的半球,都是海洋面积大于陆地",事实真的如此吗? 学生的探究欲望就被激发起来了;其次,这个活动具有游戏的性质,学生在轻松、愉快的心境之下兴致勃勃地开展活动,同时也会体会到学习的乐趣和获得新知识的愉悦感。

在一段轻松的游戏之后,教师再指导学生仔细阅读地图,让他们说出南北半球海洋和陆地的分布特点,这一环节既是知识教学的需要,也是调控学生学习行为的需要,让他们在适度的放松之后,保持必要的紧张,体现课堂教学的张弛有度。

海洋和陆地:……

大洲和大洋:……

巩固练习:这一环节有两个目的,一是检验一下学生的学习效果,二是帮助学生巩固已经学会的内容。因为根据艾宾浩斯的遗忘规律,刚刚学会的内容也是最容易忘记的,所以越是及时地回忆,越能起到强化记忆的效果。针对七年级学生有较强的好胜心和集体荣誉感的心理特点,这里采取了小组竞赛抢答的形式。

以上主要介绍了说课的一些常用模式。说课有法,又无定法,关键是教师根据自身特质、教学内容、学生情况等具体因素,创造性地发挥能动性,说出富有特色的课。

三、说课的基本要求

1. 不要将说课变成上课

许多初次进行说课的教师常常将听说课的专家、同行当作自己的学生,不厌其

地理课堂教学技能训练

烦地讲解知识的重难点、教具演示、板书书写等等,将原本应当教给学生的东西原封不动地照搬过来,结果,说课变成了示范课。说课的目的是为了上好课,但说课决不是上课,也不是上课的预演,两者在对象和内容上有着本质的区别。说课当然离不开对知识重点和难点的分析,但这里不是就知识点本身的分析,而是要说明这个知识点为什么是重点或者难点,你准备用什么样的方法或手段来突出重点,解决难点,进而说出选择相应方法的理由。说课时,可以模拟一下上课时的场景,如怎样导入、怎样提问、怎样小结等。但是说课者一定要保持头脑清醒,千万不能"走火入魔",将预设的场景当作真正的课堂。教具的使用、板书的设计等当然也是说课的内容,但仍然要记住是以"说"为主,使用什么教具、在什么情况下使用、由谁来使用等等,都是"说教具"的内容,至于板书设计,建议在说课的最后一次性呈现即可。

2. 说课不能背说课稿

说课之前准备一篇说课稿是绝对必要的,在说课稿中字斟句酌也十分重要,它能够使说课者在说课的时候语言准确、精炼,富有艺术感染力。但是,真正说课的时候,不能机械地背诵稿子。背稿子有两种后果,一种是临时忘词,过多地回忆会出现"静场"的尴尬,跳过去接着说又会产生前后不连贯;另一种情况是太过完美,仿佛诗人或者歌唱家在表演似的,雕琢的痕迹非常明显,给人一种不真实、不自然的感觉。实际上,虽然说课时主要是说课者的独白,但决不等于说者和听说者之间就没有任何交流,一般情况下,听说者不会直接打断说课的过程,但是他会用眼神、肢体的动作来表现他的感觉,如满意、疑惑、兴趣等等。如果说课者完全沉浸于自己的独角戏中,对这些反应没有丝毫的察觉,那么将会使说课的效果大打折扣。

3. 说课有理,也应有节

说课应当说理,这是毫无疑问的,直接地复述教案,不能成为说课。但也应该避免另外一种极端,就是不切实际地罗列一大堆空头理论,进行长篇大论的宣讲,把说课活动变成为某种行为寻找理论支持的辩护闹剧。说课归根结底还是要落实到教学实践中,理论部分是为实践服务的,我们是在运用恰当的理论来指导教学过程,而不是论述理论本身。例如,在述说教学目标的设计时,只要根据已有的教学目标设计理论,说明怎样依据课程标准的要求、学生的水平,再结合教材内容的特点来确定教学目标就可以了。然而,有的教师却花费大量时间去论述布卢姆的目标分类知识和加涅的学习分类知识,还有的教师从信息论、系统论、控制论的角度去做长篇的论述,结果使得说课的重心出现偏移,不是在说我是怎样根据理论来设计教学目标的,而是在说教学目标设计的理论是怎样的。事实上,听说课的都是专家和同行,对这些比较流行的理论大家都是非常熟悉的,根本没有必要再对它们作

第2章 地理课堂教学说课技能

详细的介绍。这样做的结果一是浪费时间,二是让人感觉你只是在堆砌空头理论,而没有实质性的内容。所以,说课时理论的内容不在多而在精,在于恰当和适用,说课应当有理,但也要有所节制。

技 能 训 练

1. 以高中"地球公转的地理意义"为例,用表格或框图的形式设计说课的流程图。

2. "中国的季风气候"是初中和高中都有的内容,针对这一节的重点和难点,你能否分别写出初中阶段和高中阶段的点式说课稿?

第3章　地理课堂教学导入技能

苏霍姆林斯基说:"如果老师不想办法使学生产生情绪高昂的智力振奋的内心状态,就急于传授知识,那么这种知识只能使人产生冷漠的态度,而给不动感情的脑力劳动带来疲劳。"实践证明:积极的思维活动是课堂教学成功的关键,而富有启发性的导入则可以激发学生的思维兴趣。

某地理课上课伊始,教师便问道:"同学们,你们写过信吗?"伴随着问题的提出,教师在黑板上画了一个信封,"你们知道在信封的6个空格内要写什么吗?"学生异口同声地回答:"邮政编码。""那我们学校所在地的邮政编码是多少呢?"学生答:"200234。""你们知道吗? 邮政编码的6位代码是有规律的:前两位代表我国的省级行政区,例如我们学校所在地的邮政编码是200234,那么我们就可以推断出,20代表哪个行政区呀?""上海。"教师赞许地说:"大家回答得很好。讲到这儿,同学们应该明白,我国的邮政编码与各级行政单位有很大的关系,那今天我们就顺着邮政编码前两位的数字顺序,来学习我国的省级行政单位……"

让我们随着这位教师的导入,深入探寻课堂导入的技能和技巧。

第1节　导入的常用方法

课堂教学的开始,我们把它叫做课堂教学的导入,也可简称"导课"。教学导入是课堂教学的重要环节,是教师应该掌握的教学技能之一。地理课堂导入技能是指教师在开始新的教学内容或活动时,针对教学目标,运用多种教学手段与方法来吸引学生进入新课学习的一种教学行为方式。

导入是新课的导言,是教师谱写优美教学乐章的前奏,是师生间情感共鸣的第一音符,是师生心灵沟通的第一座桥梁。教学导入运用得好能集中学生注意力,激发学生兴趣,启发学生思维,引导学习活动,起到良好的"首因效应"。

> **拓展链接**
>
> 首因效应,在心理学中,也被称为"第一印象"效应。近代心理学家艾宾浩斯就曾经指出:"保持和复现,在很大程度上依赖于有关的心理活动第一次出现时注意和兴趣的强度。"
>
> 实验心理学研究表明,外界信息输入大脑时的顺序在决定认知效果的作用上是不容忽视的,先输入大脑的外界信息作用最大。大脑处理信息的这种特点是形成首因效应的内在原因。
>
> 首因效应本质上是一种优先效应,当不同的信息结合在一起的时候,人们总是倾向于重视前面的信息。即使人们同样重视了后面的信息,也会认为后面的信息是非本质的、偶然的。人们习惯于按照前面的信息解释后面的信息,即使后面的信息与前面的信息不一致,也会屈从于前面的信息,以形成整体一致的印象。

由于教育对象的差异、教学内容的不同,课的导入方法也存在差异。有经验的教师总是十分重视一堂课的开头和知识之间的承转与衔接,讲究导入的方法,通过导入促使学生产生强烈的求知欲,激发其积极思维活动。地理课堂教学中常用的导入方法有温故导入、开门见山导入、联系实际导入、悬念导入等。

一、温 故 导 入

温故导入是指教师通过复习旧知识体系,以旧知识为基础进行深化,引导学生去发现问题,明确探索的目标,从而进入新知识学习之中的方法。温故导入是目前教师在课堂教学中常用的一种导入方法。该方法从回忆、提问、做练习题等方式复习旧教学内容开始,在新旧知识的连接点上"水到渠成"地过渡到新知识的学习。

运用此法,既能复习巩固旧知识,又能为讲授新知识做好铺垫,起到温故知新的作用。例如,在进行"新加坡"一课的教学时,有的教师采用如下途径引入:"前一阶段我们一起学习了'日本'的地理特点,大家对区域地理主要涉及哪些地理要素有了一定的了解,也学会了一些搜集、筛选资料的方法。今天我们再进一步了解区域地理学习中常用的一种方法——比较法,它能帮助我们更有针对性、系统性地学习区域地理。既然要比较,就要有比较对象,下面大家一起来看几个画面,猜猜我们今天要比较的是哪些国家?"

使用温故导入方法要注意以下两点:

一是要精选复习、提问的旧教学内容或编排习题,使之与新课的内容之间有紧密联系的"支点",达到从复习到新课学习的自然连贯过渡。

二是教师要向学生提示或者明确告诉他们什么是新旧知识联系的"支点",以引导他们进行思考,从而明确新旧知识之间的联系,帮助他们获得系统的知识。

二、开门见山导入

开门见山导入即直接导入,就是教师在上课一开始就开门见山地介绍新课课题以及新课的学习要求。这种导入有利于学生迅速明确学习目的,了解学习任务,从而提高学习效率。例如,在国家地理"埃及"的课堂导入中,有地理教师开门见山地点明主题:"学习一个国家的地理,我们首先要了解它的地理位置。请同学们阅读课本上'非洲政治地图'和《世界地理图册》中的"埃及"图,并描述埃及的地理位置。"

这种导入方法不是启发诱导学生逐渐地进入课题,而是直接点明学习内容并提出学习要求。因此,它适合于学习能力较强、有一定意志力的高年级学生,而不适合少年儿童的认知心理活动规律,对低年级学生不宜采用。即使对于高年级学生,采用这种方法时,教师也不应一走进教室就开始直接导入到新课内容,而应对本节课教学内容和教学要求进行简短概要的说明,以引导学生将注意力集中在主要问题上。

三、联系实际导入

现实生活中有不少与地理相联系的事物和现象,其中有很多是学生所熟悉的,甚至是亲身体验过的,学生能感觉到它而不能理解它,一旦把它作为学习研究的对象,便能引起学生的浓厚兴趣。因此,教师在导入时,如果能通过学生生活中的熟悉事例或关心的问题来导入新课,就可以使学生产生一种亲切感和实用感,容易引起学生的兴趣和共鸣,实现有效的课堂教学导入。

所谓结合现实生活中的事物,就是结合时事报道,或学生日常生活中对自然和人文现象的体验和感受,或有教学意义的故事、歌曲、诗词等。

在教学中,可以利用的实际问题很多,这就要求教师在日常生活中留心观察,积累素材。用生动的实际问题进行导入,既能使学生明确学习目的和重点内容,又能和学生的生活密切地联系起来,能较好地激发学生的思维活动,培养学生解决实际问题的能力。

案例节录

“多变的天气”的联系生活导入

教师:同学们,大家看看外面,觉得现在的天气可以怎么样描述?

学生:多云,气温大概是 18 摄氏度,东北风。

教师:你们是怎么知道的?

学生:听天气预报。

教师:那早晨的气温比现在高还是低吗?

学生:低。

教师:昨天与今天的天气一样吗?

学生:不一样,昨天是晴天,今天是多云。

教师:那前天呢?

学生:前天下雨了。

教师:大家是否觉得天气很多变?

学生:是的。

教师:很好,大家观察得都很仔细。今天我们就一起来学习“多变的天气”。

(摘自《地理学科课堂教学设计和实施案例》,上海教育出版社 2005 年版)

四、悬 念 导 入

地理教师通常根据学生的心理特征和各种知识之间的内在联系,提出带有悬念性的问题来导入新课。悬念导入,可以造成学生期待的心理状态,激发学生的学习兴趣,使教学紧紧扣住学生的心弦,启发学生积极思考,从而提高教学效率。

需要注意的是,悬念就是“悬而未决”的问题,提出这类问题,最好能提挈全篇,难易适当,富有启发性。例如,在进行高中地理“洋流”的教学时,一位教师是这样导入的:"同学们是否知道,航海家哥伦布在 1492 年第一次去美洲时花了 37 天。1493 年他第二次去美洲时只花了 20 天。同一个人,时隔一年,去同一个地方,所用时间缩短了近一半,这是什么原因呢?学完今天的'洋流'知识,大家就会豁然开朗。"

案例节录

"地域文化与城市发展"的悬念导入

教师:中国的戏剧文化博大精深,源远流长。同学们都知道哪些地方剧种?

学生:京剧、秦腔、越剧、黄梅戏、川剧、豫剧……

教师:下面请大家欣赏两首曲子,判断分别是什么剧种。

(多媒体影像资料:播放一段秦腔、一段黄梅戏)

学生:(判断正确)

教师:这两首曲子的唱腔各有什么特点?

学生:秦腔气势比较磅礴、高亢、明亮。

学生:黄梅戏比较细腻、婉转、优美。

教师:大家都知道秦腔原产于陕西,黄梅戏原产于皖、赣、鄂交界处,主要流传于安徽省安庆地区。为什么黄梅戏没有产生于陕西,而秦腔没有产生于安徽一带?

学生:(回答不到点、不充分)

教师:接下来我们一起好好来研究这个问题。

(摘自陈澄主编《地理教学研究与案例》,高等教育出版社 2006 年版)

第 2 节　导入技能运用的基本要求

疑问解答

问:何谓教学的"导"与"入"?

答:所谓"教学导入",顾名思义,即一"导"二"入"。"导",就要求教师引导学生回忆与新知识内容相关的已有知识。"导",应具知识性、趣味性和科学性,尤其应特别重视趣味性。因为"导"的目的是把学生的注意力迅速地集中到所要学习的内容上,并对它产生浓厚的兴趣。"入",就是引入新课,特别应注意的是要自然过渡,忌生拉活扯,牵强附会。导入在整个教学中是一个重要的环节,它直接影响学生学习的情绪和效果。

一、导入存在的主要问题

现在的地理教师对课堂导入都比较重视,他们精心设计,灵活运用,能取得较好的效果。但一些新教师在运用导入技能时难免会存在一些问题。

1. 堆砌材料、导入冗长

有些教师在备课过程中,收集到一些好的素材,感觉难以割舍,便不顾教学的需要,硬是把材料一股脑儿地堆砌在一起,使导入变得"又长、又粗",缺乏针对性。

> 🔍案例节录
>
> ### "板块运动"导入时过多运用资料
>
> 资料1:1966年,我国科学家在海拔4 300米的西藏聂拉木县亚里发现旧石器时代古人类使用的石器,同时发现杜鹃、柳树等大量温暖环境的动植物化石,近年又在喜马拉雅地区发现大量恒河螺化石,表明当时这里的环境温暖,植物茂盛,像三趾马一类的动物在森林、草原中奔驰,适于人类生存。然而今天这里是一片高寒、荒凉景象。
>
> 大量科学事实证明,喜马拉雅山是从一片汪洋抬升成为今天的世界屋脊的。
>
> 资料2:2004年12月26日的印度洋9级大地震激起冲天海啸,席卷东南亚、南亚、非洲12国,波及印度洋东、北、西侧海岸,造成有史以来最大的海啸大劫难,由于印度洋板块向北偏东方向斜插入亚欧板块,其下潜速度只比一个人手指甲生长的速度稍快,约为6厘米/年,而在强震的刹那间却完成了300多年的板块移动量。积聚了300多年的能量,在地震瞬间释放出来,难怪它会使整个地球颤抖起来,甚至使地球自转稍稍变快,使地轴有所倾斜。而最可怕的是,这一断层的突然断裂,导致上千公里长的海底发生强烈错动,就像一只巨手在浴缸底部猛烈地搅动,终使印度洋掀起滔天巨浪,给人类带来了空前的灾难。
>
> 资料3:据《探索》杂志10月号报道,去年9月,埃塞俄比亚北部某地的地面突然下沉10英尺,迅速向两侧张裂,裂开的大洞足以将数头骆驼和数只山羊吞没。在接下来三周时间,这个地方发生了160次地震,形成一个宽25英尺、长约0.34英里的大裂缝。
>
> 英格兰利兹大学地球物理学家蒂姆·赖特使用卫星雷达数据,推理非洲和阿拉伯构造板块继续向两侧漂移时最终会使裂缝与红海相连,海水也将源源不

断涌入,在未来100万年左右非洲之角将从非洲大陆完全脱离,形成地球上第八大洲——东非洲。

2. 引导问题量多质差、缺乏启发性

有些教师为了激发学生解决问题的强烈愿望,调动学生思维活动的积极性,在导入时抛出大量问题。而这些问题由于数量过多,学生很难一一思考。同时,由于许多问题还仅停留在概念记忆上,并不具有启发性,因而导入效果并不理想。

例如,某教师在"聚落的形成"上课伊始,便抛给学生大量问题(见图3-1)。而由于问题量多且质量不高,最终没有取得很好的效果。

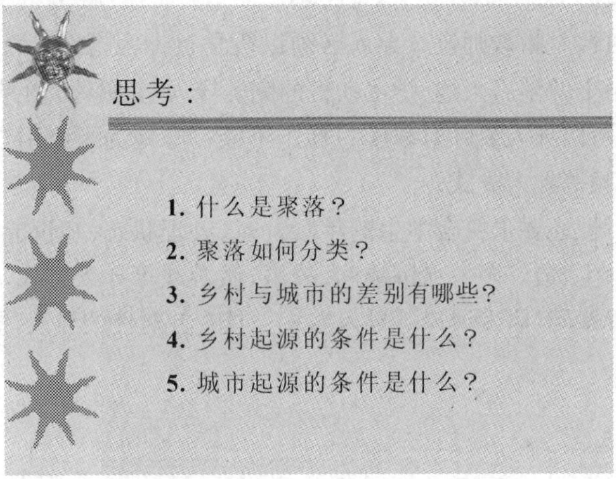

思考:

1. 什么是聚落?
2. 聚落如何分类?
3. 乡村与城市的差别有哪些?
4. 乡村起源的条件是什么?
5. 城市起源的条件是什么?

图3-1 "聚落的形成"导课课件

3. 新瓶装陈酒,导入缺乏连贯性

许多教师为导入而设计导入,因而其设计的导入内容脱离教学内容,牵强附会。尽管导入很别致、精彩、吸引人,但随后的知识内容讲解却又是老一套,这种新瓶装陈酒的导入方式,不可能产生好的教学效果。例如,在"西藏"一课导入时,教师用华丽的语言引导学生进入"西藏游"的旅游团情境中,随后,教师却进行纲要式的内容介绍。这种导入新颖、内容陈旧的"新瓶装陈酒"做法,实则是导入脱离教学内容,导入与教学形式分离,导致课堂教学缺乏连贯性和完整统一性的表现。

所以,在导入时,要考虑教学内容的整体,要服从整体。导入只是一个开头,从课堂结构的角度来看,它的作用是为教学打开思路。如果脱离课堂整体,即使是再精彩的导入也会失去它应起的作用,这是不可取的。

二、导入技能运用的基本要求

导入的类型虽然很多,但是都应从教学目标出发,使学生明确学习目的和教学内容,启发他们学习的主动性和积极性,引发寻求答案的迫切心理,更好地理解和掌握知识。在运用教学导入时应具有针对性、科学性、新颖多样性、启发性、联结性、语言艺术性、时效性。

1. 针对性

导入的针对性是指教师设计导入必须以教学目标为指针。教师需要认识到,任何足以激发学生的学习兴趣、学习动机的完美导入,其最终目的都是服务于本节课的教学目标,所以导入要针对教学目标。不能一味地为了吸引学生的兴趣而运用讲故事、看视频等导入方式。

导入的针对性还要求符合学生的年龄特点、心理状态、知识能力基础、兴趣爱好等。如对初中生,最好多一点讲趣闻、故事、做游戏等导入方式,而对高中生,则应该多一点设置疑问、启发讨论等导入方式。具有针对性的导入,能满足学生的听课需要。

2. 科学性

教师所表述的定义、概念、论据、阐述的原理、引用的事实都要做到准确无误,具有严谨的科学性。同时导入内容的条理、线索要符合逻辑性,导入形式和方法要恰当、合理。因此,地理教师必须在关注导入的新颖性的同时,重视导入的科学性要求。

例如,有教师在教学"地震灾害及其防御"中的"地震灾害"内容部分时,利用唐山地震的事例进行课堂导入,为了说明地震的灾害性,该教师引用了一系列数字:"据统计,在唐山地震中死亡的人员有 24.24 万人,重伤 16.46 万人;造成截瘫患者 3 817 人,失去父母的孤儿 4 204 人,轻伤仍需治疗者达 36 万之多。唐山地震震级为 7.8 级,它代表的能量是 3.2×10^{16} 次方焦耳,这相当于一个 12.5 万千瓦发电机组连续运转 8 年的总发电量,相当于 1945 年美国投向日本广岛的 400 颗原子弹同时爆炸!"虽然此段材料中的数字与本课知识内容关联不很大,但保证了真实性、科学性。导入时切不可为了增强效果而胡编乱造,不能因为导入只是短短的几分钟就敷衍了事,随便应付。

3. 新颖多样性

心理学家研究表明,引起注意的诸因素中,感知对象的新异性是重要条件。在单调重复的信息刺激下,注意会迟钝。因此,在针对教学目的、内容等要求的基础上,地理教学导入形式应新颖、灵活多样,不能总是以一个模式或一个腔调开讲。

4. 启发性

课堂教学导入的启发性要求主要是指两方面。其一是激发学生的地理学习兴趣。心理学研究表明,只要学生对所学内容感兴趣,就会积极、主动地去学习。因此,教师所准备的导入内容和导入方法应该将学生的地理学习积极性激发出来,使学生以最佳的心态投入到地理学习中去。其二是启发学生的思维。学起于思,因此,导入必须要运用一些设疑、启发讨论等方法来激发学生思维的涟漪,使学生通过自己的思维活动实现地理知识的正迁移。

> **拓展链接**
>
> 我国古代教育家在《学记》中提出"道而弗牵,强而弗抑,开而弗达"。指出教师的作用在于引导、启发,而不是强迫、代替。成功的导入,就在于富有启发性,不仅能引导学生理解知识,自觉地运用知识,而且要教会学生懂得怎样学习,掌握科学的学习方法,理解学习的过程。也就是说,要培养学生的自学能力,让他们掌握这把能够打开知识宝库的"金钥匙"。

5. 联结性

课堂教学导入的又一个重要作用就是承前启后,在内容上要建立新旧知识的联系,形式上要关注一堂课的完整性。所以,设计导入时,要仔细分析新旧教材之间的联结点,充分了解学生的知识和能力基础,选择最佳突破口和表现方式,使导入温故而知新,使教学得以浑然一体。

6. 语言艺术性

要想使新课的开始扣动学生的心弦,像磁铁一样地把学生牢牢吸引住,就需要教师讲究导入的语言艺术。

如果导入是为创设情境,教师的语言应该富有感染力,既要清新流畅、条理清晰,又要娓娓动听、形象生动,使每句话都充满激情和力量。这样的教学语言最能拨动学生的心弦,使他们产生共鸣,激起强烈的探究欲望。如果导入选用直观演示或借助实物时,教师的语言应该简明扼要、通俗易懂、富有解释性和启发性,以说明直观的含义和作用。如果导入选用逻辑推理时,教师的语言应该清楚明白、逻辑严密。

总之,无论采用哪一种导入方法,教学语言首先要确切精炼,有画龙点睛之妙;其次应该朴实、通俗易懂、实事求是,无哗众取宠之意;还要生动活泼、饶有风趣,给人以幽默感。

7. 时效性

课堂教学导入要以最少的时间、最快的速度拉近学生与教师、学生与教材的心理距离,使学生尽快进入正课学习状态,因此导入时间一般应控制在3—5分钟,忌冗长拖沓。

> **疑问解答**
>
> **问**:现在地理课堂教学导入比较忌讳哪些方式?
>
> **答**:现在,地理教师对课堂导入都比较重视,他们精心设计,灵活运用,能取得较好的效果。但一些新教师在运用导入技能时还难免会存在一些问题。例如,演独角戏,导入时只管自己在台上唱独角戏而不顾学生的情绪,更没有想到让学生也介入到导入中来;又如,牵强附会,为导入而导入,胡编乱造,游离教学主题;再如,冗长拖沓,当收集到一些好的素材,不顾教学的需要、导入的要求,硬是把材料堆积在一起,使导入变得"又长、又粗"。

技 能 训 练

1. 观摩优秀地理教师的课堂教学,注意分析"课的导入"、"新旧知识过渡"等片段的设计和运用是否符合地理课堂教学导入要求。

2. 阅读以下教学案例,分析这一导课方式的优点和存在的问题。

"中国的可持续发展道路"教学导入

[投影播放]中国触目惊心的环境问题。

(1)在个别年份,贵阳只要下雨,几乎就是酸雨(pH=3,甚至2),比醋还酸。

(2)中国有1/7的陆地国土被沙漠覆盖,1/3陆地国土受到风沙的危害,平均每天有500公顷土地被沙漠吞噬,20多座有文字可查的历史名城如楼兰等都淹没在沙漠之下。

(3)原生存于我国的招鼻羚羊、野马、犀牛、野牛等动物已经绝迹,华南虎、亚洲象、双峰驼、黑冠长臂猿也身逢绝境,濒临灭绝。华南虎只剩30—40只,可餐桌上还有穿山甲、娃娃鱼等二类保护动物。

(4) 黄河从1972年起经常断流,1997年从2月7日开始,到年底共断流13次,累计断流226天,造成胜利油田因少产原油损失30多亿元。

(5) 我国水土流失面积占陆地国土面积1/3,每年流失的土壤高达50亿吨,相当于每年损失1厘米厚的土壤,而自然形成1厘米厚的土壤需400年。

(6) 铁路两旁的快餐盒、塑料带似白色飘带。

……

教师:看完资料,同学们有什么想法和感受?

学生:(讨论、分析、发表看法……)

教师:(板书)中国走可持续发展道路的必然性。

（本资料由山东省寿光市第一中学梁建中撰写）

3. 选择自己所教的一个课题,设计2—3个不同方式的课堂导入,并比较导入的效果。

在导入设计与运用时请关注以下几个问题:

(1) 导入是否适合课题内容?

(2) 导入能否激发兴趣、启发思维?

(3) 导入是否与课堂教学连成一体?

第4章 地理课堂教学讲授技能

美国心理学家奥苏贝尔认为,学生获取大量整体的学科知识,主要是通过有意义接受学习、设计适当的教材和讲授教学实现的。

然而,随着新课程教育理念逐渐深入人心,我们的课堂教学发生了很大的变化,涌现了许多诸如讨论教学、质疑教学、发现教学等新型教学方式。对此,有些地理教师就有意无意地冷落了讲授教学,甚至横加指责,将讲授教学与"满堂灌"、"填鸭式"、"注入式"等同起来;有些新教师专心学习、掌握诸如合作学习教学法、发现教学法、游戏教学法等教学方法,而轻视、忽视讲授技能的学习。

讲授教学等于"满堂灌"、"填鸭式"、"注入式"吗?

什么是讲授教学?新课程背景下我们怎么理解讲授教学?地理教学中,怎样运用讲授技能完成教学任务?带着这些问题,我们走进第四章。

第1节 讲 授 的 类 型

古往今来,讲授是课堂教学中被广泛运用的一种技能,即便是在现代教育技术越来越多地进入课堂,新课程强调合作学习和发现学习的背景下,课堂讲授仍然具有不可替代的作用。讲授教学是其他教学方法运用的基础,运用讲授教学有利于促进学生地理学科能力的全面发展,有利于充分发挥教师的主导作用,有利于提高地理课堂教学的效率。

问：有老师说讲授教学等于"满堂灌"、"填鸭式"、"注入式",是这样吗?

答：谁都知道"满堂灌"、"填鸭式"、"注入式"是贬义的。因为,从学生观来说,它把学生当作容器,随意灌输;把学生当做鸭子,随意填喂;把学生当做空瓶子,随意注入。它的教学过程就是灌进去,储藏住,倒出来。从方法论来看,它一灌、一填、一注到底,说到底只有一种方法,既不制定教学目标,也不考虑教学策略,更不顾及学生的学习兴趣和学习基础,任凭教师天马行空,这种教学与新课程要求是相悖的。

讲授教学,是讲述、讲解、讲谈等方法的总称,从表面上看它也是教师运用口头语言向学生传授知识、技能、方法、情感等的一种教学行为,与"满堂灌"等没有根本区别,其实不然。

讲授教学以课程标准为依据选择讲授方式,以学生为着眼点决定讲授的深广度,以教学目标为基准斟酌讲授的分量,以发展能力、培养情感为中心选择讲授的策略。总之,讲授教学以课程目标为指向,以学生为对象,讲到恰到好处。因此,在地理课堂教学中,运用讲授技能时要摒弃它一讲到底的形式,注入启发、生动、活泼的元素,发挥它描绘情境、叙述事实、解释概念、论证原理、阐明规律、抒发情感的作用。

地理课堂教学讲授主要包括讲述、讲解和讲谈。讲述是教师运用叙述和描述的方法讲授地理事实,侧重于讲。讲解是教师运用说明、解释、阐述的方法讲授地理概念、地理规律和地理原理,侧重于解。讲谈是教师边讲边与学生对话,侧重于谈。

一、讲　　述

在地理教学中,在表述地理名称、地理数据、地理分布、地理景观、地理演变等地理事实性知识时,一般采用的都是讲述方式。

讲述时能运用生动、形象、逼真的图表或语言来描述地理事物的形态、景象、分布状况及其发展演变,不仅有助于学生获得感性知识,建立地理表象,而且也能激发学习兴趣。如果讲述方式运用不当,会出现机械、呆板、枯燥的现象。因此,在讲述时必须注意直观。

1. 借助直观图像

地图、示意图、景观图等都是地理教学中常用的直观图像,在讲述地理名称、数据、分布、景观等知识时要充分运用这些直观图像。如讲述热带稀树草原明显干湿变化时,借助景观图描述;讲述长江干流流经省区名称时,应该使每一个地名都落实在图上,便于学生形成空间概念。这种图文并茂的讲述能帮助学生建立起地理事物的表象,形成地理事物的空间位置概念以及空间联系。

2. 运用直观化语言

地理数据是被用来定量表示地理事物的地理位置数量大小、排列关系、性质程度、比例关系、演变速度、分布范围等,是地理基础知识中不可缺少的组成部分。由于地理数据比较抽象、枯燥,反映的数量关系也比较隐蔽,教师叙述时要注意运用相对比较直观的比拟方法,使之形象化、明了化。例如,在讲述世界水资源总量时可这样讲述:"全球水圈总水量约 13.86 亿立方千米,其中淡水 2.53%,淡水中能被人类利用的淡水资源约占全球淡水总储量的 0.3%。如果我们把全球水圈总水量比作是 1 桶水,那么淡水就是其中的 1 杯水,而可利用淡水资源则是 1 杯水中的1 小匙水。"如此形象化的地理数据,使学生容易理解其数据的地理意义。

在地理教学中还可以运用谚语、诗词、顺口溜等生动、形象的语言来描述地理事物。如谚语"西北风,开天锁"描述了冬季和早春冷锋过境后的天气状况;"早穿皮袄午穿纱,围着火炉吃西瓜"描述了新疆大陆性气候的特点;"山北黄牛下地,山南水牛犁田"描述了秦岭南北不同的自然环境特征等等。

二、讲　　解

讲解是地理教师运用语言向学生解释、说明或论证地理概念和地理原理的方式。在地理教学中,常用的讲解地理概念和地理原理的方法有分析综合讲解、归纳演绎讲解、列表比较讲解、案例分析讲解等。

1. 分析综合讲解
(1) 地理概念的分析综合讲解

地理概念的分析综合讲解程序是:第一,分析概念的内涵,即概念涵义的组成部分;第二,分析概念的外延,也就是概念的适用范围;第三,将内涵与外延综合起来形成完整的概念。例如,讲解"纬度地带性"概念,首先应该分析出"纬度地带性"概念的特性、分布特点和成因,然后解释"纬度地带性"概念的适用范围,如全球热量带、自然带的分布等等,进而总结概念,如表 4-1 所示。经过深入分析综合,学生对"纬度地带性"概念就会有清晰、准确的认识。

表 4-1 "纬度地带性"概念分析综合

概念内涵	纬度地带性	特 性	气候、水文、土壤、生物等自然要素相互作用形成的自然综合体
		分布特点 延伸方向	大体东西延伸,与纬线平行
		更替方向	沿经线方向更替
		成 因	由于太阳辐射随纬度变化而出现的差异
概念外延	全球气温带由赤道向极地可分为热带、亚热带、温带、亚寒带、寒带等 全球陆地自然带由赤道向北极依次为热带雨林带、热带季雨林带、常绿阔叶林带、落叶阔叶林带、针叶林带、苔原带、冰雪带等		
概念定义	受太阳辐射纬度差异影响,自然地理环境各组成要素及其相互作用形成的自然综合体出现大致沿纬线方向延伸、沿经线方向更替的现象		

(2)地理原理的分析综合讲解

地理原理的分析综合讲解主要包括地理特征、地理成因、地理规律等的分析综合。

进行地理特征分析综合的教学时应加强地理科学方法论方面的引导,帮助学生建立起主要地理特征的分析概括思路。例如,从"纬度位置"、"海陆位置"、"相对位置"三方面分析某地区的位置特征;从"流量"、"汛期"、"含沙量"、"结冰期"等方面分析河流的水文特征。

进行地理成因分析综合的教学时首先要理清地理事物的形成因素,分析它们的相互因果关系,并从中找出主要因素,建立知识之间的逻辑联系。如果成因比较复杂,教学时要注意分解难点,由浅入深。

案例节录

"大气环流"知识联系的分析综合

可用图 4-1 所示形式表示"大气环流"知识联系的分析综合。

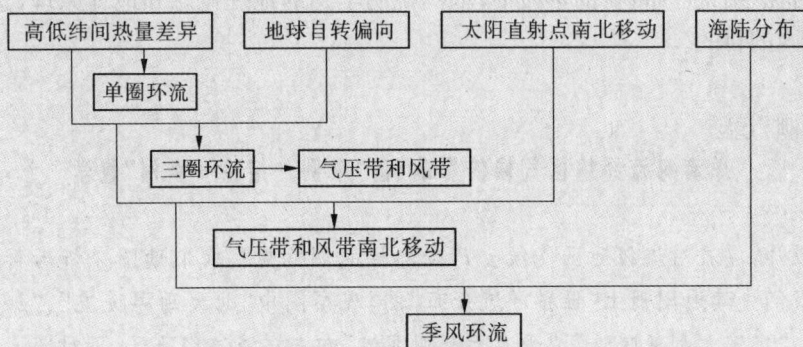

图 4-1 "大气环流"知识联系的分析综合

(本案例上海市南洋模范中学林雪清撰写,略有删改)

2. 归纳演绎讲解

（1）归纳讲解

归纳讲解即从事例到结论的讲解。这种讲解的程序一般是：首先教师引导学生观察有关地理概念和地理原理的具体实例或现象；其次通过分析、比较，认识这些地理事物的特征；最后再抽象、归纳出地理事物和现象的本质特征。

例如，学习世界地震、火山分布规律这一地理原理知识时，教师先呈现近五年来世界火山、地震发生的事例，让学生观察世界地震、火山的主要分布地区，以及分布地区所在的板块位置，认识到世界地震、火山主要分布在环太平洋沿岸和地中海—喜马拉雅山一带，而这两个地带正是太平洋板块和美洲板块、亚欧板块、印度洋板块交界地带以及亚欧板块和印度洋板块交界地带。然后引导学生归纳出："世界地震、火山多分布在板块与板块的交界地带。"

（2）演绎讲解

演绎讲解，即从结论到事例的讲解。这种讲解的一般程序如下：首先教师给出地理概念和地理原理的定义（结论）；然后分析、解释地理概念和地理原理的基本特征；进而举例说明概念和原理适用的范围。

例如，讲解"自然资源"地理概念时，教师先说明定义："自然资源是指广泛存在于自然界的能为人类利用的物质和能量。分析自然资源概念不难看到它存在着自然属性和社会属性。其自然属性是指作为自然资源的物质和能量是直接产生于自然界；其社会属性是指这些物质和能量是能为人类所利用的。自然界中的自然资源主要有水资源、气候资源、生物资源、土地资源、矿产资源和能源资源等。"然后围绕自然资源的概念，教师和学生共同举例说明。

地理教学中如果设计"事例—结论—事例"的讲解思路，让学生在"事例—结论"的学习中，对众多的地理事实进行观察、分析、比较、综合，自主建构后得出结论；然后在"结论—事例"的学习中，举例说明学到的地理概念和地理原理，达到应用与巩固的目的。

🔍 案例节录

"洋流对流经地区气候的影响"的"事例—结论—事例"教学

……

教师：洋流对流经地区气候会产生怎样的影响呢？我们读图分析后再下结论。我们先读地图册上"世界洋流分布"图，观察图中"北大西洋暖流"、"加那利寒流"、"东澳大利亚暖流"、"西澳大利亚寒流"四支洋流流经地区，再对照地图册上"世界气候类型分布"图，分析这四支洋流流经的大陆沿岸地区都属于什么气候？

教师:进一步分析这种现象,可以得出什么结论?

学生:(略)

教师:对,暖流流经的大陆沿岸,气候暖、湿;寒流流经的大陆沿岸,气候相对冷、干。由此可以得出什么结论?

学生:(略)

教师:很好。有暖流流经的大陆沿岸,气候增温增湿明显;有寒流流经的大陆沿岸,气候减温减湿明显。刚才我们分析了四支洋流的情况,其实,其他海区的洋流对流经大陆沿岸的气候也具有这种影响。有哪位同学能来举例说明一下?

生:(略)

师:对的,还有吗? 如非洲南部东海岸的莫桑比克暖流和西海岸的本格拉寒流对沿岸气候是怎么影响的?

……

（本案例由江苏省江阴市第一中学蒋玉莲撰写）

3. 列表比较讲解

地理事物纷繁复杂,比较是认识地理事物整体性与差异性的重要思维方式。常用的比较方法有:

类比,即学习某一地理概念或原理时,引用已经学过的同类地理知识进行比较,把新旧知识联系起来总结。如讲解英国地理时与日本地理比较,讲解北美洲气候时与亚洲气候比较。

对比,即地理事物正反之间的比较,通过对比能清晰揭示出对立的地理事物的差异。如寒流与暖流的对比,山风与谷风的对比,气旋与反气旋的对比,向斜与背斜的对比,内力作用与外力作用的对比。教师讲解时,一般先重点讲清其中的一个,另一个则引导学生通过对比,得出与此概念相反的属性和特点。

借比,即对一些比较抽象的地理概念与原理,借助学生熟知的一些生活经验进行比较。如讲解季风成因,可以借助露天游泳池水和池边水泥地来说明海洋和陆地受热和散热不同而形成季风的道理。

并比,即把分别独立的几个比较对象并列起来进行比较的方法,这种比较可以突出这些地理事物的共性和个性,梳理地理事物的联系,从而使学生明了个体和整体的地理特征。如讲解几种河水补给类型特征时,可以按表4-2所示进行比较。

第4章 地理课堂教学讲授技能

表 4 - 2　几种河水补给类型特征比较

河流径流变化	径流变化特点	主要影响因素	补给类型	在我国主要分布地区
流量（米³/秒）图表（纵轴0~800，横轴1~12月）				
流量（米³/秒）图表（纵轴1 500~16 500，横轴1~12月）				
流量（米³/秒）图表（纵轴0~300，横轴1~12月）				

在地理教学中，常常借助表格进行比较讲解，既便于揭示地理联系和差异，又直观形象，突出重点，一目了然。

🔔 疑问解答

问：列表比较地理事物很有用，能具体分析一下表 4 - 2 在哪些方面可以值得借鉴吗？

地理课堂教学技能训练

答：表4-2在设计上值得借鉴的方面主要有：

一是"河流径流变化"栏没有用文字标注，而用图表示，这样可以为学生提供直观形象的材料，以支持学生的思维活动。

二是"径流变化特点"、"主要影响因素"、"补给类型"、"在我国主要分布地区"比较项目环环相扣、层层递进。先是观察统计图总结出径流变化特点，随后是依据总结出来的径流变化特点分析成因，之后再在理解成因的基础上概括出补给类型，最后是回答"在我国主要分布地区"，这是对补给类型的运用。

三是表4-2将"在我国主要分布地区"作为一个比较项目，而没有照搬教科书将河流分布地区直接标注在图下，这样做挖掘了这一知识内容的思维价值。

四是图文并茂，既能引起学生的兴趣，又可以美化版面。

4. 案例分析讲解

在地理教学中，理论联系实际地讲解，可以帮助教师把枯燥、抽象的理论知识讲得生动、丰富，有助于学生理解和掌握。案例分析讲解是理论联系实际教学的有效方式。例如，讲解"产业结构升级、优化、转移"等概念时，教师可以以上海产业结构变化为例组织讲解：具体以1978—2007年产业结构变化来分析产业结构升级的概念；以上海建设经济、金融、贸易、航运中心来解释产业结构优化的概念；以20世纪八九十年代上海承接韩国、日本等国以及中国台湾、香港等地区的产业，而将自己的纺织业如"三毛"转移到内地重庆来反映产业结构转移的特点。

在教学中运用案例分析时，所选用的案例应尽可能典型，因为典型的事物易于类化，而类化的知识又容易被迁移和应用，即能举一反三。另外，案例应尽可能是学生熟悉的、通俗的，这样不仅有利于学生分析理解，也有利于吸引学生的学习兴趣。当然，案例也可以是反面的，因为反例可以帮助学生从对比中理解概念的本质特征。

三、讲　谈

讲谈教学是教师边讲边问，启发学生运用已有的地理知识和生活经验来回应教师的分析解释，达到理解和掌握知识、技能、方法、情感等的一种教学形式。它重在教师与学生进行一种平等、轻松和积极的知识对话和思想沟通，表现了教学"以学生为本"的教学理念，所以这种讲谈教学是现代地理课堂教学追求的一种对话教学形态的讲授形式。

问：新课程强调的对话教学与讲授教学是什么关系？

答：一提到对话教学，不少人想到的是互动、讨论、交流、学生自主学习等。事实上，真正的对话教学不仅仅是一种方法和手段，更是一种理念、一种原则、一种目的，更多的是对话双方的沟通、理解以及思想的交流。因此，可以这样理解，只要存在双方思想上的交流和回应，无论什么形式都可以看作对话。因此，我们运用讲授教学，如果能引发学生的兴趣，启发学生的思维，激发学生的想象，引起学生的情感共鸣，同样符合对话教学的理念。

运用讲谈教学传授新知识时，教师提出的问题必须具有思考性，要创设"问题情境"，并且问题要设问在学生认知困惑的地方，以激发出学生"愤悱"的心理状态。如有教师在教学"自然资源"的内容时，先用投影呈示出自然资源定义，然后问学生："教室里的桌子、板凳是不是自然资源？"学生说法不一，教师引导问："桌子、板凳是不是从自然界中直接获得？"学生都回答不是，教师又说："根据定义，不是从自然界中直接获得就不是自然资源。由此得出，人为加工的物品不是自然资源。那么，台风是不是自然资源？"不少学生说是的，教师继续引导："现在台风还不能用于生产生活，所以，不是自然资源。从上述分析中，可以看到自然资源有两个属性，一是自然性；二是有用性。"

第 2 节　讲授技能运用的基本要求

教师的讲授是一项综合技能，以语言表达技能为主，同时还融合提问、板书、演示、组织教学等多项技能。为取得良好的讲授效果，课堂讲授应遵循以下几项基本要求。

一、避免随意性，确保科学性和规范性

在地理教学中，不难发现一些新教师总会在课堂讲授时想当然地分析、解释、表述地理知识。如解释"季风区与非季风区"时，有教师这样解释："季风区就是受季风影响的地区，而非季风区就是季风影响不到的地区"；在分析河流径流补给类型时，将冰川融水与积雪融水混为一谈；在讲述水循环时将"降水"想当然地说成"降雨"，将"夏季气温"随意地说成"夏季温度"等等。这当中，有的是地理概念错

误,有的是地理术语的滥用,有的是表达不明确,这些都会影响讲授的科学性。

讲授的科学性主要指讲授内容的准确性。教师的讲授内容,无论是地理学科的知识,还是引用其他学科的知识;无论是导入中的描述,还是展开中的讲解;无论是讲解地理原理、地理概念,还是讲述地理名称、地理数据,都必须准确无误,经得起验证。在教学中,遇到自己没有把握的知识内容,必须查实确认后才能讲授,不能主观臆造,随心所欲。

地理课堂讲授语言的规范性最根本的要求就是教学时要运用地理术语和地理专门用词。例如,不能把"气温"说成"温度",把"岩石"说成"石头",把"干流"说成"主要河流",把"径流"说成"水流",把"土壤"说成"泥土"、"泥块",等等。另外要注意一般字的地理读音要求,不能把地壳的"壳"字读成"ké",把济南的"济"读成"jì",把波罗的海的"的"读成"de"等等。因为地理术语和地理专门用词是地理学科的共同语言,有其确切的含义,用它进行讲授才能准确地传递信息。

二、改变地理讲授的"散乱性", 建立知识间联系

曾有一位新教师在教学"日本"课题内容时,一边呈现 PPT 课件,一边介绍:"日本是亚洲最东面的国家,它东临太平洋,西濒日本海。从这张图中(边指图边介绍)可以看到它的领土由本州岛、北海道岛、四国岛和九州岛四个大岛及几千个岛屿组成;地形主要以山地为主,这是著名的富士山。日本与我国和韩国、朝鲜、俄罗斯只有一水之隔。国土面积 37.78 万平方千米,人口 1.26 亿……樱花是日本的国花,日本有'樱花之国'的美称。在日本全国各地都可以见到美丽的樱花(观看视频)……"从这位新教师的教学安排中,我们可以发现存在的问题:一是讲述缺乏有机组织,如介绍周围海洋时,没有将周围隔海相望的国家组织在一起;介绍领土组成时没有将国土面积组织进去,而是带上了一句地形;介绍四大岛屿时也没有主次或方位顺序。二是介绍樱花时没有抓住南北气候特点对樱花盛开影响这一重点知识。

课堂教学讲授的逻辑、条理十分重要,因为学生学习需要经过自己的理解和内化,如果教师语无伦次、前后混乱、自相矛盾、东拉西扯,必然会影响学生的理解。在地理课堂教学中,教师通过讲授建立知识联系的方法主要有以下几种。

1. 对关键内容提出环环相扣的系列化问题

这些问题编织了教师讲授的结构框架,随着一个个问题的解决,学生就可以将知识系统化、条理化、结构化。例如,教学"对流层"内容时,有教师设计了以下系列

问题:对流层中气温分布有什么特点? 在这种气温分布影响下,气流运动有什么特点? 这种气流运动特点又使该层的天气表现出什么特点? 对流层与人类活动的关系如何? 这些问题揭示出了大气垂直分层内容的"气温分布"、"气流运动"、"天气现象"和"与人类活动的关系"的主要方面及其相互联系。

案例节录
"地理环境地域差异基本特征"问题化组织教学

在进行"地理环境地域差异基本特征"的教学时,可以按图4-2各PPT中所示的问题组织教学。

图4-2 "地理环境地域差异基本特征"问题组织

(本案例由上海师范大学地理系02级张爱清撰写)

2. 在知识联系之间设置串联知识的承转和过渡

承转是一种揭示知识内容之间的内在联系,使教学行云流水般流畅的教学技能。承转技能运用得好,可以让学生理解前后知识的内在联系和讲授思路。例如,从"褶皱"过渡到"断层",有教师运用设问揭示出知识内在联系:"岩层受力后产生的弯曲变形是褶皱,那么岩层受力超过承受限度,岩层破裂并产生变位,又是什么地质构造……"再如,从"城市商业中心等级"过渡到"商业街",有教师这样设计过渡:"……不论哪一级的城市商业中心,都是由不同的商业街组成的。而商业街……"

3. 运用结构完整、条理清晰的板书

运用板书来体现讲授的思路和知识的组合联系是地理教学常用的手段,其中地理结构式板书是最能反映知识内在联系的板书方式。例如,讲授"板块构造学说"内容时,有教师就设计如图4-3所示的主板书。

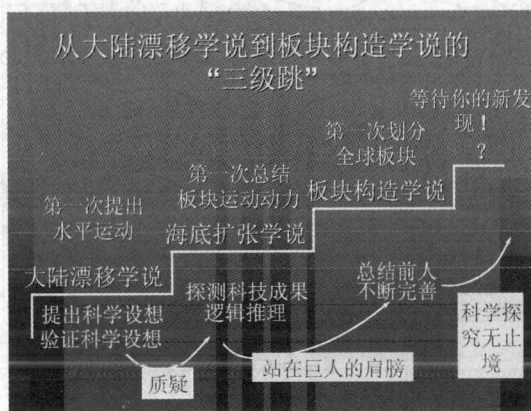

图4-3 "板块构造学说"PPT板书

三、改变"以教为中心"的现象,
引导学生自主建构

讲授教学渊源于传统的教师中心论,教师是知识的象征,一切知识得由教师传授给学生,所以,这种方法在运用过程中使教师产生重教轻学的思想。教学设计中,教师往往只考虑自己怎样讲得全面、细致、深刻、透彻,似乎只有这样,学生才能掌握得越多、越好,哪方面内容自己不讲就不放心,总觉得不讲学生就学不到东西,而学生方面则形成了依赖心理。事实上,如果我们讲得太多,讲得太死,给学生太多"给定"的东西,那么,在一个"给定"的知识世界里,学生的思维被显而易见、不证自明的给定的结论所引导和规范,他们思维的选择和创造的空间被大大压缩,最终是阻碍了学生自己对知识的理解和组织。

在地理课堂讲授中必须强调学生的自主建构学习。地理讲授教学中怎样引导学生自主建构呢?一般来说,常用的方法可以是在教学中多设计有思考价值的问题,在问题情境中运用讲谈法引导学生理解,而不是直接告诉学生现成的、完整的、结论性的知识。在讲授中多结合生活现象列举事例或案例,在案例分析中促进学生理解、消化,在理解中归纳地理事物发生发展的规律。

📍 案例节录

"地貌与经济建设"的学生自主建构教学

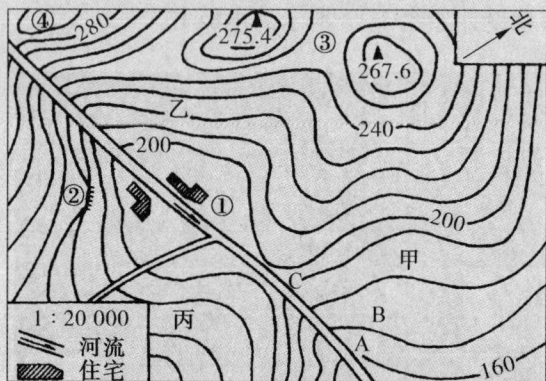

图4-4　华北某地地形图

······

教师:图4-4是我国华北某地地形图。当地为了解决农村的用电问题,决定修建一个小型水电站。请选择在图中何处筑坝比较合适,用符号标注出来。

学生:(指着图)在河流流经的盆地出口处筑坝比较合适。

教师:你能告诉大家选在此处筑坝的理由吗?

学生:有两个理由,一是此处山口狭小,筑坝工程量小,安全性高;二是水坝上方是盆地,有足够的蓄水区域。

教师:答得不错。但是,你看图就可以发现,筑坝蓄水之前首先应该解决一个什么重要的问题?

学生:(抢答)搬迁村民。

教师:很好。安置移民,常常是水电站建设的一个十分重要的问题。如果要求我们在图中表示的区域内安置移民,你们看看选哪里比较理想呢?

学生:在地势相对平坦的地方。

教师:哪里地势相对平坦呢?

学生:图中右下方170～190 m等高线之间,地势相对平坦。

教师:依据是什么?

学生:这里等高线比较稀疏,说明坡度比较平缓。

教师:不错,问题是远离河道,如何解决生活用水呢?

学生:就近引水上山。

教师:(连接AB线)好,引水上山。还有其他办法吗?

学生:老师,引水上山不如引水下山,更节省能源(在黑板上连接BC线)。

教师:很好,人往高处走,水往低处流,这里舍近求远更有道理。其实,修水电站不仅要淹没村民的住宅,而且会淹没住宅附近的农田。解决了用水问题,还要解决吃饭的问题。如果考虑在山坡上整修梯田,选在甲处好还是乙处好? 为什么?

学生:选在甲处好,因为开辟梯田,也应该考虑坡度平缓,以免造成水土流失。

教师:有其他意见吗……

(摘自上海市教育委员会《上海市中学地理课程标准》,上海市教育出版社2004年版)

四、避免出现"满堂灌"现象,加强
与其他教学方法的有机结合

讲授教学容易使学生产生过分依赖教师的倾向,进而发展为死记硬背、机械学习。在地理教学实践中,有些教师常常讲授过了头,陷入"满堂灌"、"注入式"教学的泥潭。但是,从教的角度来看,任何方法都离不开教师的"讲",其他各种方法只有与讲授教学有机结合,才能充分发挥其价值。同样,讲授教学也只有与其他教学方法或教学原则结合才能弥补其容易陷入"满堂灌"的不足。地理讲授教学中,具体的操作方法有以下两种。

1. 讲授教学中注入启发式

教师在讲授时首先将功夫花在"激疑"上,"疑"能使学生在认知上感到困惑,进而产生认知不平衡,引起探究问题和解决问题的欲望。在"探疑"、"揭疑"驱动下,学生的"听"是主动的,是有意义的。例如,在解释"海底扩展学说"时用"为什么有46亿年演化历史的地球,在海底却找不到超过2亿年的岩石"启发学生思考、理解洋壳在洋脊处不断生长并向两侧移动,在海沟处冲入地幔深处而消失;在介绍新疆坎儿井时问"为什么新疆的坎儿井输水渠道要修成暗渠?还要修建竖井?"引导学生运用地理知识分析现实问题。

2. 讲授教学与直观教学相结合

教师在讲授的过程中要充分运用多媒体辅助教学,利用多媒体提供的声音、图像、动作等将地理事实和现象化远为近、化静为动,将抽象的概念具体化、形象化。此外,在讲授教学中还应充分利用地图、地理图表、实物等教具将枯燥地理内容生动化、趣味化,引起学生各种感官的兴奋。例如,在讲述台湾岛"山地多"的地形特征时,有教师借助多媒体辅助教学呈现课件(见图4-5)边演示边讲述:"台湾岛西部是沿海平原,中、东部是山地。山脉从东到西分布有海岸山脉、中央山脉、玉山山脉、雪山山脉和阿里山脉,全岛地形以山地为主。"如此边看边听,学生对台湾岛的地形特点就会印象深刻。

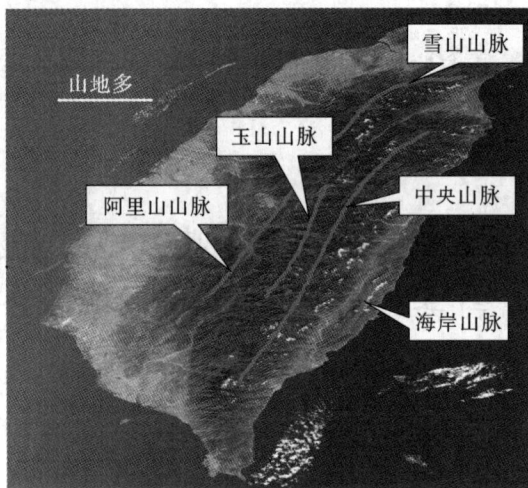

图4-5 台湾岛地形分布特征

技 能 训 练

1. 综合运用列表比较和讲谈方法,写出下列"东亚季风的成因"内容的详细讲授教案,并在课堂教学中予以实施,然后对照讲授基本要求总结这部分内容的讲授效果。

季风的成因

季风(the monsoon)是指大范围盛行风向随季节变化而有规律改变的现象。海陆热力差异是形成季风的重要原因。以亚洲东部为例,亚洲大陆与太平洋热力性质存在着巨大差异,导致冬季和夏季海陆气压中心的季节变化。夏季,亚洲大陆比同纬度太平洋增温快、气温高,这样在副热带附近形成强大的热低压中心(亚洲低压),而在北太平洋上的为夏威夷高压。这样,在大陆与大洋之间,形成强大气压差,形成从海洋吹向陆地的暖、湿的夏季风。冬季,亚洲大陆比同纬度太平洋降温快、气温低,中高纬度的大陆出现强大的冷高压中心(蒙古、西伯利亚高压,也称亚洲高压),而在北太平洋上的为阿留申低压。强大的亚洲高压与阿留申低压、赤道低压之间产生强盛的偏北气流,成了冷、干的冬季风。

2. 综合运用列表比较和讲谈方法设计"洋流"或"中国气候特点"内容,并总结自己在讲授中"引导学生自主建构"的要求落实得如何。

3. 采用"事例—结论"讲解方式,设计"地中海气候"教学片段,进行讲解并录像,然后对照地理讲授技能要求进行分析总结。

第5章 | 地理课堂教学提问技能

古语云:"学起于思,思源于疑。"

我国著名教育家陶行知曾经说过:"发明千千万,起点在一问;禽兽不如人,过在不会问。智者问得巧,愚者问得笨。人力胜天工,只在每事问。"

有经验的教师在教学过程中,总是精心设计提问,竭力点燃学生思维的火花,激发他们的求知欲望,并有意识地为他们发现问题、解决问题提供桥梁和阶梯,引导他们一步步跨入知识的殿堂。

在此,让我们从地理学科的角度出发,深入教与学的更深境界,去探寻课堂提问的精湛技艺。

第1节 提问的基本类型

课堂提问是一种教学技能,也是一门精巧高妙的艺术。提问是教学过程中常用的一种教师和学生之间相互交流的教学技能,是通过师生相互作用检查学习、引起注意、促进思维、巩固知识、运用知识、实现教学目标的一种教学行为方式。教师课堂提问水平的高低,直接影响着教学的质量和效率。

变成一种享受、一种乐趣。

课堂提问的艺术境界之二是教师激励学生昂扬的斗志和活跃的思维,知难而进,百折不回。这样培养出的学生才会具有健全的人格。

课堂提问的艺术境界之三是教师以博大的胸怀和无限的耐心包容学生的错误,不冷嘲热讽,要善于引导,让学生自己找到解决问题的钥匙。

按学生的认知发展水平,可以把提问分为两类:一般认知提问与高层次认知提问。

一、一般认知提问

一般认知提问是靠对知识信息的回忆或观察即可回答的简单提问,如直接提问"是什么"、"有什么",其答案也是确定的。通过提问将新旧知识联系起来,或者帮助学生获取感性知识,为进一步学习打下基础。这类问题适合初学阶段或分析能力较低的学生,当然也适合在高层次提问的局部中体现出来。一般认知提问又可以分为两类:回忆提问和观察提问。

1. 回忆提问

回忆提问是学生靠回忆他们已经学习过的知识即可解答的提问,是一种用以检查学生已学知识,培养学生记忆能力的课堂教学提问。这类提问经常用于新课的温故导入和检查性的结课总结中,不适宜安排在新课展开过程中。例如,日界线是一个较难掌握的知识点,而理解该知识必须建立在熟练掌握地方时、区时计算的基础上。因此,在学习日界线时应先复习提问地方时和区时的概念,并进行区时计算。

在回忆提问中,教师经常使用的关键词有"什么是"、"在哪里"、"怎么样"、"说出"、"填出"等。例如,"青藏高原平均海拔是多少?""世界最大平原位于哪个大洲?"

2. 观察提问

观察提问是学生靠观察即可解答的提问,观察的对象往往是地图、直观的图片等材料中的地理事实,问题的答案一般是确切而具体的。例如,在学习某一个国家某一个地区的地理知识之初,一般可以先让学生在地图上观察这个国家或地区位于什么样的纬度位置、海陆位置,查找有哪些相邻的国家,境内有什么平原、山脉、高原、河流和城市,等等。通过这些基本地理事实的提问,培养学生在地图上了解地理事物的能力,也为他们认识更深的地理理性知识奠定了基础。

在这类提问中常使用的关键词有"找出"、"看到"、"发现"、"指出"等。例如,学习"我国第一大河——长江"时,教师可以提问学生:"哪个同学能用最快的速度在地图上找出长江的发源地、注入海和流经省区?"

二、高层次认知提问

高层次认知提问往往可以帮助学生依据感性材料认识事物之间的内在联系,把学习内容的要素加以重新组合。这种提问学生回答起来有一定的难度,往往需要经过判断、比较、分析、综合、评价等思维过程才能回答,有利于学生摆脱"死记硬背"的学习方式,促使学生对学过的知识进行加工,有助于发展学生的发散性思维,所以较"一般提问"有更强的思考性。但这并不意味着提问高水平的问题总是好于提问低水平的问题,关键要看是否适合该水平层次的学生。这种高层次的认知提问可以分为判断提问、分析提问、综合提问、比较提问、运用提问、评价提问等几类。

1. 判断提问

判断提问经常用在学习了新的地理概念、原理、规律之后,教师提供新的地理情境,让学生依据概念、原理或规律的内涵和外延进行判断,以加深对地理概念、原理、规律的理解。例如,教师在讲完了"在相同纬度的情况下,对流层内气温随地势升高而降低,海拔每升高1 000米气温下降6℃"这个地理规律以后提问:"唐代大诗人白居易在《大林寺桃花》诗中写道:'人间四月芳菲尽,山寺桃花始盛开。'请同学们用学过的知识解释这种现象。"

设计这类问题常使用的关键词有"是不是"、"哪一种"、"怎样的"等等。例如,学习了冷锋、暖锋、静止锋等概念后,提问学生:"在我国江淮流域,每年的6月中旬到7月上旬会发生连绵不断的降雨,我们把它称为梅雨,那么梅雨是前面讲的三种锋面雨中的哪一种? 为什么?"

2. 分析提问

为了掌握复杂地理事物的特点,常常要将地理事物分解为若干部分,并探索各部分之间的联系及其结构组合。分析提问是地理教师常用的提问方式之一,其目的不仅是让学生获得地理知识,更重要的是使学生从教师分析事物的思路中学会分析问题的思路和方法。

为了培养学生分析问题的能力,教师常常针对学生学习的思路进行分析提问。例如,《全日制义务教育教材·地理(第一册)》(人民教育出版社)在"印度"部分写道:"印度是一个多民族的国家,全国有几百个民族,其中人数最多的是印度斯坦族(占 46％),印地语和英语是官方语言。印度人很讲究礼节……印度妇女喜欢穿一种叫"纱丽"的服装……印度人的饮食习惯也很有特色,他们以米饭为主食……"在教学时,这部分内容可让学生阅读,读前先提问:"分析一个国家的文化和风俗习惯应从哪些方面去考虑(结构分析提问)?"学生阅读后回答应从民族与语言、礼节、服饰、饮食习惯等方面考虑。教师总结:"对! 此外,还有教育、宗教以及民间艺术、建筑风格等,这些都能反映一个国家或地区的文化和风俗习惯的特色。"

在分析提问中,教师经常使用的关键词有"有哪些"、"怎样"、"哪些方面"、"什么因素"、"分析"、"证明"等。

案例节录

"河流补给"内容的分析提问

……

教师:河流有几种补给形式?(要素分析提问)

学生:有降水补给、积雪融水补给、地下水补给、冰川补给和湖泊水补给。

教师:对! 河流径流往往是多种水源补给的。请同学们阅读"河流的流量过程示意图",分析我国这几条河流以哪种补给形式为主?(主从关系提问)

学生:A 河以地下水补给为主,B 河以积雪融水补给为主。

学生:C 河以冰川融水补给为主,D 河以降水补给为主。

教师:为什么? 依据什么来判断的?(因果关系提问)

学生:以地下水补给为主的河流流量变化稳定;以积雪融水补给为主的河流有春汛,春天流量大增,夏天多降水,再次出现汛期。

学生:以冰川融水补给为主的河流,流量随气温的升高而增大,夏季流量最大,冬季封冻,小河断流,径流量很小;以降水补给为主的河流,流量随降水的多少而变化,洪水期在夏季,枯水期在冬春。

(本案例由北京市第三中学凌江撰写)

---

3. 综合提问

综合提问的作用是激发学生的想象力和创造力。要回答综合提问,学生需要在脑海中检索与问题有关的知识,并对这些知识进行分析与综合,从而得出全新的结论,这有利于学生思维能力的培养。例如,"温室效应可能会给全球的气候和经济发展带来什么样的影响?""我们可以通过哪些手段解决环境污染问题?"这种类型的问题能够引导学生全面、系统地理解地理事物,适用于课堂讨论教学。

在综合提问中,教师常用的关键词有"为什么"、"总结"、"概括"、"归纳"、"如何解决"等等。

4. 比较提问

许多时候我们对地理事物的认识是在与其他地理事物的比较中形成的,通过教师的比较提问,促使学生将知识串连起来形成系统。

首先,教师可以将新学习的地理知识和学过的知识相比较,让学生在比较中掌握新知识在系统中的地位及其特性,从而将新知识纳入已形成的知识系统和认知结构中。例如,学习南美洲地形时,可让学生与学过的北美洲地形相比较,提问学生:"两洲地貌的组合方式有哪些不同?"

其次,学习同一整体区域内不同地方的特征和差异时,教师可以将这些地方的地形、地貌、水文、生物、土壤等地理要素提取出来,用比较提问的方法培养学生正确的地理思维方法。例如,在进行中国地理教学时,可以设置这样的拓展性提问:"我们学习了'秦岭-淮河'一线的地理意义,请同学们比较我国东部北方和南方河流的水文特征以及北方和南方农业生产特点的差异。"

第三,学习世界地理时,教师将地球上同纬度的不同地理现象以比较提问的方式提出来,引起学生的注意和思考,也是设计比较提问常用的手段。例如,在学习"我国季风气候"的时候可以提问:"我国江南一带与非洲撒哈拉沙漠处在同一纬度上,为什么那里是一片荒漠,而这里却是终年万木丛生、一片翠绿呢?"学习"欧洲气候"时,提问学生:"同处北纬 60°的大西洋两岸,为什么气候有如此大的差异?"

第四,引导学生将同类但互相对立的地理事物相比较,然后以比较提问的方式提出问题。例如,在学生学习了"气旋与反气旋"后可以提问:"从成因、等压线形状、气流运动方向、形成的天气等方面比较气旋与反气旋有什么不同?"

5. 运用提问

运用提问是指建立一个问题情境,让学生运用新获得的知识和过去所学的知识来解决新的问题。运用提问主要用来考查学生对概念、规则等程序性知识的掌握情况。在回答问题的过程中,学生需要运用所学的概念或规则解答问题。

在运用提问中,教师常用的关键词有"应用"、"运用"、"举例说明"、"解释"等等。

"降水分布"的运用提问

教师播放录像,展示祖国各地具有特色的民居房屋。

教师:运用你们的生活常识,想一想为什么我国传统民居建筑有如此大的差异?

学生:这些民居有如此大的差异,与当地降水有关。

教师:很好,要了解我国的降水分布情况,离不了"中国年降水量"图。

(教师出示地图,请学生观察800、400、50 mm年等降水量线的位置,然后请三位同学分别扮演这三条年降水量线所在地区的居民,请学生举例说明当地降水特点及对人们生活的影响)

学生:……

教师:请同学们总结我国降水的地区分布规律。

学生:年降水量地区分布不均,东多西少,由东南向西北递减。

教师:请同学们运用学过的知识解释一下,降水量为什么会形成这样的分布规律呢?

学生:……

(教师演示"冬夏季风"的Flash动画)

教师:根据刚才的演示,夏季风并没有影响到整个中国,原因是什么? 运用学过的地形知识分析一下。

学生:……

教师:哪位同学能尝试解释我国降水空间分布的成因?

……

(摘自《地理学科课堂教学设计和实施案例》,上海教育出版社2005年版)

6. 评价提问

评价提问主要要求学生对给出的材料进行价值判断。评价提问可以分为两种类型:一是要求学生对特定对象提出看法、评价他人观点或评定思想价值,例如,"你认为魏格纳的学说对人类了解和认识地球有什么意义?"二是要求学生判断各种解决问题方法的优劣,例如,学习"长江"后提问:"你认为长江成为'黄金水道'的优势条件在哪里?"在评价提问中,学生最开始的回答可能质量不会太高,教师必须通过问"为什么"、"还有其他原因吗"、"其他人有什么想法"等进行探询,以使他们意识到问题的复杂性,促使他们从不同角度去认识和分析问题,评价事物。

在评价提问中,教师常用的关键词有"评价"、"证明"、"你认为"、"你对……有什么看法"、"假如你是……你怎么认为"等。

问：除了以上所论及的提问类型外，还有哪些方式可以区分不同的提问吗?

答：提问的形式和方法实际上是多种多样的。还可根据提问的作用、教学内容的要求对提问进行分类。

1. 按提问的作用不同分类

复习提问，以检查所学过的知识为目的;

巩固提问，以加深所学的知识为目的;

概括性提问，以分析、归纳知识为目的;

强调性提问，以引起学生重视为目的，多用在讲授重点知识方面;

引起注意提问，多用在容易混淆、疏忽和错误的知识方面;

引起兴趣的提问，多与布置课外作业结合起来;

引起求知欲的提问，多用在新旧知识联系引入新课讲授方面。

2. 按教学内容要求不同分类

引疑提问，多用在复习提问的知识再现之后，引出疑点;

答疑反(提)问，学生质疑，教师抓住其知识缺陷反问;

搭桥提问，多用在难度较大的问题，甲学生的回答为乙学生的回答搭桥;

多维提问，开放性的问题，没有固定答案;

个别辅导提问，这是贯彻因材施教原则的措施，课内外辅导常用;

提问后追问，主要以使学生真正弄懂一个问题为目的。

第2节 提问技能运用的基本方法与要求

在班级授课制度下，即便是同一班级、相同年龄层次的学生，因后天教育环境的不同，理解、分析、解答问题的能力也会有所不同，在地理教学中要尽可能设计适应学生个人能力的多种水平的问题。此外，提问不仅是为了得到一个正确的答案，更重要的是让学生掌握已学过的知识，并利用所学的知识解决新问题，使教学向更深一层发展。

然而，有些新教师因为缺乏问题设计的技能，使教学提问成为"无效提问"，影响学生的理解和认识;而另一些新教师认为设计问题很容易，只要到课堂上见机问问就可以了，结果使课堂提问成为"启而不发"的提问。

一、地理课堂教学提问中常见的问题

1. 问题的措词不恰当、表达不准确

例如，一个新教师在讲授"日本"一节课时，设计了这样一个情境：假设盛夏时节，一个旅游团坐飞机奔赴日本东京，下了飞机，大家走在东京的大街上。教师提问："你们感觉东京的气候怎样？"气候是表示一个地区长时期的天气状况，学生不可能一下子感觉出一个地方的气候怎样，教师提出这样一个问题，显然是想让学生从气温、降水、湿度等角度总结东京的气候特点，但不恰当不准确的用词，不但混淆了气候与天气两个概念的区别，而且有可能导致学生误解题意或概念，造成知识上的混乱。要使问题表述清晰准确，教师必须事前精心设计，仔细推敲，千万不能因用词错误导致在知识上误导学生。

2. 问题的指向不明确

例如，在高中地理课"板块运动"一节中，讲到全球六大板块时，有的教师这样提问学生："板块与板块之间运动的情况如何？"这样的提问要求学生思考的内容不具体、不明确，因为板块与板块之间的运动，可以有运动形式、运动方向、运动产生的结果、运动发生在哪些区域等等，这对于刚刚接触这一知识的高中生来说，是一个相当困难而且复杂的问题，不是三言两语就能够回答得清楚的。

再如，讲授"世界人口问题"时，有教师问："人类应如何控制自己？"有学生回答"要有耐心"、"要有毅力"，其实教师本意是要问"人口应如何发展才合理？"

由此可见，提问中拐弯抹角、故弄玄虚，或题意不明、模棱两可都会影响课堂教学提问的质量。

3. 问题难易不适宜

例如，有位地理教师在讲解"大气对太阳辐射的削弱作用"时，让学生看书，并思考回答"大气对太阳辐射有哪些削弱作用"，当学生回答了有反射、散射和吸收作用后，教师又进一步问学生"为什么大气对太阳辐射有散射和吸收作用"。这种不顾深浅的追问，不切学生的实际，连教师自己也很难回答，会使学生无动于衷或百思不得其解。教师提问的难易一定要适度，应当避免造成学生的畏难情绪，以利于教学活动的顺利开展。

又如，在七年级地理课上，教师想用一个"环游世界"的游戏来创设教学情境，调动课堂气氛。教师问学生："大家喜欢做游戏吗？"学生回答："喜欢！"教师又问：

"我们现在来做一个'环游世界'的游戏,好不好?"这种极其简单,并且没有地理教学内容的提问,往往只是为了引起学生的注意,一般在低龄学生的课堂中里用得较多,而对于七年级学生来说,会让学生觉得老师很"幼稚",问题没有意思。所以,教师要注意学生心理发展的特点,改变提问方式。

4. 提问时缺乏停顿和语速的变化

例如,一个新教师介绍全球温室气体排放这一内容时,在屏幕上展示《京都议定书》的资料,等学生看完后提问:"《京都议定书》的主要议题是什么? 各国争议的焦点是什么? 所争议问题的背后实质是什么?"三个问题如连珠炮似的一次抛出,也没有留给学生足够的思考时间,就叫学生起来回答。学生支支吾吾,回答不出,教师就盯着自己的教案复述一遍答案。这样的提问显然无法达到预期的效果。

为了使提问能达到预期目的,地理教师在运用提问技能时应该遵循一些基本方法与要求。

二、地理课堂教学提问的主要方法

1. 设疑激趣方法

古人云:"不愤不悱,不启不发。"在地理课堂教学中,巧妙设置疑问,于紧要处(包括问题处、重难点处、要害处)设疑,于无疑处设疑,形成矛盾,制造矛盾,使学生处在一种"心愤愤、口悱悱"的状态,才能激发学生认识上的冲突,造成强烈的求知欲望,点燃思维的火花,使学生形成探索的目标,从而推动教学目标与任务的实现。例如,在讲经纬网知识时,向学生巧妙地提出这样一个问题:"我们要建一所房子,使四面的窗户都朝北,这所房子应该建在什么地方?"学生听到问题后积极思考,兴致很高,当他们理解经线的概念和性质后,就会轻松而愉快地解决这个问题。

2. 质疑问难方法

教学中的质疑问难,是一种开放性、多向性的信息交流活动。"学起于思,思起于疑",学会质疑是学生求知的源泉、思维的起点和创新的开端。在质疑问难时,教师应当积极诱导学生对疑难问题进行群体讨论,自己不急于解答。这样既有助于发展学生的论辩思维,加强对问题的理解,又有助于教师集思广益,有效地汲取反馈信息。例如,在教"工业布局"时,教师提问:"上海是一个煤矿和铁矿资源都十分缺乏的地区,却成为我国重要的钢铁工业基地,拥有像宝钢这样的大型钢铁企业,这是为什么呢?"

3. 逐层深入方法

逐层深入方法，又叫层层剥笋法，即设置的问题由易到难，层层推进，步步深入，逐步深入地探讨问题的实质与根源。特别是一些较为复杂的问题，更应先设置一些较为简单的问题，由浅入深、由表及里，逐步加深难度，循序渐进地把学生的思维引向深化，提高认知能力。例如，在解释地球自转周期为什么要比太阳自转周期多3分56秒的问题时，先提出这样的问题："①太阳日和恒星日分别以什么作为参照物？②为什么课本插图中出现三颗恒星标明是同一颗？"前面的问题成功解决了，下一步解释问题的原因就迎刃而解了。

4. 设置陷阱方法

设置陷阱方法是指故意设置问题陷阱，使学生做出误答，通过"试误"引出并强化正确的答案，避免这类易错问题在以后学习中再次出现，从而达到教学目的。认知心理学认为，学习是一种"刺激—反应"的联结，教学则是安排各种情境，给学生以种种刺激并引发其联结，以建立正确的观念。例如，在讲"世界工业生产和工业布局"时，在解释了"煤铁复合体"、"临海型"的布局方式之后，让学生看美国硅谷、日本硅岛的位置，然后引出以下问题：硅谷和硅岛的布局方式是什么格局？此时大多数学生容易误入圈套，回答它们是临海型布局。这时教师通过纠正错误，引出"临空型"格局的真正含义。

5. 迁移渗透方法

这类问题的设计要求教师在备课时，认真研究学生已有的知识经验，大量收集学生在日常活动中可能接触到的社会、经济、科学和生活中的各种信息，结合某节课的教学目的和要求，设计出为课堂教学服务，且能使这些感性和零散的知识提高到理性知识的提问。例如，在关于"城市化带来的问题"教学时，可以这样设问："我们居住的市区面积一直在不断地扩展，人口数量也随之迅猛增长。试想，这样的发展趋势会给我们的城市带来哪些问题呢？试从城市污染程度、交通状况、住房状况和就业等方面进行分析。"这样既完成了"城市环境质量下降"的内容教学，又为下一个学习内容——如何保护和改善城市环境质量埋下了伏笔。

三、地理课堂教学提问的基本要求

1. 问题的设计要有新意

地理教师在课堂提出的问题必须事先经过精心设计，尤其在进行高级认知提问时,更要使问题表述清晰、意义连贯。

对于同一个地理问题,在适当的时候变换不同的角度发问,有助于增加学生的新鲜感,也可促进学生的发散性思维。例如,在学习"地球的自转和公转"内容时,教师这样提问:"假如地球不自转,那么,地球上的气压带和风带以及三圈环流还存在吗?"这种提问是一种非常规的提问方法,平时在地理教学中不经常使用,因此有一定的新颖性,容易引起学生的兴趣和积极思考。再如,学完中国的邻国后,想通过提问了解学生掌握的状况,可以有多种提问方法,其中,有的老师这样提问:"假如你是我国国防部长,要巩固好边疆,你认为要处理好与哪些周边国家的关系呢?"对学生来说,这比单独问"请你说说我们中国有哪些邻国"更有新意和趣味。

2. 问题的设计要富有思考性

思考性是地理课堂提问的价值所在。地理教师在设计问题时要尽量避免单纯的判断性提问,如"是不是"、"对不对"等,要考虑到学生已有的知识基础、接受水平和理解能力等情况,多问"怎么样"、"为什么"这样的问题,使学生在回答问题时积极思考。

问题的难度要适中,问题过易无法激发学生的兴趣,问题过难不利于学生利用已有知识解答,调动不了学生的积极性,也起不到提问的促进作用。所以,向学生提出问题的难易程度应在学生的"最近发展区"内,既要有一定的难度,又要有一定的梯度,根据学生的实际情况,让学生通过努力能"跳一跳摘到桃子"。

> **拓展链接**
>
> 苏联教育家维果斯基的"最近发展区"理论认为,学生的发展有两种水平:一种是学生的现有水平,另一种是学生可能的发展水平。两者之间的差距就是最近发展区。教学应着眼于学生的最近发展区,为学生提供带有难度的内容,调动学生的积极性,发挥其潜能。

> **案例节录**
>
> **"地理景观"的层层启发提问**
>
> (教师出示陕北窑洞和云南民居景观图片)
>
> 教师:我们再来看看这两张景观图片,同学们请看,这两幢房子在外形、用材等方面有什么不同?(观察提问、比较提问)
>
> 学生:我老家在云南,我奶奶家的房子是用木头建的,与图片的一样。
>
> 学生:陕北窑洞是用砖砌的,云南民居用的是木头。陕北窑洞是平顶的,云南民居的屋顶坡度很大。

教师:陕北窑洞用的材料确实与云南民居不同,但是却不一定是用砖。老师去过窑洞,我用手指甲在墙上轻轻一划,一层灰土落下,这是砖墙吗?(判断提问)

学生:不是。

教师:老师看见的窑洞主要用材是黄土。同学们考虑一下,这两个地方的房屋用材和造型为什么有这些不同之处呢?(分析、综合提问)

学生:云南有很多树,陕北没什么树。

学生:屋顶坡度大的房子排雨水比较方便,平顶的房子可以晒玉米,我们参加"苦旅励志夏令营"活动的时候看到过,而且陕北也不是没有树。

教师:陕北的窑洞为什么不需要方便排水?平顶的房子一下雨不是容易积水、容易漏吗?(分析、综合提问)

学生:陕北很少下雨。

教师:确实,陕北的雨水远远少于云南地区。

教师:大家再想一想,建筑材料的不同,仅仅是因为就地取材方便吗?用木头造的房子,保暖效果怎么样?(评价提问)

学生:云南比较热,住在保暖性能较差的木头房子里可以过冬;陕北比较冷,住在木头房子里就不能过冬了,必须建比较密封的房子。

教师:说了这么多差别,看看原因也都是与冷热、干湿等地理环境密切相关的。地理景观千差万别,其实仔细想一想,有许多都是地理环境差异造成的。

教师:这些图片都来自于我们手中的这张《地理景观》光盘,下面请大家打开这张光盘,与老师一样找出两个不同的景观,考考自己,分析它们之间的差异是怎样产生的。(运用提问)

学生交流……

(摘自《地理学科课堂教学设计和实施案例》,上海教育出版社2005年版,有改编)

3. 把握课堂提问的时机

提问可以在单位教学时间内的任何时刻进行,但不同时刻的提问所取得的效果是不同的,也就是说提问存在着一个最佳时机的选择问题,教师要善于抓住这些最佳时刻,充分发挥其不同的功能。一般来说,当学生进入到"愤悱"状态,想求知而又不能立刻"知"之时,及时进行提问,会收到意想不到的效果。

开始时提问可以引导学生全身心地入"课";重难点处提问可以突破认知矛盾;理论与实践连接处提问可以使知识根植于生活的土壤;于无疑处设问可以"投石激浪",激发思维的火花;结课处设疑可以启迪新知,拓展思维。

4. 发问时要注意的基本事项

（1）提问时要注意停顿和语速

在进行提问时必须有必要的停顿,留出适当的时间让学生思考,使学生完全听懂问题,并做好回答的准备。国外心理学家认为,在课堂提问中必须要有两个停顿:一是问题提出之后3到5秒的停顿,为学生提供思考的时间;二是学生回答之后的3到5秒停顿,为学生的回答留出时间,让其有反应、补充、修正的机会。停顿对于教师的意义则表现于,教师提出问题后停顿一下可以环顾全班,观察学生的身体动作或情绪的反应,以便做出适当的导答回馈。

> **拓展链接**
>
> 心理学家们经过对比试验,给提问过程增加3秒或更多的等待时间,得出的结论是:(1)学生回答的时间长度和语句数量都有所增加;(2)"我不知道"和回答不出的现象减少了;(3)思辨性的思维事例增加了;(4)提出了更多证据,在提出证据之后或之前都有推理性的叙述;(5)学生提出问题的数量和学生计划收集资料活动的次数都增加了;(6)成绩差的学生的回答也增加了。

提问的语速是由提问的类型决定的。如果是低级认知提问,由于问题比较简单,可以用较快的语速叙述;而高级认知提问针对比较复杂的问题,除应有较长的时间停顿之外,还要仔细、缓慢地叙述,以使学生对问题有一个清晰的印象。如果以较快的语速提出复杂问题,学生很可能因听不清题意而导致思维混乱或保持沉默,造成时间上的浪费。

（2）提问对象要有广泛性

提问要求每一位学生都动脑思考,所以问题的设置应注意到每个学生的认知水平,既要侧重学生的整体,又要注意个体差异,使问题能覆盖全体学生。在选择回答对象时,则要根据问题的难易程度,有目的地选择不同层次的提问对象,并注意用适当的语言提醒其他学生认真倾听,如"现在请某某同学来回答,其他同学注意听他回答得是否完整和正确,然后加以补充,或者谈谈自己的看法"。这样,使人人都有思考问题和回答问题的机会。

（3）提问的语言表述要清晰连贯、措词恰当

提出的问题要主题明确,直截了当,不绕圈子,在措词上不能有知识性和概念性错误,在词语选择上要特别慎重,反复斟酌,不能出现含义模糊、学生不知所云、思维混乱的状况。比如,提问"暖气团爬升到冷气团之上"和"暖气团被迫抬升到冷气团之上"分别是什么锋时,要慎重使用"爬升"、"抬升"两个词语,并在提出时加重音量,拖长音节,以引起学生注意。如果是经验缺乏的新教师,不但要把在

课堂上准备提出的问题详尽地写在教案上,还要推测学生的可能反应和所应采取的对策。

第3节　提问的导答与反馈

"面向全体学生"的新课程理念更强调教师要尊重每个学生,为每个学生提供同等的回答问题的机会,使所有学生分析问题、解决问题的能力都能得到充分的发展,最充分地实现其学习的价值和意义。在地理课堂教学中,当学生回答提问时,需要教师的导答。所谓导答,就是教师启发诱导学生回答提出的问题。地理教师在地理课堂中应该有问有导,善于引导,启发学生独立思考,既学会知识,又学会学习。那么,地理教师如何对课堂上的提问进行导答呢?

一、地理教学提问中的导答要求

1. 针对个性区别指导

根据对问题的理解程度和回答的积极性,课堂中有这样四种学生:理解能力强、积极回答;理解能力强、被动回答;理解能力弱、积极回答;理解能力弱、被动回答。对于这四类学生,教师可分别处理,具体处理办法是:对于理解能力强、积极回答的学生,可利用他们活跃课堂气氛,起到回答问题的带头作用;对于理解能力强、被动回答的学生,注意鼓励措施的运用,如"他对这个问题回答得非常好,全班学生要向他学习",培养其对答问题的积极性;对于理解能力弱、积极回答的学生,引导他进一步对问题进行思考,如"从另一个角度,你再想想这个问题",注意不要挫伤其积极性;对于理解能力弱、被动回答的学生,给一些较容易的问题,通过其正确回答,以正反馈的方式培养其积极思考、回答问题的兴趣。

> **拓展链接**
>
> 有人曾把教师提出问题后学生的种种表现及其潜台词归纳为以下九种,现摘录如下,可供教师在对提问进行导答时参考:
>
> 含笑举手,眸眼炯炯者——"不成问题!"(胸有成竹)
>
> 频频举手,目光祈求者——"快叫我答!"(急不可耐)
>
> 笑得娴静,不求发言者——"这题早会!"(隔岸观火)

佯装走神,智求召唤者——"违反纪律,看你叫不叫!"(以假乱真)

手举又止,三心二意者——"答?没把握!"(举棋不定)

双唇翕动,温诵答案者——"演习一遍,求个把握!"(有备无患)

急问左右,迅速补漏者——"不行,还欠火!"(临阵磨枪)

搔手翻眼,随帮举手者——"最好别点我!"(仓促上阵)

愁云满面,眼光飘忽者——"怎么答?从哪儿想?"(一筹莫展)

2. 充分做好提示与探询

提问教学中的提示是为帮助学生回答问题而给出的一系列暗示性语言表述,通过教师提示解决问题的方向,引起学生进一步思考,更好地回答问题。探询是引导学生更深入地考虑他们最初的答案,更清楚地表达自己的思想,其目的是发展学生的评论、判断和交流能力。当学生回答不完全或有错误时,为了使回答完整,教师也要提示学生回忆已学的知识或生活经验,应用已学过的知识产生新的想法,使其进行判断和评价。在探询过程中,对于因思考不深入、视野狭窄、概念错误而导致的错误应答,教师要引导学生探询,使学生明确自己哪里错了、为何错了,从而改善应答。如"从另一个角度,你再看看这个问题",注意不要挫伤其积极性。对于理解能力弱、被动回答的学生,给一些较容易的问题,通过其正确回答,以正反馈的方式培养其积极思考、回答问题的兴趣。

🔍 案例节录

"世界气候"一课的提问导答

……

教师:亚马孙平原南北两侧的巴西高原和圭亚那高原是热带稀树草原气候,原因是什么?谁来回答一下?

学生:当大西洋的潮湿气流吹来时,遇上安第斯山脉的阻挡、抬升这种作用……(思路错了)

教师:你是不是从气压带风带南北移动方面思考一下,以巴西为例,1月份,当太阳直射南回归线附近时,气压带风带都南移,赤道低气压带和东南信风带怎么样?(提供思路)

学生:1月份,当太阳直射南回归线附近时,气压带风带都南移,赤道低气压带和东南信风带移到巴西高原,这里形成热带稀树草原气候的湿季。

教师:好!那么7月份时候呢?

学生:7月份,太阳直射北回归线附近时,气压带风带都北移了,赤道低气压带和东南信风带移到圭亚那高原,圭亚那高原形成湿季。

……

（本案例由上海市闸北区实验中学马苏楣撰写）

疑问解答

问:课堂教学是由不同的阶段组成的,经验不足的新教师很容易犯的毛病是在不同的阶段都采用一种方式来导答。那么,应该如何避免这种问题,做到针对不同阶段都能有合适的导答呢?

答:在导入阶段,在提问前有一个明显的界限标志,表示将由语言讲解或讨论等转入提问。例如,"同学们,下面让我们共同考虑这样一个问题……""好,通过上面的分析请大家考虑……"等。

到陈述阶段,在引起学生对提问的注意之后,教师需对所提问题做必要的说明。如陈述问题时,教师应清晰准确地把问题表述出来;教师可预先提醒学生有关答案的组织结构,如提示以时间、空间、过程顺序等作为组织答案的依据。

到介入阶段,在学生不能作答或回答不完全时,教师可以从以下几方面引导学生回答:一是查问学生是否明白问题的意思;二是提示问题的重点或暗示答案的结构;三是在学生没听清题意时,原样重复所提问题;四是在学生对题意不理解时,用不同词句重述问题。

最后在评价阶段,当学生对问题做出回答后,教师可以用不同的方式来处理学生的回答。如重复或重述学生的答案;根据学生回答中的不足追问;纠正错误的回答,给出正确的答案;对学生的回答进行鼓励性评价;依据学生的答案,引导学生思考另一个新的问题或更深入的问题;检查其他学生是否理解某学生的答案或反应。

3. 明确目标,定向引导

在课堂教学中,地理教师对自己的提问,应事先准备好一个明确的答案,并预测学生可能出现的几种回答,以给予引导评价。引导的具体方式可以分为以下几种。

（1）正向引导

由于教师提问的方式和学生理解水平等因素,学生有时往往对较难的问题迟迟不能回答,这时教师可以顺着学生的思维活动的定势和发展趋势,由浅入深、由具体到抽象、由感性到理性地启发引导,打开学生的思路,顺着已有的线索一步步地去获取答案。这种逐层深入的导答,往往上一步的准备为下一步的深入学习起到铺路搭桥的作用。有些问题学生一时回答不出,教师可再复述一下提问的主要内容,自然地说出答案的前半部分,留下后半部分答案让学生进行续答。或者适度地提示思考的范围对象,或提供旧知识,引起学生联想,让其迅捷顺利地完成答问。

案例节录

"人类活动与气候"的正向引导

……

教师:请同学们说说,哪些途径会造成二氧化碳浓度的增高?

学生:有可能是矿物的燃烧。

教师:矿物的燃烧? 哪一类矿物?

学生:煤。

教师:哦,矿物燃料,煤。这是第一个。

学生:还有汽车尾气也可以排出二氧化碳。

教师:汽车主要燃烧哪一类燃料?

学生:汽油。

教师:汽油是由哪种资源提炼出来的?

学生:石油。

教师:无论是煤,还是汽油、天然气这类矿物性燃料,我们都称之为化石燃料。化石燃料的燃烧会产生大量的二氧化碳。想一想,还有哪些途径会产生二氧化碳?

学生:像森林大火、生物呼吸也会产生二氧化碳……

教师:以上我们谈到的都是二氧化碳排放的增加,但有没有想到自然界存在哪些方式可以消耗掉大气中的二氧化碳?

学生:树、草,绿色植被。

教师:对,正是由于二氧化碳排放的大量增加和森林植被的急剧减少,使大气中二氧化碳的浓度不断增高。

(资料来源:http://www.pep.com.cn/gzdl)

(2) 反向引导

当用正向引导的方法不太奏效时,教师还是不能越俎代庖,自我解困,可以从反面或反方向进行引导,使学生恍然大悟,从而获得问题的解决。具体来说,就是抛出一种错误的观点,假定它是正确的,然后用正确的观点或原理将之推入死路,继而从否定中获得正确的结论。这种方法有点类似于几何证明题中的反证法,其优点是有利于学生反向思维能力的培养,而反向思维是创造性思维的重要表现。

例如,讲"地球生命的保护伞"时,教师设计这样一个问题:"假设地面温度为20℃,计算神舟六号窗外(343千米)的温度应该是多少?"教师在此时让学生直接从课本上找出"高度每上升1 000米,气温下降6℃"的规律,然后计算出来的气温值都是−2 038℃。教师反问,在"神六"的窗外,气温真的是如此"寒冷"吗? 最后学生恍然大悟,原来这个规律指的是在地球大气的对流层! 由此可以加深学生对这部分知识的理解。

(3) 侧向引导

当学生思维出现障碍,有话想说却又欲说不能时,教师不要急于直接讲解,将答案和盘托出,可以转换一个角度,从另外一个侧面提出具体的、有启发性的补充问题,或举出一个与其相似的地理事物或现象作比较,旁敲侧击,创造一个由未知转化为已知的条件,还可以把问题引入到学生实际生活中去,启发学生用已知的事物去认识未知的事物,使其产生顿悟,帮助学生得出正确答案。学生从老师点拨的一点中,能推想到两点、三点,这样举一反三,从一个问题中生发出更多的内容,从一种分析中得到更多的分析事物的方法,养成勤于动脑、善于联想的习惯。

例如,在讲述"中国地域文化景观——传统民居"时,一位教师提问:"从地理的角度来看,为什么北京四合院中的北房为正房?"学生一时难以回答,教师可以从其他方面提示引导,正房应该是地位最高者所居住的房间,所以应该从气候、风向、光照等方面进行分析。紧接着学生可以从北京的气候特点,冬季气温低,盛行西北风,房屋建设需要光照好、背风的方位,太阳直射点的变化和北京的地理位置决定了朝南才能有最好的采光率。这些侧向的引导,可以使学生快速分析出问题的答案。

(4) 多向引导

有时教师提出的问题过大过难,学生不容易马上回答,课堂上就会出现冷场现象,教师此时可将问题化大为小,化整为零,各个击破,从多方面启发学生思考,导向问题的解决。在地理课堂教学中,教师向学生提出的综合性的大问题,或因含义深奥,或因包容量大,学生往往一下子摸不着头绪。这就需要教师引导学生把大问题分解为一个个简单点的小问题,从小到大,回答了一系列小问题,再综合探索大问题。

例如,在"大气环流"教学时,设计以下提问:"①假设地球不自转(不考虑地转偏向力),表面是一个物理性质比较均一的球面(即没有陆地和海洋之分),那么,全球性大气环流怎样运动? ②实际地球在不停地自转(即考虑地转偏向力),全球性大气环流发生什么样的变化? ③实际地球表面又有海陆之分,它又影响大气环流发生什么样的变化呢?"

二、地理教学提问中的信息反馈方法

在地理教学中,新教师应该怎样充分发挥教学信息反馈的调控功能呢?

1. 善于接受教学反馈信息

教师要善于捕捉学生对教学的反馈信息,善于从他们的目光、表情、动作、答问中了解学生对教学信息的接受情况,进而判断自己的提问内容是否适度、方法是否得当、要求是否合理等。这不仅要求教师有一定的灵敏性,对反馈信息的捕捉及时、敏感、不迟疑、不迟钝,还要求教师有一定的辨别力,反馈信息多种多样,重要性各不相同,教师应有洞察力与辨别力,以免本末倒置或舍本求末。此外还要能获取全面的反馈信息,扩大反馈面,了解不同层次学生的反应,讲究策略,保护学生反馈的积极性。对回答不准确甚至错误的学生要多鼓励、引导,而不是讥讽或指责。只有这样,教师才能收集到不同层次学生的反馈意见,使地理教学真正面向全体学生。

2. 及时反馈确认学生的回答

地理教师要针对学生的回答情况,及时地给予适当的反馈确认。比如说,当学生回答有错时,教师要及时纠正,让学生都有正确的认识;当问题的答案是由几个学生共同回答时,教师要等他们回答以后给予全面总结,让学生对问题有一个完整的认识;当学生回答得非常正确或特别精彩时,教师要给予重复和复述,让其他学生都学习和欣赏;当学生的回答声音太小时,教师要重复学生的答案,让其他同学都听清楚。教师的反馈确认,可以加深回答问题的同学和其他学生对这一问题的印象,促进理解和掌握。

技 能 训 练

1. 请你为下列教学内容设计一组教学提问:

气候是制约大区域范围农业产业带布局的主导因素,其中热量条件决定农作物的品种和熟制。纬度越高,作物生长期越长,熟制越长;纬度越低,作物生长期越短,熟制越短。例如,我国东北地区的农作物多为一年一熟,长江中下游地区的农作物可以一年两熟,珠江三角洲的农作物可以一年三熟。气候中的水分条件是影响农业区位选择的另一个重要因素。一般来说,在湿润地区适宜发展种植业和林业;在干旱地区只能发展畜牧业,但在干旱有水源的地区则可以发展灌溉农业。

2. 提问导答技能训练:

(1) 如果你提问后学生没有任何表示,应如何处理?

(2) 如果你提问后学生告诉你不会回答,应如何重复或重述你的问题?

(3) 如果你提问后学生对你支吾以对,应如何启发诱导学生回答?

(4) 如果你提问后学生对你的回答一部分正确,一部分似是而非,应如何进行提示和探询?

(5) 如果你提问后学生迅速做出反应,答案完全正确,应如何进行评价和鼓励?

3. 分析下列教学提问是否符合提问的评价要求:

有教师在高中地理"自然资源概念"教学时,先板书了课题"自然资源",然后问:①"教室里的板凳、桌子是不是自然资源? 为什么?"②"雷电是不是自然资源? 为什么?"学生对这两个问题说法不一,教师启发引导。

有教师在教学初中地理"地形地势的主要特点"时说,让我们来仔细观察分层设色地形图,然后问:"讲一讲你们看到了什么?"学生回答说根据地图上颜色的变化,发现中国西部高、东部低。接着教师又问:"有没有明显的跨度变化?"

4. 你认为好的地理课堂提问应符合怎样的要求?

第6章 地理课堂学习活动组织技能

　　新教师小李认真学习了初、高中地理课程标准,他发现《全日制义务教育地理课程标准(实验稿)》中把"改变地理学习方式"作为地理课程的基本理念之一,还在教学建议上要求"选择多种多样的地理教学方式方法"。多种多样的地理学习方式要通过各种学习活动来体现。《全日制义务教育地理课程标准(实验稿)》和《普通高中地理课程标准(实验)》中对应内容"标准"提出了一些"活动建议",这些活动内容非常丰富,包括角色扮演、分组讨论、专题讨论会、野外考察活动、社会调查等等,涵盖了课堂学习活动和课外活动。那么地理课堂教学包含哪些活动,这些活动又该如何组织呢? 这一章我们主要阐述地理课堂学习活动的组织。

　　课堂学习活动是指在教师指导下,学生在课堂上进行的形式和内容都十分丰富的学习实践活动。地理课堂学习活动的内容范围很广,有分组讨论、辩论赛、知识竞赛、角色扮演、读图、指图、问答、练习、实验演示、实践操作、标本模型制作、现场展示、模拟训练等。

第1节　自主学习活动的组织

　　自主学习的概念在国外已有近百年的研究历史,归纳起来主要是从学习动机、学习内容、学习方法、学习时间、学习过程、学习结果、学习环境、学习的社会性等 8 个维度进行界定。其中在国外影响较大的齐莫曼(Zimmerman)教授提出的自主学习的研究框架,见表 6-1。

表6-1　自主学习的研究框架①

科学的问题	心理维度	任务条件	自主的性质	自 主 过 程
为什么学	动机	选择参与	内在的或自我激发的	自我目标、自我效能、价值观、归因等
如何学	方法	选择方法	有计划的或自动化的	策略使用、放松等
何时学	时间	控制时限	定时而有效的	时间计划和管理
学什么	学习结果	控制学习结果	对学习结果的自我意识	自我监控、自我判断、行为控制、意志等
在哪里学	环境	控制物质环境	对物质环境的敏感和随机应变	选择、组织学习环境
与谁一起学	社会性	控制社会环境	对社会环境的敏感和随机应变	选择榜样、寻求帮助

拓展链接

　　我国学者庞维国认为,如果学生的学习动机是内在的或自我激发的,学习方法是有计划的或是经过练习已经达到自动化程度的,学习时间是定时而有效的,同时,他能够主动地选择或组织有利于自己学习的环境,并在遇到困难时能够主动地求助他人,而且,还能对学习结果进行自我总结、自我评价,并据此调节其以后的学习活动,那么他的学习就是完全自主的。这是从横向角度,即学习的各个方面或维度来界定自主学习。

　　如果学生在学习之前能够自己确定学习目标,制定学习计划,在学习之中能够对学习的进展、学习方法进行自我监控、自我调节,在学习之后能够对学习结果进行自我检查、自我评价、自我总结,那么他的学习就是完全自主的;否则,如果学生在这三个阶段都依赖于他人,其学习就是完全不自主的。这是从纵向角度,即从学习的整个过程来阐释自主学习的实质。

一、自主学习的涵义

　　自主学习既是一种现代教学理念,又是一种学习方式、学习活动,其实质就是

---

①　庞维国.90年代以来国外自主学习研究的若干进展.心理学动态.2000(4)

通过学生对学习过程的主动参与,来培养他们的自主意识、自主能力、自主习惯,使其成为一个会学习的人。自主学习是基于建构主义学习理论提出的,真正体现了学习的本质。

拓展链接

　　建构主义的基本主张是:世界是客观存在的,但是对世界的理解和赋予意义却是由个体自己决定的。人是以自己的经验为基础来建构现实,或者说是在解释现实。由于人的经验以及对经验的理解不同,因此人们对客观世界的解释各异。

　　建构主义者在对待知识和学习活动这一问题时认为:知识不是现实的准确表征,它只是一种理解、一种假设。知识不是永恒不变的,而是具有一定的情境性。在教学中不应该把课本知识当作唯一正确的答案,教师不应该强迫学生接受教条化的知识,应允许他们自主地作出选择、分析、评判;学习是学习者主动建构的过程,一方面是对新信息意义的建构,同时又包括对自己原有经验的改造和重组,而不是被动的接受。知识的意义是个人赋予的,经过了学生的理解与消化,因而有鲜明的个人特色。知识如果不经过学习者的重新建构,它只能是一种外在的负担。

　　学习是学习者的主动行为,而不是被动的接受与吸收,教学的作用仅仅在于给学生提供有效的活动机会,创设有利于学习的环境。

表 6-2　自主学习的特点与表现

自主学习的特点	自主学习的表现
学习的主动性	在自主学习中学生是学习的主人,教师是学习活动的促进者、帮助者,而不是学习的控制者、包办者。对于教师所讲的内容,学生敢于质疑,敢于发表不同见解,同时学生会主动地发现问题,依靠自己的能力解决问题,而不是一味地依赖他人
学习的开放性	开放性是指学生所学内容的开放性,它不局限于课本,而是去面对真实的问题情境,在解决问题的过程中学生可以利用各种开放的信息资源,从而提高学习能力;同时指学习方式的开放性,不拘泥于教师讲授的单一形式
学习的建构性	建构性是自主学习的本质特征,也是学生主体性的真正体现。学习在本质上是建构性的,它是学生以自己的知识经为基础来理解知识,赋予知识以个人意义的过程,这样所学的知识不再是外在于自己的负担,而变成了可以利用的资源

地理课堂教学技能训练

二、地理教学开展自主学习活动的条件

1. 提高自身业务水平

地理教师要转变教学理念,将教学重心从"教会知识"转移到"教会方法"。地理教师还要研究学情,认真研究学生的知识结构、生活经验、个性品质、人生信念及它们之间的关系,激发学生内在的学习动机。

2. 创建有利于自主学习的资源条件

自主学习资源主要包括学习工具资源、人力资源和环境资源等。

学习工具资源包括教科书、地理教学挂图、教学参考书、工具书、其他图书、报刊、光盘等音像资料、网络、各种研讨会、图书馆、展览馆、博物馆及家庭藏书等。

教师是学生自主学习的重要人力资源,除此以外,家长也是学生学习的重要人力资源,此外应安排一些对学生学习有帮助的以及学生感兴趣的人与学生交流。

环境资源即为自主学习的学生提供的适宜的学习场所。自主学习的场所应该布局合理,有很多可以利用的资源,能让人全身心地投入学习的探索与创造之中,如有的学校有地理专用教室,那里地理资源丰富,是地理自主学习的适宜场所。

3. 研究促进学生自主学习的途径和方法

引导学生去认识和发现问题,并通过适当渠道解决问题。在教学中,鼓励学生自己在学习中发现问题,当学生提出有价值的问题时,教师应该因势利导,鼓励通过自主学习的方式来解决,这是帮助学生尽快步入自主学习轨道的极好途径。

培养学生收集和处理信息的能力。收集和处理信息的能力是现代社会中生存和发展的基本能力,也是促进学生自主学习的途径之一。

培养学生的地理学习方法和学习习惯。和地理学习兴趣一样,好的学习方法和学习习惯对于促进学生自主学习都有着重要意义。

🔍 案例节录
"天气与天气预报"的自主学习设计

教师:大家都根据老师的要求认真学习了课文并收集了资料,也进行了小组交流,今天,我们通过再次学习课文和整理、分析资料,来学习并掌握"天气与天气预报"的有关知识。

　　教师:根据教材,大家可以讨论一下,"天气"和"气候"有什么本质的不同?

　　学生:天气——短时间;气候——长时间。

　　教师:把课本上天气的概念划起来并集体朗读两遍。

　　教师:请大家判别下列投影片上的内容是对天气还是对气候的叙述。

　　学生:四季如春——气候;多云转阴有雨——天气;夏季炎热多雨,冬季温暖干燥——气候;午后有阵雨——天气;终年炎热多雨——气候;风和日丽,晴空万里——天气。

　　教师:大家通过收集资料,已经了解了许多天气与我们人类生活和工农业生产密切相关的例子,请大家交流。

　　学生:[学生(2或3个)发言;其他学生补充]

　　……

　　教师:天气与人类生活、工农业生产密切相关,人类如要搞好生产就必须事先知道天气的变化,这样就产生了——天气预报。大家对天气预报都很熟悉,你们是通过哪些渠道了解天气预报的呢?

　　学生:广播,电视,报纸,电话。

　　教师:请同学们说说天气预报一般要报哪些内容。

　　学生:气温,降水,风力,多云,少云,阴天。

　　教师:大家说了很多,那么气温是在变化的,天上云的多少也是在变化的,是否什么都报?请大家再看看录像中的天气预报,然后讨论一下,有什么规律。

　　学生:气温一般报最高和最低;云量报一个变化的过程,例如,今天上午晴到多云,下午多云转阴,傍晚有时有阵雨。

　　教师:电视台天气预报有表示天气状况的符号,现在请大家认识课本上的符号,找一找符号有什么规律? 怎样在最短的时间内记住? 大家可以交流速记的方法。(老师巡视,了解情况,时间3—5分钟)

　　教师:[通过多媒体练习了解学生对天气符号的掌握情况(把学生分成四组,以竞赛的形式组织,提高学生的兴趣,活跃课堂气氛)]

　　教师:现在我们已经掌握了天气预报的主要内容和一般过程,下面请同学以嘉定气象站预报员的身份,报道今明两天的天气预报!

　　……

　　【评析】　本节课的教学渗透了"自主学习方法"。教师在处理教学内容和教学过程中,并未完全采用学生自己交流、分析的办法,这主要是考虑到学生的年龄、生理、心理特点和知识结构特点。对于六年级的学生来说，其自主学习的意识、能力和方法还处在一个逐步形成的时期，急于求成势必造成拔苗助长、事倍功半的结果。教师在整堂课的教学过程中采用"搀扶"学生"逐步行走"的办法。可以看出，教师将自主学习方法落实在天气的概念（通过天气与气候的比较，让学生掌握天气的定义）中、天气与工农业生产的关系（包括天气谚语）、读"天气状况符号图"及上海灾害性天气这几个知识点上。我们相信，只要坚持不懈地渗透自主学习方法，教师的教将会越来越省力。

（本案例由上海市嘉定区教师进修学院教研室陈学元撰写，上海市徐行中学沈跃新执教，略有删改）

第2节　常见地理课堂学习活动的组织

在地理新课程教学中，教师将更多地采取开放式的课堂教学活动组织形式，特别注重学生的情感体验、实践能力和创新品质的培养。通过学生间、师生间的广泛讨论、交流，使学生在主动体验的过程中感悟学习内容内涵，使课堂的知识传播发生变革。

一、地理课堂讨论活动的组织

1. 讨论前

（1）准备讨论的问题

讨论不要流于形式，一定要确有必要才能实施。讨论的问题要提得准确具体，用词恰当，不可偏离课程标准与教学目标。根据学生的年龄特点，为初中学生选择的讨论主题主要关注一些地理事象的阐述，如"人口多会给印度带来哪些问题？"为高中学生选择的讨论主题可以涉及实践性、社会性、现实性和综合性强的地理内容，如"从我国酸雨的分布图上可以看出，我国北方重工业分布较多，为什么重酸雨区却多在南方呢？"

讨论题表述要明确、精炼，难度要适中。讨论的题目一般有以下几种：

第一，目前科学界还存在争议的问题或者需要从不同角度看待的问题，如厄尔尼诺现象的利与弊。

第二，开放式的问题，如讨论家乡的对外经济社会联系，说明进一步改革开放的重要性。

第三,需要运用已有知识去归纳、分析解决的问题,如为什么袋鼠、树袋熊、针鼹、鸭嘴兽等唯独生活在澳大利亚?

案例节录

"圆明园防渗工程引发的争议"中的讨论题

在地理课上,针对圆明园防渗工程引发的争议,我设计了一次讨论课,在设计讨论题时,并非同媒体一样侧重正反方如何争议,而是侧重与之相关的地理知识。我设计了这样几个题目:

1. 北京水资源短缺的原因是什么?

2. 圆明园的水主要靠大气降水补给。根据流域的气候特征,解读圆明园基本上每年有七到八个月处于干枯状态的原因?

3. 你是怎样理解湿地概念的?湿地有何生态意义?圆明园当初属于湿地。支持方认为如今早已不是湿地了,请你分析湿地减少的原因?

4. 圆明园遗址作为历史文化遗产,从旅游资源开发角度谈谈你对在遗址范围内搞经营性的游船、快艇等商业活动的看法。

5. 圆明园防渗工程听证会共邀请代表120人,年龄最大的80岁,最小的11岁。既有专家学者,也有普通市民;既有各相关部门的负责人,也有各民间社团的代表;既有圆明园附近居民,也有千里之外赶来的热心群众。听证会代表的组成体现了公众参与环保有哪些形式?你认为11岁的小孩有无必要参加?青年学生应如何参与环境保护行动?

6. 我国的环境管理在哪些方面有待加强?

7. 你对圆明园防渗工程有何建议?

(资料来源:http://www.jubaojiao.com/jiaoyujiaoxue)

(2) 分组

在讨论时,有的教师采取同桌两位同学为一组的形式,也有的教师采取随机前后桌四位同学组成讨论小组的形式。具体采用哪种方式好呢? 一般来说,最好采用在地理课堂上相对固定的小组,确定人员组成时要考虑到教学班中学生之间的具体差异,在分组时要考虑将具有不同知识结构、能力水平、性格特点的学生分在一组。考虑到地理学习的情趣和爱好,要考虑学生心理的健康发展,将男女生搭配分组,促使学生正常交往、合作学习,同时也要考虑学生之间人际关系的疏密程度。每组以4—6人为宜。小组人数过少,学习气氛不浓厚,难以形成热烈的讨论局面,小组内任务的分配和执行有困难;人数过多,易导致个别成员插不上手,说不上话,被冷落在旁。

🔑 拓展链接

奥恩斯坦(Ornstein)列举了分组的几项标准。这个标准有助于教师在一些典型用法之外扩展小组教学。

1. 能力。把学生按能力分组会减少课堂上的异质问题的出现。

2. 兴趣。在教授某些特定的教学内容或活动时学生可以根据他们的兴趣选择小组。

3. 技能。教师让学生结成小组是为了发展他们不同的能力或者让他们学会处理不同类型的材料。

4. 观点。学生可以根据自己对某些有争议观点的不同看法结成小组。

5. 活动。教师组织小组以完成特定的任务。

6. 整体性。教师考虑到学生的民族、种族、宗教以及性别等来分组,以增进学生之间的联系。

7. 任意的。随机的或根据字母顺序、教室里的座次以及一些其他与学生和学习任务特征有关的因素分组。

(摘自[美]D. John McIntyre，Mary John O'Hair 著《教师角色》,丁怡、马玲等译,中国轻工业出版社出版)

(3) 座位安排

讨论时的空间组织形式对于课堂讨论的效果也起到不可忽视的作用。座位安排合理,更能调动学生参与讨论的主动性和积极性。如图 6-1 是两种常见的小组

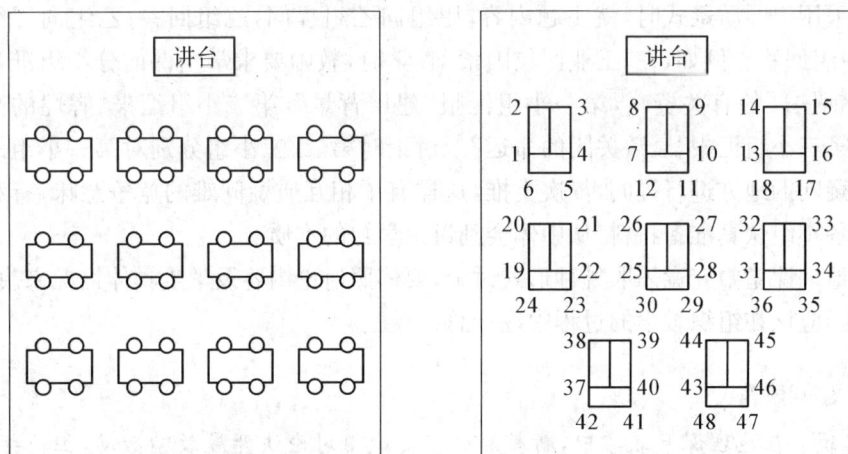

图 6-1　小组讨论座位安排

讨论座位安排。但座位安排要根据课堂讨论时间来决定,如果一节课只有 5 分钟的讨论时间,其他大部分时间要求学生面向黑板,则不宜采用学生围坐的方式。

总之,讨论时座位的安排要考虑学生,要有利于全体学生热情参与,要有利于精辟言论的凸现。

2. 讨论中

(1) 讨论组织形式

在小组讨论中,有多种讨论形式,如自由发言式、轮流发言式、接力发言式、有问有答式、组际竞赛式等。教师应该在布置讨论题时适当引导,灵活运用各种形式,以最大限度地发挥每位同学的潜能。

采用自由发言式时,小组成员在小组中自由发言。此种形式的优点是气氛较好,发言机会多,但难以控制全局,反馈机会不多。例如,讲"地震"内容时,让学生讨论"地震发生时和发生后,我们该怎么办"的问题时,可以让学生自由发言。

采用轮流发言式时,小组成员围绕讨论主题,轮流发言。此种形式的优点是照顾到每一位学生,但有时时间难以控制。例如,讨论"从新加坡经济发展特点中,可吸取哪些对我们国家有益的经验"时,让小组学生轮流发言。

采用接力发言式时,小组成员分头准备主题中的一部分内容,然后小组讨论时每位成员依次发言;或各小组准备部分内容,讨论时以小组为单位依次讨论。例如,讨论本地某工厂对地区经济的带动作用以及所造成的环境污染,进而提出改进措施。小组内成员可以分别准备以上三个问题的资料,然后按顺序依次发言,讨论。

采用有问有答式时,小组内部围绕主题内容提出问题,然后逐一解答。

采用组际质疑式时,就主题内容,甲组向乙组提问,乙组回答;乙组向甲组提问,甲组回答。例如,在"工业区位因素"教学时,教师要求学生课前分小组准备家乡某钢铁厂的有关资料,第一小组汇报"建厂背景",第二小组汇报"辉煌的兴盛期",第三小组汇报"衰败关闭的命运"。讨论时第二、三小组分别对第一小组的内容有疑问的地方进行提问,依次类推,这样有了相互质疑问难的竞争意味,有利于督促各小组认真准备材料,从中体会到讨论学习的本质。

地理课堂中究竟采取哪种形式讨论,要依照讨论内容及学生具体情况来决定,新教师应该在组织教学的过程中逐步总结经验。

疑问解答

问:在地理课堂教学中,新教师小李尝试用讨论法开展教学活动,但他经常遇到"冷场"的情况,即学生们并不想发言,这是什么原因造成的呢?

地理课堂教学技能训练

答：在讨论过程中遇到"冷场"，通常有以下几种情况：

一是问题太易，教材中已有定论，学生不屑回答或没有讨论的必要。

二是问题太难，超出学生现有的能力，学生不知道该如何回答。

三是学生对讨论的话题兴趣不大，不能引起学生共鸣。

四是学生对小组成员不太熟悉，有些拘谨，放不开。

因此，教师在组织讨论教学的过程中要尽量避免以上问题。

（2）教师指导的方法

在课堂讨论过程中，地理教师一定要履行指导者的职责，适时参与到各小组的讨论中。教师在课堂讨论过程中要注意引导学生围绕课题中心发言、讨论，不要离题太远；要根据讨论的进展情况，随时抓住和深入理解与主题有关的其他课题，引导学生步步深入；要鼓励学生大胆发言，普遍发言；要把学生发言的重要观点或创新点写在黑板上。

教师及时发现并处理讨论过程中出现的各种问题，如讨论现场比较沉闷时，教师要及时查找原因并进行调整，教师可旁敲侧击，不直接指出该怎样，而是侧面提示；或是挖掘"疑点"，激疑引思，提出新的问题；或反问式诱导同学发问，起到点醒、催化的作用。

教师要注意巡视，防止有的小组讨论过程中发言过于集中在几位同学身上，要给予那些性格内向、不善于表达自己观点的同学适当的关照，鼓励小组内同学倾听他们的想法；教师也要防止各个小组讨论时跑题，使讨论变成了聊天。

总之，教师在组织讨论时要做到"激励、点拨、引导"，使讨论能够达到预期目的，收到良好的效果。

3. 讨论后

讨论结束后，教师要及时组织小组汇报。全班同学之间相互借鉴、相互启发、相互补充，有利于开拓思路，发展思维，有利于小组合作精神的发挥。对于一些开放性的内容，其讨论结果有时可能带有不确定性，因为各小组是从不同的角度去研究思考的，这时只要参与交流的学生能够说出自己的想法，说出自己的理由，教师都要加以肯定，并和学生一起分析原因。

拓展链接

研究过小群体行为的人发现，在群体里，最终会有许多不同的"角色"出现，有"活跃分子"、"求知者"、"知识提供者"、"创造-贡献者"、"细心人"、"提出观点者"、"评论家"、"调和者"、"促成者"和"鼓励者"等。

教师组织小组讨论时,要注意观察其成员扮演的不同"角色",发挥其积极作用。

4. 组织地理课堂讨论的基本要求

（1）教师要做好充分准备

教师要在思想上、资料上、知识结构上做好充分准备,否则,讨论过程中可能出现不能及时解决的问题,或出现不能引导讨论深入下去的现象。

（2）提出难度适宜的问题

在教学讨论中,过于肤浅直观的问题不能调动学生的积极性;过于深奥生僻的问题超过了学生的思维能力,使学生无从下手,望而生畏。因此,要注意克服题目的选择过于注重兴趣和爱好、追求形式热闹、非重点内容的讨论活动过多、表演味过浓等现象。

（3）创造民主自由的氛围

在教学讨论中,教师应走近学生,参与讨论,教师也要创造条件让每位同学都参与讨论,避免少数同学抢着发言,其他同学轮不上发言或者躲避发言的局面。教师要引导学生学会合作,既要发表自己的意见,又要静心听取别人的想法,修正或完善自己的想法。

（4）调控恰当的讨论时间

在地理课堂讨论过程中教师要掌握好时间,时间过短不能达到教学目标的要求,时间过长容易使学生注意力分散。可以规定学生在一定的时间内完成讨论,也可以给学生增加紧迫感,达到督促学生深入思考的目的。

课堂中的讨论有时也可以辩论的形式开展。

案例节录
"修建水库的'功与过'辩论赛"活动方案
一、自由组合阶段

修建水库尤其是大型水库对地理环境产生的影响既有有利的方面（"功"）,也有不利的方面（"过"）。现在我们把这一问题作为一个专题来探究,希望每个同学积极参与,分别找出水库的"功"和"过"。全班 50 名同学每 5 人组成一个专题研究小组,自由组合,并选出一名组长,各小组组长和成员名单下课后报地理科代表。有关这一问题的课堂辩论赛活动一周后进行。

二、专题调查研究阶段

1. 阅读初、高中各年级课本。

2. 到学校图书阅览室查阅图书、期刊。

3. 上网搜索。

4. 请教水利工作者和本校其他地理教师。

三、辩论赛活动阶段

(一)竞赛规则

全班 10 个研究小组,由组长抽签决定所在小组在辩论赛中的角色。抽 A、B 签的为评判团成员,抽 C、D、E、F 签的小组为正方水库"功大于过"的辩手,抽 G、H、I、J 签的为反方水库"功小于过"的辩手。比赛采用积分与评议相结合的办法。比赛时间为 40 分钟,具体程序如下:

1. 地理教师在辩论赛前的地理课上提前宣布比赛规则,并主持抽签确定参赛的正方和反方队员、评判团成员。辩论开始时,学生按正反两方左右安排座位,评判团成员座位在后面。

2. 个人辩论开始,正反两方各 4 名小组长依次(CDEF 或 GHIJ)进行,时间各 3 分钟。

3. 自由辩论 10 分钟,每队各 5 分钟。

4. 反方总结陈词,时间 3 分钟。

5. 正方总结陈词,时间 3 分钟。

6. 评判团进行评判,所在小组组长作计分统计工作。

7. 地理教师宣布本场比赛正反两方的得分情况及最后结果。

8. 本场比赛结束,下课。

注:每位辩手发言时间剩 1 分钟时,地理教师提示,当辩论时间用完时,辩手应立刻停止发言。

(二)自由辩论规则

1. 自由辩论时间总共为 10 分钟,每队各 5 分钟。

2. 自由辩论必须交替进行。当自由辩论开始时,先由正方任何一名队员起立发言。完毕后,反方的任何一位队员应立即发言,双方依次轮流发言,直到双方时间用完为止。

3. 在自由辩论时间里,每一位辩手只能发言一次。

4. 当一队的发言时间剩 1 分钟时,地理教师提示,当该队的发言时间用完时,该队应立即停止发言。

5. 如果一队的发言时间已经用尽,另一队还有剩余时间,则该队的辩手可以继续发言,直到该队的时间用完为止。

6. 自由辩论是检验一个队整体配合能力以及每一位辩手实力的重要阶段。辩手应充分利用这段时间,简洁明了地加强自己的论点,机智有力地反驳对方的论点。

(三)评分标准

1. 论点明晰,论据充足,引证恰当,分析透彻(20)。

2. 迅速抓住对方观点及失误,驳论精到,切中要害(20)。

3. 反应敏捷,应对能力强,恰当把握现场气氛(20)。

4. 语言表达清晰、流畅;层次清楚,逻辑严密(20)。

5. 表情丰富,仪态端庄,风度优雅,幽默洒脱(20)。

另有整体配合表现20分,总计120分。

(摘自李道春《水库的"功与过"辩论赛活动方案》,《中学地理教学参考》2005年第12期)

二、角色扮演学习活动的组织

拓展链接

有研究认为,角色扮演法可以在以下方面促进学生发展:

1. 情感:

A. 研究自己的情感;

B. 研究他人的情感;

C. 扮演或释放情感。

2. 态度、价值观:

A. 确认文化和亚文化的价值观;

B. 澄清和评价自己的价值观和价值观念冲突;

C. 解决问题的态度和能力。

3. 拓宽可选择的方法的范围:

A. 认识问题的能力;

B. 选择方法的能力;

C. 评价解决问题的方法对自己和别人的后果的能力;

D. 体验结果并根据结果做出最后决定的能力;

E. 分析标准和可能的其他解决问题的方法；

F. 获得新的行为方法。

4. 主题：

A. 扮演者的情感；

B. 历史事实、历史危机、困境和决定。

1. 角色扮演活动的组织

（1）要选好主题

角色扮演活动并不是对解决所有的地理问题都有积极的作用，也就是说只有适合角色扮演的主题，才有可能达到理想的效果，所以教师一定要选好主题。地理课堂中，角色扮演的主题一般偏重人文地理的内容。角色扮演的主题一般有以下特点：

一是用于学生由于主客观因素不能全面看待的带有争议性的知识。例如，对南水北调工程的看法，由于"调出区"居民和"调入区"居民有着各自不同的立场，所以会有不同的观点。因此可让学生分别扮演"调出区"居民和"调入区"居民，阐述不同的观点。又如，通过角色模拟讨论有关地理问题，如扮演政府官员、热带丛林土著居民、世界环保组织成员、开发商等角色，讨论亚马孙流域热带雨林的开发与保护问题。

二是用于带有很强的说理性或学生觉得枯燥无味的抽象知识。例如，在"水污染"教学时，学生可扮演人物角色，也可扮演地理事物角色。通过拟人化的手法，活化地理事物，增强真情实感。如在反省河水污染时，让学生扮演"污染的河水"、"小鸟"、"森林"、"耕地"，痛说被污染的家史和现状，把地理事物活生生地呈现在同学们面前。

三是用于章节性的总结复习，促使学生寻找相互关联的知识。例如，在教"三个经济地带的特征、差异与发展"的内容时，可以让三组学生分别扮演每个经济地带基本情况的调查者、分析者和发展方向的决策者的角色，分别从各自立场阐述三个经济地带的特征、差异与发展方向，从而找出相关知识间的联系。

（2）要选定角色

开展角色扮演活动时，参与角色扮演的学生的性格、人数、语言表达能力、是否具有表演才能等对活动的效果有较大的影响。因此，选择角色时可以采用学生自荐和教师推荐相结合的方式，既要充分发挥学生的特长，也要考虑到学生的积极性。有些活动根据需要可提前几天布置任务。

"大亚湾核电站的利与弊"角色分配

在进行"大亚湾核电站的利与弊"的教学时,可按表6-3所示安排学生角色。

表6-3 "大亚湾核电站的利与弊"角色分配

角 色	扮 演 同 学
(一)主持	
(二)中国电力部长	
(三)广东居民	
(四)大学地理系教授	
(五)环保团体代表	
(六)核电厂负责人	
(七)居住在核电站附近的居民	

(3)要写好脚本

脚本是角色表演的基础,没有好的脚本,角色表演就会偏离教学目标,使表演达不到应有的学习效果。一般来说,脚本可以由扮演角色的学生和教师共同来完成,脚本中的文字要明确、简洁、主题鲜明,具有可读性,不能太长太复杂。

(4)要做好评价

教师在学生角色扮演活动中要根据学生的表现及时调整教学策略,恰当地对他们的活动进行反馈和评价。有效的教师反馈和评价是促进学生提高语言表达能力的动力。

案例节录

"中国的北方地区和南方地区"角色扮演的学习方式

首先把教材中的"北方地区"和"南方地区"内容作为一个专题教学。全班分为"北方人"和"南方人"两大组。学生在阅读教材、查阅资料、采访之后,自由选择扮演"北方人"或"南方人"。

教师提出主题:"生活在北方好还是生活在南方好",两大组分别准备。每方有三种角色供学生选择:辩手,主要发言;策划,搜集和制作支持本方辩手的材料;南(或北)方人,表演反映本方区域特点的生活小品或歌舞,以支持本方辩手的观点。组内通过自荐和推选分配角色。

课前的准备由组内分工合作完成。准备工作包括信息查询、市场调查、人物访问、广告制作等。然后，写出访问札记、广告词，绘制图画，准备节目。教师做好引导和资料支持工作。

上课时，在教室中展示反映北方和南方地理特点的图片，轮流播放具有南、北方特色的音乐。各方轮流发言，用讲解、表演、展示资料等方法试图说服对方。

辩论结束后，鼓励有兴趣的同学撰写小论文。

2. 角色扮演活动中要注意的问题

角色扮演作为一种学习活动，其目的也是要达成一定的教学目标。由于角色扮演活动的开展需要一定的条件，所以开展角色扮演活动时要注意以下事项：

（1）教师要扮演好自己的"角色"

在角色扮演活动中，教师要把握好学生的表演内容，不能漫无边际任由学生天马行空。当然表演过程中教师应以参与者的身份出现。一般情况下，角色扮演会令学生十分活跃，而使表演一定程度上脱离了预先设计的脚本。在学生表演时，教师要适时地指导和控制，如果是对学生的认识有价值的，则可以使表演继续，反之，则要引导其返回到脚本当中。

活动结束时，教师要对学生在活动中的表现给予肯定的评价，也不能忽略对一些听众的评价。因为角色扮演不是每个同学都有机会参与的，所以听众更应该被关注。更重要的是，活动结束后，教师要对这节课所要掌握的知识进行总结、归纳，给学生一个清晰的思路。这一环节是角色扮演活动的关键所在，通过这一环节可以使学生的知识和能力得到升华。

（2）充分考虑学生的年龄特点

初高中学生在开展角色扮演活动时会表现出不同的特点，通常来说，初中学生抽象思维能力较弱，表演欲望较强，高中学生则理性思维较强，在表演方面有些放不开手脚。开展角色扮演活动时考虑到这些因素，可以让初中学生多一些分角色表演的机会，既有语言，又有肢体动作；高中学生则考虑采用分角色讨论的方式来完成，多借助语言来完成表演。

三、地理竞赛学习活动的组织

在地理课堂中开展知识竞赛，可以激发学生的学习热情，延长集中注意力的时间,消除学生在学习过程中的焦虑感和疲劳感,提高学习效率,扩大学生的知识面,还有利于培养学生的合作意识和竞争意识、责任意识和规范意识。

地理竞赛学习活动的开展要明确以下内容。

1. 选择教学内容,拟定题目

竞赛题目设计要符合学生的身心特点和认知规律,除教材知识外,还可适当包含一些课外知识。例如,在学习"印度"一节时,一位地理教师除了根据课本基本知识设计一些题目外,还补充设计了以下课外知识题目:①我国唐代称印度是什么?②印度是哪个宗教的发源地?③印度把什么宗教作为国教?这种宗教把哪种动物奉为神灵?④印度为什么是英联邦国家?为什么把英语也作为官方语言?这与历史有什么联系?又如,一位教师在地理知识竞赛中引入了与其他学科有关的知识,如喜马拉雅山与吐鲁番盆地的艾丁湖的相对高度(练习数学知识),比如"第比利斯的地下印刷所"所在的国家(语文课本里的内容),引起了学生极大的兴趣。

题目的选择及题目的类型都可以变化,一般竞赛题可分为必答题和抢答题。必答题通过小组成员合作、共同商议来完成;抢答题目以考察识记内容为主。

2. 分组

根据竞赛内容的需要,把全班学生分成若干个小组。分组的原则可以和讨论法的分组类似。

3. 制定竞赛规则

裁判可以由教师来做,裁判每场竞赛前宣布规则。要求竞赛期间一切服从裁判,对于影响比赛秩序的小组给予批评并扣分,以保证课堂纪律。制定规则时要充分考虑到小组成员间的合作,并尽量照顾到每位成员,如规定小组中每位成员回答问题次数最多不能超过 2 次,否则按每人次扣分。

4. 设计竞赛形式

竞赛形式应灵活多样,可以在每节学习新课后组织 5 分钟左右的小比赛;也可以在学完某章后组织复习性质的专题比赛,如有的地理教师在学习国家地理后,将国家地理内容以知识竞赛形式来复习,效果非常好;还可以把比赛穿插在学习新课的过程中,让比赛贯穿课堂教学的始终。

5. 积分统计及奖励

每节课用黑板公示比赛积分情况,对获胜的小组和表现优秀的个人颁发小奖品予以鼓励;学期结束时把积分累加在一起,并将该组的积分成绩作为该小组成员地理平时成绩的重要依据。

四、地理游戏的组织

游戏活动最突出的特点就是互动性,可以充分调动学生的地理学习兴趣,增强了学习的内驱力,也因为非智力因素的充分发挥而使智力因素得到激发。

地理课堂中的游戏可以是传统游戏,如扑克牌游戏、地理谜语、填字游戏,也可以是借助现代多媒体(如一些游戏软件)开展的游戏。

地理游戏活动也是教学的一项活动,其本质是为了达到教学目标。开展游戏教学时要明确以下内容。

1. 明确游戏的教学目标

游戏能够激发学生的学习兴趣,开展游戏时要明确教学目标,例如,中国行政区划拼图游戏的目的是让学生掌握中国行政区划的基本知识,不能变成单纯的比赛拼图的速度。

2. 选择适当的时机

在地理课堂可以开展的游戏活动有很多类型,如语言类游戏、动手技巧类游戏等。相对于常规教学活动,各种类型游戏活动的时间较难控制。教师要设计游戏活动所需时间,计划好在课堂开始游戏的起止时间。有的游戏可整节课都开展,如扑克牌游戏;有的只是在导课时使用,如填字游戏等。

3. 要向学生讲清楚游戏的规则与要求、参加人员等事项

只有讲清楚游戏规则,才能保证游戏的顺利开展。否则会导致规则不清,容易出现混乱。

4. 游戏结束后要做总结

不管游戏是大是小,每次游戏结束时要宣布结果并进行总结。总结时要明确游戏活动的主旨,将通过游戏活动获得的主要成果展示出来。

地理教学中引入游戏教学非常有益,但地理游戏只能是学习活动的一种形式,不能盲目地用游戏活动去替代其他活动方式。地理游戏也受到教学内容、场地因素、课堂秩序等因素的制约,有一定的局限性。

填字游戏

规则:空格中,只能填一个字,根据有关提示,选择有关的地理事物名称填入空格内。

纵向提示:A. 英国濒临的海洋;

B. 英国的政治、经济中心地区;

C. 英国重要的海港。

横向提示:① 英国濒临的海峡;

② 英国的四大地区之一。

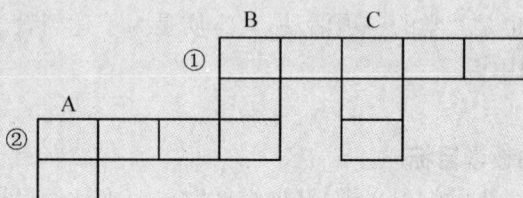

图6-2 "英国地理"填字游戏

(本案例由上海师范大学地理系03级徐隽之撰写)

"中国地理辅导牌"游戏

1. 游戏(钓鱼)规则

① 钓一样区域的牌,如"中国"钓"中国","浙江"钓"浙江";

② 钓一个相邻的省级行政区的牌,如"上海"钓"江苏","西藏"钓"新疆";

③ 手上有两张或三张相邻的省级行政区的牌,合起来去钓桌面上一张相邻的省级行政区的牌,如手上有"北京"、"天津"牌,合起来去钓"河北";

2. 游戏(钓鱼)方法

① 洗牌后,将108张牌中最上面的15~20张正面朝上并排放在桌子当中;

② 按逆时针方向,每人依次抓五张牌(或发牌),多余的牌叠放在边上;

③ 手上有方块最小(3最小,没有则依次上升)的那位学生最先钓鱼,然后按顺序钓牌;

④ 桌上10~15张牌被钓走后,不足10张牌时,从多余的那叠牌中补足15张;

⑤ 每人将自己钓到的牌放在自己的边上,保存好;

⑥ 每人手上由于钓牌后,不足5张的,则从多余的那叠牌中补足5张;

⑦ 如果手上的牌不符合钓牌规则,则轮空一次;

⑧ 钓牌直至多余的那叠牌用完,当学生每人手上剩余的牌都不符合钓牌规则时,每人清点自己钓的牌的张数,最多的则为赢家。

3. 教学过程

① 学生自由组合,4—5人为一小组;

② 教师宣布方法和规则;

③ 教师向学生简要示例,直至学生明白"钓鱼"规则;

④ 每人发一张印有各行政区名称的"中国行政区划"简图,供学生玩游戏时查找;

⑤ 学生开始玩游戏后,教师巡视各组,如有的学生还不甚明了,再个别指导;

⑥ 在学生玩了30—40分钟后(视学生熟练程度),请学生暂停一下。拿出一张空白的"中国行政区划"简图,说明这节课的要求是每人要熟悉和逐步记住各省级行政区名称,如果哪一组同学觉得已经基本记住了各省级行政区名称,可以完成游戏,到老师那里领"中国行政区划"空白图,完成填写后交给老师。

(摘自叶青《使用"中国地理辅导牌"让学生在游戏中学习》,《地理教学》2006年第9期,有所删改)

技 能 训 练

1. 下面是某位地理教师在课堂上实施讨论法的一个教学片段,请你分析这样的讨论活动出现在课堂的哪个时段比较合适?为什么?

"教师:由于石油是许多国家经济发展的支柱,所以,世界上为争夺石油而引发了很多战争。由此,我们是否可以讨论这样一些问题:

(1)以石油作为经济发展的支柱是否可靠?

(2)以化石燃料为主的能源结构还能支持多久?

(3)能否开发新型能源?

(4)人类开发化石能源给生态环境带来哪些影响?"

2. 下面是一位地理教师在"气候资源"的课上的一个教学片段,结合下面内容谈谈组织讨论活动时如何分配各小组的讨论题目。

教师出了5个题目让小组选择,包括气候对农业的影响、气候对工业布局的影响、气候对人的生活的影响、气候对城市布局的影响、城市对交通的影响等,然后各小组开始讨论。小组讨论结束后,教师要求各小组汇报讨论结果并进行总结。汇报的顺序由教师按照讨论的题目决定,前三个问题都有小组选择并做了汇报。当教师问到"第四个问题哪个组做了"时,没有人回答,教师只好叫了一个学生当场回答。又问哪个组做了第五题,学生告诉教师没有人选,教师很尴尬。

3. 阅读下面教材内容,为此设计一个课堂学习活动方案[内容选自人民教育出版社《义务教育课程标准实验教科书·地理(七年级下册)》,第 24 页]。

东西方兼容的文化

日本民族构成单一,大和民族占绝对优势。日本文化既有浓厚的大和民族的传统色彩,又有强烈的现代气息,是东西方文化兼容的典型。在人们的日常生活中,这种传统与现代并存的情形随处可见。

| 和服是日本人的传统服装。在欢度自己20岁的"成人节"上,这几位女青年穿上了心爱的和服 | 销售世界一些著名品牌的"名牌特价店"在日本十分红火。这是某购物城内的一家名牌特价店 |

图 6-3 和服与"洋"服并存

中国与日本的文化交流源远流长。远在中国的唐朝,日本曾多次派遣使者和留学生到中国来学习科学、文化、艺术,中国也曾派遣使者东渡日本,传播建筑和绘画艺术,以及医学和宗教。

| 这是大阪的一条街道 | 这是坐落在札幌羊丘展望台的小洋房 |

图 6-4 和屋与"洋"房并存

第7章 | 地理课堂教学媒体使用技能

　　"我听过的每一节公开课都是借助多媒体课件来上的",王老师对现在的公开课有这样的印象。现代教学媒体技术的发展给地理教学带来了几乎颠覆性的革命。在配备了多媒体教室的学校,地理教师,尤其是青年地理教师,几乎每一节课都要借助现代教学媒体来进行。现代教学媒体有着传统教学媒体不可比拟的优势,使得它短时间内成为地理课堂教学的"强势媒体";而黑板和粉笔等传统媒体手段则似乎正在退出教学的舞台。古人云:"尺有所短,寸有所长。"现代的多媒体课堂也存在一些问题。这种现象昭示着进步? 还是对某些传统的遗弃呢? 如何看待传统和现代呢? 王老师对此很困惑。本章主要阐述传统教学媒体和现代教学媒体的使用技能。

第1节　传统教学媒体的使用

　　使用媒体可以帮助学生更有效地学习。媒体可以影响教学内容,可以影响教学方法,还可以影响教学的组织形式。教学媒体是教学信息的载体,是实现教师与学生之间信息交流的中介。教学媒体一般可分为两大类,即传统教学媒体和现代教学媒体。"传统"与"现代"都是模糊概念,并没有严格的区分界限。一般认为,传统教学中所使用的黑板、粉笔、教材、挂图、模型、教具等称为传统教学媒体;随着现代科学技术的发展,近年被引进教育领域的一批现代传播媒体如幻灯、投影、广播、录音、电视、录像、光盘、电子计算机等软硬件及其相应的组合系统,如语音实验室、多媒体电教室、电子阅览室、微格教室、多媒体电脑机房等等，都被统称为现代教学媒体。

🔔 疑问解答

　　问：地理课堂中的教学媒体是如何进行分类的？

　　答：从使用信息符号的类型划分，可分为语言符号媒体（印刷、语言、板书媒体等）和非语言符号媒体（地图、板图、板画、图表、电视媒体等）；从实物媒体的角度划分，可分为传统教学媒体（标本、模型、图片等）和现代教学媒体（投影仪、录音机、计算机等）。

　　地理课堂中传统教学媒体包括黑板、粉笔、教材，地理标本、模型、实物等演示教具，挂图、图片、图表等示意教具。

　　地理课堂中现代教学媒体包括：

　　视觉媒体：幻灯、投影等；

　　听觉媒体：录音、广播、激光唱盘；

　　视听媒体：电影、电视、录像、激光视盘；

　　系统媒体，如计算机辅助地理教学系统。

　　即使在现代教学媒体的环境下，传统教学媒体仍不失其魅力。教师通过绘制地图、板书板演、展示模型及通过师生互动等反馈手段，合理利用黑板、教具、学具等，灵活掌握教学策略，因势利导，会获得好的效果。学生听课的注意力随教师的笔触和语言而转移，既有利于激发学生听课的积极性，也有利于教师开展教学双边活动。例如，板书强化了地理课堂口语的表达效果，也有利于师生情感的交流。此外，利用传统教学媒体的很多教学活动可以充分利用生成的课程资源，而通过多媒体课件开展的教学活动多数时候要严格遵守预设的流程，应变性较差，教学中生成的课程资源不能及时纳入到教学活动中去，致使教学活动受到一定限制。现代教学论认为，课堂教学中生成的课程资源是非常宝贵的财富，所以传统教学媒体"风采依旧"。本节主要介绍几种常用的传统教学媒体，如地图、地理标本、模型，板书、板图、板画等的使用技能。

一、地图的使用方法

　　地图是学习地理的重要非语言符号媒体。地理课堂常用的教学用图按照种类可分为教学挂图、学生用地图册、地理填充图册等；按照地图内容可分为地理分布图、剖面图、地理原理图、地理模式图、地理统计图、自然景观图、人文景观图、地理

地理课堂教学技能训练

漫画等。

这里按照教学用途种类阐述一下地图的使用技能。

1. 教学挂图的使用

（1）选择

在挂图内容的选择上，应根据课堂教学目标的要求，选择繁简得当的地图。通常认为，每节课的教学挂图总数不宜超过三张。否则，在短时间内频繁出现挂图，使每张挂图都一现而过，起不到其应有的作用。两三张挂图同时出现时，以一张为主，其他为辅。

（2）展示

地图应悬挂在采光良好的地方，一般挂在黑板的靠窗一侧。高低应适中，以便班级每一位同学都能看清楚，也要方便教师指图。一节课内使用两张以上的挂图时，如图幅大小相仿，在不同时间使用时可采取重叠式的挂图法，有时为了对比，也可采用并列式挂图法。在需要时才出示挂图，不用和已经使用完毕后要及时收好，以防分散学生的注意力。

（3）指图

指图时要用指图器（教鞭或激光笔等），不宜用手指图。指图时教师要站在图的一侧，不能遮住学生的视线。教师要对所用挂图非常熟悉，迅速找准要指的位置。指图要有目的性，切忌指空图，并要严格准确地区分出地理事物反映在地图上的点、线、面；指图器的移动方向要符合地理事物的规律，指图器的移动速度要慢。例如，指城市要指准地图上表示该城市的图例——"点"，如指郑州，就要准确指到图上表示郑州的图例上；指河流就要指准地图上表示该河流的图例——"线"，指图器移动要沿河流流向——从源头到河口，如指黄河就要由西向东指向入海口；指交通线也一样，如指京广铁路线，指图器要从起点北京指到终点广州；指区域范围，如国家、海洋、地形区、气候区等区域时，一般按照顺时针或逆时针方向顺着区域边界指一圈。

教师要注意指图与语言默契配合，语速要比平时语速稍慢。切忌教师单方面用图进行读白式讲述，要观察学生的反应，要与学生观察、思考、记忆的速度合拍。例如，在悬挂"亚热带季风气候"挂图前，教师提出："我们生活的这个地区的气候情况怎样？"让学生依据日常生活经验进行思考，然后进行读图指导，这样，演示挂图前就已经引起了学生的兴趣，读图活动就能很快很顺利地开展。

2. 学生用地图册

教学挂图一般只在课堂上使用，而学生用地图册和地理填充图册却属于与地理教科书配套的教材系列,学生人人都有。一般来说,地图上的地理要素很多,特别是学生用地图册图幅小,地理要素的密度较大。所以,在指导学生用地图册时,特别是低年级初学者,一定要明确读哪幅图、读哪些要素,以达到良好的教学效果。教师在指导学生读图时也要注意巡视,遇到不会读图或者注意力分散的同学要及时提醒。

在指导学生使用地图册时,尤其要注意要让学生养成有序读图的习惯。学生面对一张地图时常常不知道该读什么。如果读图没有先后顺序,就容易导致信息缺失,不利于对地理知识的理解。按先后顺序读图,有利于教学秩序的维持,有利于学生形成良好的地理学习习惯,有利于学生在头脑中形成有条不紊的思路。一般来说,先让学生明确每一张图像的图名、图例、比例尺、指向标、经纬网坐标等等,再判读内容;先读大区域地区,再读局部范围;注意节点、界线和界面。当然教师要根据不同图像的判读目的和要求,选择合理的顺序。最后,图像判读的结果要让学生学会用文字表述。

3. 地理填充图

填充图亦称空白图,它只绘有简略的地理轮廓(经纬网格、境界线等)和一些主要的地理事物(水系、地形、城市等)的符号,而没有地名注记,通常要求学生不直接依赖地图填绘内容,而是在熟悉地图基本内容的基础上默填,因此,又叫暗射图。

教师在指导学生进行填图练习时,要注重养成规范化习惯,促使学生掌握基本的绘图方法。注记的写法要求字体端正、大小匀称、排列整齐,用大小不同的字体反映地理事物的级别、主次,使全图注记层次分明、易读易记。地理要素符号的描绘要规范统一。此外,安排填图的内容顺序要由简到繁,由易到难,循序渐进,逐步掌握绘图的方法,养成正确的填图习惯,提高填绘地图的能力,并能利用地图来说明地理事物的分布特征及其相互联系。

二、地理标本、模型的使用

由于受到时空因素的制约,很多地理教学内容学生无法直接接触。地理标本、模型就可以解决这个问题。地理标本、模型以其直观性强的特征,成为地理传统教学媒体中的重要成员。

展示标本和模型时要注意以下问题:

一是标本、模型的选用要从课程标准的要求和教学目标的需要出发,以少而精为原则,如果说明同一问题时运用过多标本、模型,反而使教师忙碌不堪,导致学生注意力分散,达不到教学效果。

二是要配合讲授内容适时地演示,一般不要提前展示,以免分散学生的注意力。教具演示后要及时存放,以免影响教学的顺利进行;必须在适宜的可见光线和背景下进行演示,必要时要补充适当的背景以突出演示物;标本、模型要有足够的大小,应展示在全班学生都可看见的高度上。对于较小的模型、标本,如矿物标本,由教师拿着在座位间巡回,轮流指导观察,有条件的可以分发在学生桌上,每1~2人一套。演示标本和模型时教师应有简短的引言,激发学生想看、想弄清楚某些问题的欲望,而不能只满足好奇心,忽略了要学知识的本质。

拓展链接

地理标本是指:①经过加工整理的植物、动物、矿物、岩石、土壤标本等;②采集整理后直接用于课堂教学的各种自然、人文地理实物,如粮、棉、丝、麻、毛、茶叶、水果、竹木、鱼虾、贝类、藻类等农林牧副渔产品和布、糖、盐、碱、药品、钢铁等轻重工业产品与各种工艺品和土特产品,等等;③反映世界、各大洲、各国家和各地区政治、经济、文化标志特征的国旗、国徽、会旗、会徽、吉祥物、纪念品、门票、邮票等。地理实物标本教学除在课堂进行外,还可以通过野外教学、社会调查、参观访问、实地测量,以及实习、实验等形式进行。使用地理标本的优点是可以调动学生的各种感官,用眼观察,用手触摸,以至嗅、品尝等,具有强烈的亲切感、愉悦感,学生对所感知地理事物的识记效果好,印象深刻。

模型是各种地理事物的真实缩影,是颇受学生欢迎的具有三、四维空间的立体直观教具。其优点是可以在一定程度上突破时空限制,把遥远的地理事物搬到课堂;把无法窥视全貌的地理事物和盘托出,尽收眼底;把地理事物不明显的渐变过程,变为突变过程,容易使教学过程达到最优化,从而激发学生的学习兴趣,在发展智力、培养能力方面表现出明显的优势。地理模型主要有地形模型、地质构造模型、资源模型、农业区划模型、农田水利建设模型、工程建设模型、城镇工厂学校建设规划模型、军事模型、港口模型和交通模型。

(资料来源:宋济平中学地理教具制作研究,http://geo.cersp.com)

三、板书的使用

即使在现代教学媒体日益普及的条件下,一些传统教学媒体仍然具有不可替代的作用。在借助传统教学媒体进行教学时,每位地理教师必须练好"三板"基本功,即板书、板图、板画。

问：现在很多新教师掌握了制作多媒体课件的技能，大多数课也用地理多媒体课件来完成，在这种条件下，还需要学习地理板书技能吗？为什么？

答：地理板书在地理教学中具有重要作用，主要表现在：

一是能提示地理教学要点和逻辑关系。教师通过板书可以把教学内容要点和知识结构简明地呈现给学生，使学生一目了然，便于掌握知识要点及其逻辑关系。

二是可显示地理教学的有序性。板书通常是教师边讲边写，教师和学生接着板书的层次，进行系统的教与学，能充分显示地理教学过程的有序性。

三是能牢牢吸引学生的注意力。在教学过程中，学生的注意力常常是随着板书的不断呈现和不断更新而转移的。板书可以牢牢地吸引住学生的注意力，使他们全神贯注地进行学习。与多媒体课件相比，板书提供的教学信息较为单一，这也是能够吸引学生注意力的重要原因。

四是能使教学内容具体化和层次化。地理板书是以纲目、图表和表格等形式将教学内容概括化和具体化的，并随着教学进程逐渐呈现、逐步更新，使得教学内容活化起来，有利于学生学习。

五是可以为学生编拟读书提纲做出示范。教师的板书是学生编拟学习提纲的范例，学生通过抄写板书，可以逐步学会编拟读书提纲的方法，从而提高他们自主阅读学习的能力。

在教学过程中，设计制作地理教学课件也需要结合板书设计的基本思想和基本技法，所以，板书设计技能是每位地理教师的"必修课"。

1. 地理板书的分类

规范的板书的要求是在内容上要简洁概括，不能长篇大论；在形式上要美观大方；结构要系统、有条理；布局要协调合理。地理板书有很多种类，可按照不同标准加以分类。

（1）按照地理课堂教学板书的主次分为主板书和副板书

主板书，顾名思义是整个课堂板书的主体部分，一般整节课保留，反映了教学的主要内容及教学过程。

在设计主板书布局时，首先要划分板书纵列单元，即根据板书文字的内容及字数的多少，将板书分为2～3纵列，在排列时，要保持板书单元的完整，每个标题下的次一级标题应尽量写在同一列，每行板书的长度不要差异过大，较长的板书可分两行写在同一组板书的位置上，不要伸展到另一组板书中去。其次要在黑板的上下边沿及左右两侧留出适当的空间,特别是黑板下方的板书,要离开黑板下边沿一定距离,如果太低,后排学生看不清楚,且教师书写起来也不方便。每组及每行板书间也要有一定的间距,便于学生分辨。

副板书,也叫辅助板书,是对主板书的补充说明,常常根据教学需要随机呈现一些关键词语、短句。作为对正板书的补充,副板书往往写在黑板的两侧。在设计板书布局时,要留出书写副板书的空间,不要将副板书随意写在主板书的位置上,以免造成不必要的混乱和麻烦。副板书出现比较随机,一般边写边擦。

(2) 根据地理课堂教学的具体表现形式可将主板书分为纲目式、表格式、图解式等形式

纲目式板书一般指以教学提纲的形式反映出来的地理板书,是较为常用的地理教学板书形式。其优点是利于显示地理知识的要点及其条理性。纲目式板书常常分为几个不同层次,并用不同的惯用符号把它们的从属关系固定下来,用以显示知识结构的严谨性。图7-1是"中国的疆域"第一课时的纲目式板书。

```
第一章   中国的疆域和人口
  第一节   中国的疆域
    一、伟大的祖国
      1. 位于东半球和北半球
      2. 亚洲东部,太平洋西岸
    二、辽阔的国土
      1. 面积 960 万平方千米
      2. 跨近 50 个纬度
```

图7-1 "中国的疆域"的纲目式板书

表格式板书是以表格的形式显示两种或多种地理事物和现象特征的板书形式。这种板书对比性强,有利于查明各种地理事物和现象的特征。例如,找出两个或多个国家或地区的共性和个性,形成区域或国家概念,可用表7-1所示的表格式板书。

表7-1 "日本和英国自然地理要素比较"板书

比较的项目	日　　本	英　　国
地　形	以山地、丘陵为主	高原、低山、丘陵和平原、山谷交错分布
气　候	北部属于温带季风气候,南部属于亚热带季风气候	温带海洋性气候

比较的项目	日 本	英 国
植 被	森林覆盖率约占国土面积的三分之二	森林覆盖率占国土面积的九分之一,以草地为主,植物种类比日本少
水 文	河流短小湍急	河网较密,流量平稳
矿产资源	贫乏	煤、铁、石油

表格类板书也可以以留白的形式,让学生来填充。

结构式板书以文字为主,突出地理事物和地理要素之间的相互关系。其优点是直观、层次分明、逻辑性强。结构式板书重在表达地理事物和地理要素之间的内在联系,对于发展学生的逻辑思维能力有重要意义。例如,"我国东北区域农业发展"可用如图7-2所示板书。

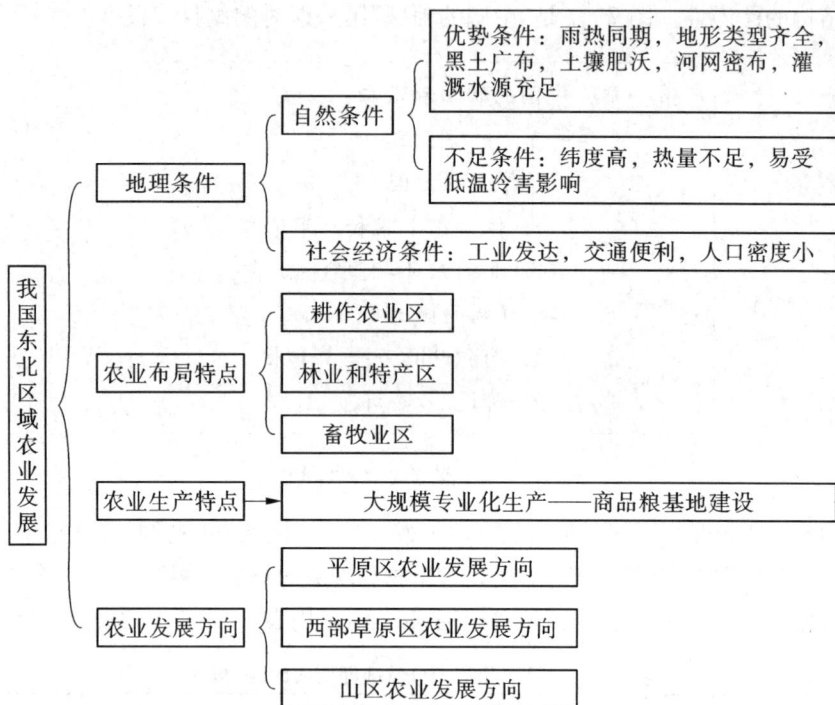

图7-2 "我国东北区域农业发展"结构式板书

图解式板书是通过图文结合的方式反映地理教学内容的板书,具有直观性、写意性和说理性,对揭示各种地理特征、规律及其因果联系都有重要作用。这种板书能把地理事物的特点突出出来,具有直观、空间性强等优点。例如,"长江干流剖面图"可用图7-3所示板书。

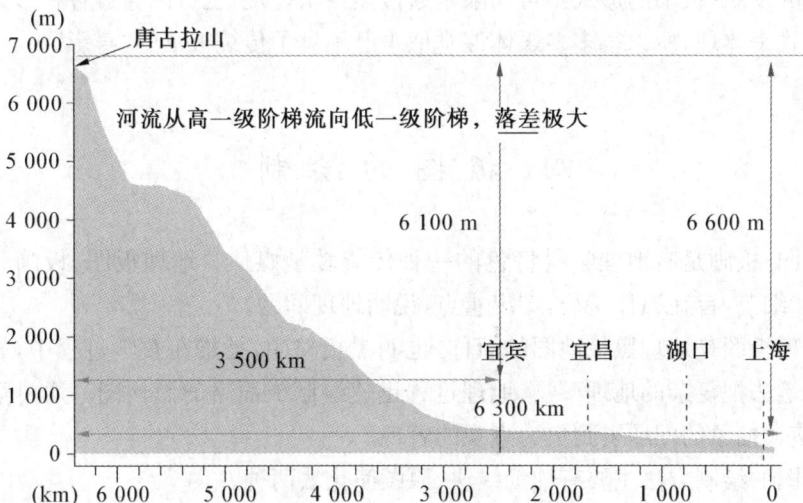

图 7-3 "长江干流剖面图"板书

在实际地理教学中,单一板书形式并不常见。多种形式的板书互相结合,是一种比较常见的形式。地理教师也应在实践中发挥所长,创造更加适合学生发展的地理板书。

2. 地理板书的设计要求

(1)内容要科学

呈现在学生面前的板书,文字表达要准确,数据、图表和各种符号等表达要正确。

(2)条理要清楚

地理板书在内容上要保持完整,这样才能帮助学生构建完整的知识体系。板书除了要保持内容的完整外,在形式上还要注意体系的统一和完整。要使板书条理清晰,首先要把握教学内容的主次成分、层次性,然后按照一定的美学规律来构建整体板书。

(3)繁简要得当

板书内容不宜过多,也不能过少。过多则使板面拥挤,也会占用课堂时间;过少则会削弱板书的控制作用。一般来说,用较多的文字表达突出重点和难点,其他用简要板书。这样的板书设计也有利于教师在课堂教学中突出重点,突破难点。

(4)字迹要规范

粉笔字字体工整、笔顺正确、结构匀称、大小适宜、美观隽秀,板书的行间疏密、字画搭配平衡,板面清洁整齐。书写的速度应略快,与口头语言基本一致,以增加课堂教学的密度与节奏感。

特别需要指出的是,传统板书一般是通过黑板呈现给学生们的,但随着现代教学技术的发展,板书的形式不再局限于通过黑板来呈现,也可以通过各种多媒体板书的形式来体现,所以很多多媒体课堂似乎已不见了传统板书的"身影"。

四、板图的绘制[①]

板图、板画是有地理学科特色的一种传统教学媒体。地理板图、板画只取神似,不计细节,旨在抓住特征,突出重点,说明地理问题。

地理板图是地理黑板地图的简称,也叫黑板略图,是指在教学过程中,教师用简易的笔法把复杂的地理事物、地理过程迅速绘制成简略的黑板图。通过运用板图,可使较抽象的问题得到更为直观的表现。

板图的绘制方法主要有辅助线法、原图简化法两种。

1. 辅助线法

辅助线法是一种普通实用的绘制板图的方法。熟练掌握之后,教师能在教学时迅速完成所要勾勒的板图。常用的辅助线法有几何图形法、折线图形法、曲线图形法和象形图形法等。

几何图形法就是根据教学需要把原图的轮廓简化为最简单的几何图形或字母。例如,山西省的轮廓板图可以简化成斜方形,将长江简化为一个"V"字加一个"W"形,将黄河简化为"几"字形(见图7-4)。

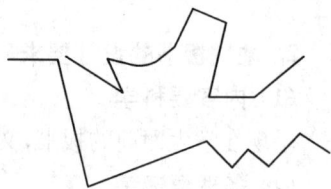

图7-4 黄河、长江轮廓图

折线图形法就是舍去原图轮廓的小弯曲,用简单的折线构成板图轮廓(见图7-5、7-6)。折线各段多取直,线段交接处往往有角,如世界各大洲的轮廓略图可简化成一些三角形。

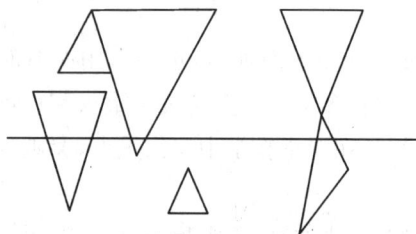

图7-5 世界轮廓图

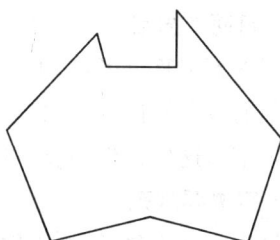

图7-6 澳大利亚大陆轮廓图

---

① 参考宋济平编.简易地理教学板图・板画・板书基本功系列.北京:高等教育出版社,1991

曲线图形法是折线图形法的进一步发展。也是根据教学需要，舍去原图轮廓的小弯曲，用一曲线描绘出板图轮廓（如图7-7）。这种方法笔划弯曲自然，能保持图形轮廓的基本特征。它是设计各种板图轮廓常用的一种方法。

图7-7　南美洲轮廓图　　　　　　图7-8　黑龙江省轮廓图和"天鹅"象形图

象形图形法是将图形轮廓模拟成一些实物形象来勾绘轮廓，如图7-8将黑龙江省模拟为一只展翅飞翔的天鹅。这是一种帮助记忆的好方法，同时还可以引起低年级学生的学习兴趣。

2. 原图简化法

为了达到课堂教学目标，可根据教学的要求将原图进行取舍。同一幅图，可以根据不同需要，简化成不同的轮廓。例如，南北美洲的轮廓板图，可以简化成各种图式。但究竟怎样简化，必须根据教学需要。如果为了说明南北美洲形状特征，可以简化成最简单的三角形；如果是为了说明北美洲海岸比较弯曲（和南美洲相比）的特点，则需保留北美洲四个半岛和四个海湾。总之，要根据教学需要进行简化。但是，对于能够保留图形轮廓特征的有特色的部分则要保留。例如，中国轮廓板图一定要保留以下特征：东北和西北两端的尖角，以及西端的帕米尔、南端的雷州半岛、东部的山东和辽东半岛等凸出部分，否则就体现不出中国图形的特征，而使图形丧失神采。

🔍 案例节录

"中国轮廓图"的画法

首先要熟悉中国轮廓图，能在脑中熟记其轮廓。画图时要设计好笔画起止部位。笔画的原则应该是画起来顺畅，同时照顾全图的形状和比例。从阿尔泰山开始，第一笔沿西、南国界画到中越国界的北仑河口；第二笔沿北、东边界向西与第一笔重合，然后再另笔画出台湾和海南岛，即画完全图。

其次要控制好相互间的位置关系。根据图形轮廓的特征和山脉、河流等的走向大势，找出图形上明显凸出或凹进的部位以及山脉、河流等相互之间的位置关系，作为一些控制的点或线依次描绘，才能画出较正确的图形并填绘内容。如在中国轮廓图上，帕米尔高原与辽东半岛东西相对应，西北角与东北角东西对应，北仑河口与中蒙国界的最南点都在中轴线等等。

在板图轮廓绘完后，可根据教学需要，将相应内容填绘上去，填绘的原则是"略、简"。对于一般地理要素，可用普通地图上的惯用符号表示。对于专题内容，可创造性地采用一些几何符号、示意符号等来完成。

第 2 节 现代多媒体的使用

一、现代教学媒体的发展

媒体一词来源于拉丁语"Media"，音译为媒介，意为两者之间。它是指信息的载体和加工、传递信息的工具。媒体有两层含义，一是指承载信息所使用的符号系统,如语言、文字、声音、符号、图形、图像等,媒体呈现时采用的符号系统决定了媒体的信息表达功能;二是指存贮和加工、传递信息的实体,如书刊、挂图、画册、报纸、投影片、计算机磁盘、录音带、录像带以及相关的播放、处理设备等。

通常,我们把媒体分为硬件和软件两大类。硬件是指储存、传递信息的机器和设备,如照相机、录音机、电视机、投影机、光盘机和计算机等。软件是指那些能存储与传递信息的物体,如教科书、光学投影片、录音带、录像带、计算机光盘和软件等。硬件和软件不可分割,只有配套使用,才能发挥其储存和传递信息的功能。

在教学活动过程中所采用的媒体被称为教学媒体。从教学的本质上看,教与学的过程是一种获取、加工、处理和利用事物信息的过程,因此,作为储存和传递信息的任何媒体,都能充当教学媒体。

拓展链接

在人类的发展进程中,教学媒体呈现出由实物直观到文字抽象再到抽象直观的基本走向。根据教学发展的历史线索,可以把教学媒体发展划分为原始教学媒体阶段、古代教学媒体阶段和现代教学媒体阶段。

原始教学媒体阶段

在文字产生之初,教学媒体包括人体各部分的器官、生产和生活用具、各种事物以及口头语言。形象直观是其最大特点。

古代教学媒体阶段

这一阶段从人类进入古代奴隶社会一直到 17 世纪末。在这一时期,由于文字书本突破了信息传递的时空限制,克服了口头语言不能脱离传授者的局限,并具有信息量大、便于携带和保存的优点,从而成为教学中的主流媒体。缺点是教学方式较为单一。

现代教学媒体阶段

这一时期从捷克教育家夸美纽斯的《世界图解》出版至今,具体可分为以下三个时期:

第一时期从 17 世纪末至 19 世纪末。这一时期的主要成就有:确立了直观性教学原则。在教学中自觉设计、制作和使用了专门的直观教学媒体。第二时期是从 19 世纪末到 20 世纪 50 年代。这一时期电教媒体被逐步引入教学,教学媒体开始出现电子化和现代化的特征。第三阶段是 20 世纪 50 年代至今,现代教学设备不断完善,教学媒体由视听结合媒体发展到多媒体综合运用,由单项传递发展到交互作用。

(摘自郑金洲主编《新编教学工作技能训练》,华东师范大学出版社 2007 年7 月版,有删减)

拓展链接

与传统教学媒体相比,现代教学媒体具有以下优势:

1. 通过现代教学媒体(如广播、电视、计算机网络等)能使教学信息即时传播至遥远的地区和更加广阔的范围,为实现远程教育,扩大教学规模,实现学习资源的共享提供了先进的技术和手段。

2. 现代教学媒体(如电影、电视、多媒体计算机及网络)不仅能传送语音、文字和静止图像,还能传送活动图像,能准确、直观、完整地传送事物运动状态、特征与规律的信息,有助于提高教育质量和效率。

3. 现代教学媒体(如录音、录像、计算机等)能记录、储存、再现各种教学信息,计算机还具有信息加工处理以及与学习者相互作用的能力,将多媒体计算机与多种现代媒体集成组合在一起,还能虚拟仿真出多种实验,模拟宏观、微观物体的各种运动变化过程,从而为个别化学习、继续教育以及创建新型教学模式提供物质条件,促进教育的改革与发展。

二、多媒体课件的制作

多媒体是指多种信息载体的表现形式和传递方式。计算机不仅能处理文字、数值信息,还能处理声音、图形和影像等信息。多媒体信息就包括了文本、图像、图形、声音和动画等。由于多媒体具有图、文、声、像并茂的特点,非常符合地理学科教学内容空间性强的特点,有助于学生建立空间概念。所以多媒体能提供理想的地理教学环境,对于教学模式、内容、手段、方法的变革以及学习方式的改变都有着积极的作用。多媒体地理课件是保障多媒体辅助教学顺利进行的条件。

多媒体课件制作过程包括选题、教学内容设计、系统结构设计、素材准备、脚本设计、课件制作、修改与测试等阶段。

选题就是明确具体的教学目标和教学要求,教学内容设计即选择适用于多媒体的教学内容,系统结构设计是确定在计算机上采用何种媒体表现形式将内容表现出来(在教学媒体的选择方法中具体阐述),课件制作即选用合适的软件进行制作,修改与测试是对设计完成的课件进行调试。这里重点阐述素材准备和脚本设计。

1. 素材准备

设计时要根据不同的对象组织材料,重新组织多媒体素材的内容、结构以及各种关系。越是基本的教学资源素材,附加的边界约束条件越少,其重组的可能性就越大。如一幅中国轮廓图,可以添加各省轮廓,变为中国政区图,中国政区图中又可以添加山脉,变成我国山脉分布图,山脉分布图中又可以添加各类地形名称,演变为中国地形分布图。

多媒体课件的素材包括文字、声音、图像(包括地图)、视频、动画等。这些素材要通过各种途径来获取。如可以从素材光盘或专业的音效光盘中获取背景音乐和效果音乐。从数字光盘,如《地球无限》DVD中获取视频资料。

2. 脚本设计

脚本也叫稿本、剧本,是教学人员为程序设计人员提供的设计要求,是教学设计、系统设计目标实现的基础,能够完整体现教学设计和系统设计的具体思想和内容。

🔍 案例节录

"大陆漂移学说"多媒体课件教学设计脚本

在设计"大陆漂移学说"多媒体课件时,需要如表7-2所示的脚本。

表7-2 "大陆漂移学说"多媒体课件教学设计脚本

序号	内　　容	媒体类型	呈现方式
(1)	大陆漂移学说的主要内容	文本	呈现文本 解说声音
(2)	联合古陆示意图文字:大陆漂移学说认为,二、三亿年前,地球上只有一整块联合古陆,它的周围是一片广阔的海洋	图像 文本	图像 呈现文本 解说声音
(3)	地球自转动画	动画	显示动画 文本+声音
(3)	文字:后来在地球自转所产生的离心力	文本	
(4)	天体引潮力示意图	动画	显示动画 文本+声音
(4)	文字:和天体引潮力的作用下	文本	
(5)	大陆漂移动画	动画	显示动画+ 文本①+声音 显示动画+ 文本②+声音
(5)	文字:①这块联合古陆开始分离,由较轻的硅铝层组成的陆块 ②像冰块浮在水面上一样,在较重的硅镁层上漂移	文本	
(6)	现在的海陆分布图	图像	图像+声音 文本
(6)	文字:逐渐形成了现在的海陆分布	文本	

(摘自段玉山编《信息技术辅助地理教学》,高等教育出版社2003年版)

地理多媒体课件设计可以应用多种软件,目前较为常用的有 PowerPoint、Flash 等,多媒体网络课件也正逐步走入课堂。

三、教学媒体的选择

1. 利用多媒体教学课件进行教学时存在的问题

地理教师自己开发多媒体课件在时间、技术上有难度,而有些从各种途径获得的可以共享的多媒体课件并不符合课堂的实际情况。

如果多媒体地理课件带有大量的声、光、色等多媒体信息,如果整节课都用课件贯穿教学过程始终,则会显得教学手段单一,容易使学生产生视觉疲劳和心理疲劳,抑制大脑对信息的接受和处理。例如,一位地理教师利用 PowerPoint 课件讲"德国",一节课共用了六七十张幻灯片,每张幻灯片上还有若干个自定义动画设置,所以整节课画面切换非常频繁,虽然构图精美,色彩丰富,但课件没有突出重点,反而使学生的注意力无法集中在主要内容上,导致未能达成教学目标。

多媒体课件不可能把教学过程中出现的一些"意外"事件也纳入流程,这就排斥和限制了师生"教"与"学"、生生"学"与"学"的交流过程,降低了课堂教学的丰富性、生动性,使课程的"生成性"特点受到抑制。

由此可见,是运用现代教学媒体还是运用传统教学媒体,必须依据具体情况来确定。

2. 地理多媒体教学的选择方法

教师应该根据实际情况综合运用多种教学手段,寻找各种新颖的方法调动和激励学生的学习积极性,从而达到最佳教学效果。运用多媒体课件时,要根据教学目标和教学内容,依据多媒体的"动态性"特征,合理适时地选择和应用教学课件来表达各种教学信息。

矩阵选择法是一种将各种媒体与教学目标或教学类型用二维形式排列,从中找出在特定教学要求下媒体的最佳效果的媒体选择方法(见表7-3)。

表7-3 地理教学媒体的专业教学特性比较

学习类别 教学媒体	地理景观	地理分布	地理概念原理	地理过程	地理技能	情感态度
静止图像	M	H	M	M	L	L
动 画	M	H	H	H	M	M

学习类别 教学媒体	地理景观	地理分布	地理概念原理	地理过程	地理技能	情感态度
电　视	M	M	H	M	L/M	M
三维物体	L/M	H	L	L	L	L
录　音	M	L	L	M	L	M
演　示	L	M	L	H	M	M
印刷教材	M	L	L	L	L	M
口头表达	M	L	M	M	L	M

H:高效能、M:中效能、L:低效能

拓展链接

多媒体课件开发应注意的事项:

1. 突出教学重点

突出教学重点是多媒体课件开发的基本前提,不能只注重于图、文、声、像等信息的有机结合。

2. 良好的交互环境

良好的交互环境可引发学生的学习兴趣,交互环境包括整个人机界面所用的颜色、文字大小、动画、背景音乐等信息单元。所有这些信息单元都将直接为人体的感官所感知,学生很难在感觉很差的环境中产生学习兴趣。因此,构建良好的交互环境非常必要。

3. 一致性原则

在多媒体课件中应采用相同或相似的用语、提示、组织形式和顺序,这样可以避免分散学生注意力和浪费学习时间。

4. 相关性原则

在多媒体课件的开发过程中,教师要注意将与所涉及内容有关的一些知识同时传授给学生,使学生能够较轻松地获取一些与此有关的知识,达到事半功倍的效果。

5. 辅助教学

多媒体课件的出现并不是取代教师的地位,它只是推出了一种新的辅助教学手段,使学生能够在一种比较轻松愉悦的环境下进行有效的学习。多媒体课件只能用于辅助教师的教及学生的学。

第3节 地理专用教室的使用

地理专用教室是指为地理学科教学与实践活动专门建设的配备了与地理学科教学与实践活动相匹配的教学设备等硬件设施的教室。

拓展链接

在中国地理基础教育领域,地理专用教室的建设可以追溯到20世纪80年代,为了满足作为高考必考科目的地理的教学电教化的需要,一批以投影、教具加挂图等为特色的地理专用教室纷纷建成。90年代以来,以计算机技术和网络技术为核心的现代教育技术已在课堂教学中得到广泛使用,一些中学建成了多媒体地理专用教室。这种地理专用教室以多媒体技术为支撑,能够通过大屏幕和主控电脑进行演示型教学,但仍然不能满足网络时代对地理教学的要求。目前,多媒体网络化地理专用教室已在建设过程中。

(摘自陈澄主编《新编地理教学论》,华东师范大学出版社2007年版,有改编)

一、地理专用教室的作用

地理专用教室可以最大限度地利用教学资源,避免重复建设。地理专用教室提供了良好的地理学习氛围,为学生们搭建了隐性课程学习的平台,营造了一个学习地理科学知识的良好氛围。地理专用教室也为地理教师提供了完善的备课条件和场所。地理专用教室在地理教育中的作用大致有以下三方面。

1. 进行地理教育的中心

在地理教学过程中必须借助标本、模型、图片、地图等许多直观手段,以帮助学生建立地理观念,形成地理概念,掌握地理事象分布和演变的规律。在地理专用教室里,各班学生按固定的座位轮流上课。教师可以根据教学的需要,课前在学生课桌上安放小型地球仪、矿物岩石标本等,供上课时使用,也可以组织学生分组观察和操作气压表、罗盘、地球仪等仪器。这些工作在普通教室里短时间内是难以办到的。

2. 应用现代地理教育技术的中心

在地理专用教室里,不仅可以放映幻灯、教学电视录像、电影及电化声光活动教具,还可以利用网络来学习。因此,地理专用教室为现代地理教育技术的应用创造了条件。

3. 地理课外教育的中心

地理专用教室可以成为地理课外活动的固定场所。各种地理课外活动小组可以充分利用地理专用教室的资源,开展气象观测等各类活动。

二、地理专用教室的设施及功能分区

1. 地理专用教室的设施

地理专用教室的设施建设宜因地制宜,并没有统一标准。传统的地理专用教室一般包括黑板、绘图桌、地球仪、经纬仪、各种地理教学挂图、等高线等地形模型、岩石矿物标本等陈列柜;多媒体地理专用教室一般有气象观测仪器、小型天文望远镜、天文观测仪器、手持式 GPS 定位仪、录音机、录像机、电视、计算机、投影机、屏幕,还有各种录音带、CD、VCD、DVD 碟片等;网络地理专用教室还包括投影屏幕、连通互联网的计算机、扫描仪、打印机及各种教学软件等。

2. 地理专用教室的功能分区

按照功能,地理专用教室一般分如下几个区:

图 7 - 10 某中学地理教室一角

一是教师准备区,可以兼教师办公室和存贮仪器、教具的功能。包括办公桌计算机、资料柜等。

二是讲台操作区,它是演示教具用的桌面,也是储存图表、粉笔、黑板擦、图钉、教鞭等教学常用物品的柜子,也是进行幻灯、电视、计算机教学的控制台。要将有关开关固定在讲台的适当位置。

三是学习区,由于学生桌除了放课本、地图册、笔记本外,还要在上面绘填图作业。有时还要放置地球仪、地理标本等,有计算机设备的还要放专用录音机和带话筒的耳机。故桌面不宜太小。

四是陈列区,展示各种模型、仪器、书刊等。

三、地理专用教室的使用

使用地理专用教室时,首先,要学会应用各种教学设备,了解各种设备的功能和使用操作方法,不能简单视为普通多媒体教室,而应充分发挥其作用。

其次,地理教师要掌握多种常用的制作地理课件的教学软件的使用方法,如Flash、Photoshop、Frontpage 等等。

再者,要善于利用地理专用教室组织教学。由于有比较充分的教学资源,在地理专用教室内可以组织丰富多样的教学活动,例如学生讨论、知识竞赛、研究性学习等。

案例节录

利用地理专用教室开发教具

受普通教室教学条件的限制,大多数地理课堂几乎很难在等高线的学习中为学生提供方便的动手机会,这无疑不利于培养学生的地理实践能力。利用地理专用教室的有利条件,可开发出系列教具。

这个教具系列主要包括:等高线地形图模型、橡皮泥、活动沙盘等。活动沙盘完全不同于传统意义上仅供展示的沙盘,是给学生提供的可用沙土任意堆塑各种地形的沙盘。

这样可以把等高线地形图的学习过程设计为以下两种小组学习方式:

(1) 学习工具:等高线地形图、活动沙盘等

学习过程:

☆ 阅读等高线地形图;

☆ 按自己的理解,用沙堆塑地形;

☆ 小组内同学边讨论、边修改，直至最后完成；

☆ 还可以在等高线图上标出埋有"地雷"的位置。在堆塑时埋下"地雷"，各组完成堆塑之后，小组之间进行"识图挖雷"的游戏。

（2）学习工具：等高线地形图、橡皮泥、等高线图的地形模型等

☆ 阅读等高线地形图（读一读）；

图7-11　活动沙盘

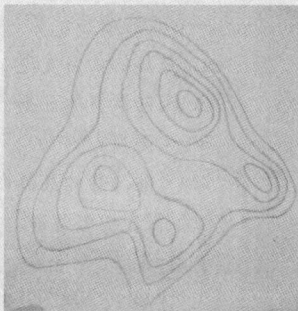

图7-12　等高线地形图

☆ 按自己理解，用橡皮泥捏塑地形（捏一捏）；

☆ 参看此等高线地形图的地形模型后，修改（改一改）。

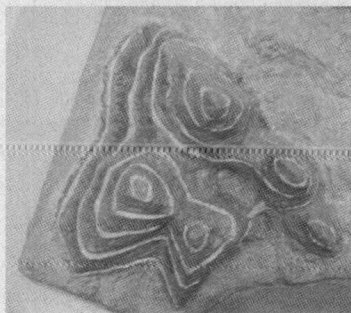

图7-13　等高线地形图模型

图7-14　学生制作等高线地图模型

以上两种学习过程的共同点是在动手实践中进行，改变了学生地理学习的"过程和方法"。学生对动手操作的学习兴趣极高，与"师讲生听"讲授式相比，学习的效果不言而喻。

（摘自《新课程正在呼唤——把地理专用教室开发为现代化教学载体》，中国多媒体教学学报，http://zhenghe.cnki.net）

技 能 训 练

1. 图 7-15 是某教师设计的"板块运动"部分的板书,请你帮他修改一下,并说明理由。

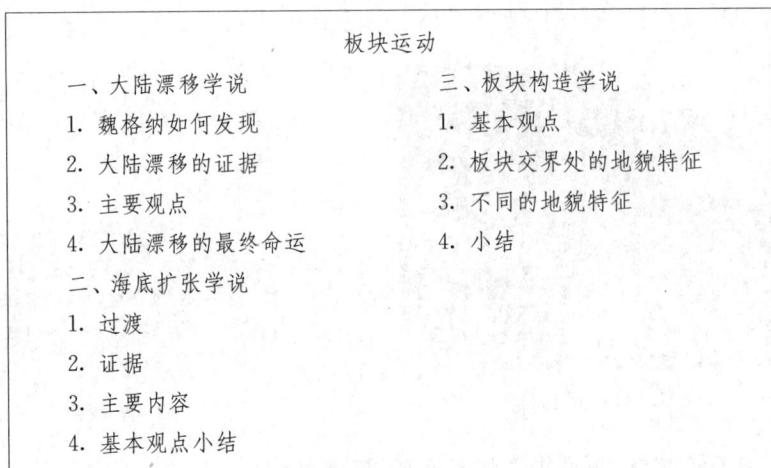

```
                        板块运动

一、大陆漂移学说              三、板块构造学说

1. 魏格纳如何发现            1. 基本观点

2. 大陆漂移的证据            2. 板块交界处的地貌特征

3. 主要观点                 3. 不同的地貌特征

4. 大陆漂移的最终命运        4. 小结

二、海底扩张学说

1. 过渡

2. 证据

3. 主要内容

4. 基本观点小结
```

图 7-15 "板块运动"板书

2. 请你为某一课时设计传统板书和多媒体板书,比较二者各有何利弊。

3. 如果你所在学校目前已经有地理专用教室,请设计一段适合在地理专用教室中开展的 20 分钟的地理课堂活动,请在活动方案中呈现活动实施的具体步骤,要求体现专用教室的特点。

第8章 地理课堂教学变化技能

"文似看山不喜平"。

课堂教学如写文章,如果从头至尾平平淡淡、毫无变化,哪怕教师安排了极其生动有趣的内容,也会让学生感到单调枯燥、索然无味。

但是同样的教学内容,如果教师精心设计,奇妙变换信息传递方式,积极创设教学情境,充分运用各种教学手段调动学生积极性,并且把自身的情感动作也融入教学角色,就可以把一节课上得如同山峦起伏、波澜浩荡。

那么个中奥妙何在?答案即是"变化"二字。

第1节 教学变化的常用方法

教学中的变化是通过各种教学方式间的变换对学生实施不同的刺激而实现的。教学变化技能,简言之,就是教师在教学过程中依据实际情况,恰当地变换信息传递渠道、师生间相互作用的方式、教学媒体和教学环境气氛等要素及其组合,对学生实施不断变化的刺激方式,从而减轻学生疲劳,引起学生的注意和兴趣,促进学生学习,以提高教学效率的一种教学行为。

教学变化技能历来为中外教育家们所重视,中国古代许多教育家都十分强调利用多种方式间的变换有效传递教学信息,当代教师队伍中的许多优秀教师在教学中也都是运用变化技能的行家里手。在国外,美国斯坦福大学将"变换各种刺激"的技能列在教学技能的第一位。

　　美国斯坦福大学根据经验和对教师行为的分析,将教学技能分为如下14种:(1)变化刺激;(2)导入;(3)总结;(4)非语言性启发;(5)强调学生参与;(6)频繁提问;(7)探索性提问;(8)高水平提问;(9)分散性提问;(10)确认;(11)例证和实例;(12)运用教材;(13)有计划地重复;(14)交流的完整性。

一、教师体态的变化

　　教师的体态也是一种语言,指教师通过目光、表情、动作、手势、身体位置等承载的教学信息和由内到外散出的意志与情感。在教学中体态语言运用得好,不仅可以有效地吸引学生的注意力,增进师生之间的感情交流,还可以充分、准确、明了地表达教师的意图,补充有声语言的未尽之意。体态语言经常被赋予很强的教育意义,若教师精神饱满、充满自信地步入教室,会使学生也感到亲切振奋,增强学习信心。反之,若教师整堂课冷峻严厉或无精打采,会使学生产生压抑枯燥的感觉。因为教态变化不需要其他工具即可实现,所以是最常用、最便捷的一种教学变化技能。

1. 身体动作变化

　　走动是教师传递信息的一种方式,如果教师整节课以一种姿势站着几乎不动,课堂就会显得单调沉闷。相反,教师适时地走动,就会使课堂变得富有生气,能激发学生的兴趣,调动其积极情绪。

　　教师在课堂上走动的要求是:一要控制走动的次数和走动的速度,不能整节课不停地走,不能身体突然地运动或停止,而应缓慢、轻轻地走动。二要选择走动的时间,当学生小组讨论时,可以从讲台上走下来到学生中间,缩小师生间的空间距离,会给学生带来心理上的接近;当学生在做练习或答试卷时,不要太走近学生,学生并不喜欢教师在他们中间走来走去,更不喜欢老师在自己的身后或身边停下来,因为这时学生注意力处于高度集中状态,教师的走动会分散其注意力,一旦在其身边停下来,又会造成他们情绪紧张,打乱其正常思维过程;当教师要了解课堂情况时,宜在讲台周围走动。

　　此外,教师头部和手部的动作均能表达一定的思想或辅助语言的表达。教学中有时要借助手势来说明,头部的动作对于表达思想或态度也起着重要的作用。例如,不善于发言或学习较差的学生回答问题时,教师恰到好处地点点头,能有效地鼓励学生继续回答问题；如果教师点头之后又突然停住并伴随皱眉等表情，学生又会得到教师传来的"可能有问题"的信息，从而认真思考后再回答。假使在学生回答或提出问题时，教师慢慢抬起眉毛并轻轻点头，表示注意在听，而且正在对其回答进行思索，会使学生更愿意说明自己的意见和见解。

2. 面部表情变化

感情是打开学生智力通道闸门的钥匙，这一点已被现代心理学的研究所证明。课堂上师生之间的情感交流是形成和谐教学气氛的主要因素。要做到课堂上师生之间成功的情感交流，教师要善于运用自己的面部表情传递信息、表达情感，并使表情的变化适应课堂变化的需要。课堂教学内容丰富多彩，教师的表情要随着教学内容的变化而变化。带有感情色彩渲染的讲解，会使课堂生动感人，充满吸引力。

在课堂上，教师表情的变化要自然适度，不要做作、过分夸张。教师应当把微笑作为面部表情的基本形态。教师的微笑会给学生一种和蔼可亲、热情开朗的印象，也往往是对学生的一种鼓舞，能使学生保持良好的心态，欣然接受老师的要求和教育。当然，随着教学进程的需要和课堂情景的变化，面部表情也要作相应的变化。

3. 眼神变化

眼睛是心灵的窗户，是人与人沟通中最清楚、最正确的语言。因此，地理教师在课堂上应充分利用眼神的变化增加与学生感情上的交流。教师眼神变化时要亲切自然，使学生感受到老师对自己的爱护和尊重。

人与人进行谈话时，若要与对方建立良好的默契，应有 $60\%\sim70\%$ 的时间注视对方，这会使得对方喜欢听你的谈话，这一点对教师来说显得非常重要。如果教师讲话时不面对全班学生，没有较长时间的眼神交流，学生就不会喜欢听讲。教师要始终把全体学生包揽在自己的视野中，使每个学生都感到老师在注意自己，以提高他们的听课效果。此外，视角变化速度不易过快，以免学生觉得老师心不在焉。

🔔 **疑问解答**

问：教师眼光注视学生身体部位有哪些具体讲究吗？

答：教师目光注视在学生身体上的位置也很重要。对那些听课不认真、交头接耳或做小动作的学生，可以注视其双眼与额头中间的三角区，造成一种严肃的气氛，使其感觉到一种警示与提醒。对那些注意力集中、思维活跃、回答问题积极踊跃的学生，可以注视其双眼与下颌稍下部位的三角区，表达一种赞许和鼓励。

例如,有教师在讲授"我国四大工业基地"这一知识时,利用多媒体进行位置的演示和具体的讲解,同时,用目光调控和管理学生,关注学生是否在注意听讲和观察地图。在总结回忆每个工业基地的特点时,教师一边微笑,一边用目光扫视全班,这些目光和面部表情的变化,表达了教师对学生的积极态度,从而消除学生的紧张情绪,起到鼓励学生积极思考的作用。在教师的帮助下学生共同回答之后,教师微笑点头,用手势做出赞许的姿态,这样的身体动作肯定了学生的回答,给学生以精神上的鼓舞,也加强了学生对这一知识点的印象。

二、教师语言的变化

教师的课堂教学语言是传递教学信息的基本方式,一般由以下要素构成:语音、音量、语调、语速和词汇。语言的节奏变化指教师讲课时语音、语调、语速、停顿的变化。讲话时语音要清晰流畅,语调要抑扬顿挫,语速要快慢适度,停顿也要长短相宜,这样才能使学生在教学中把握最重要的东西。

拓展链接

　　教学语言是教学信息的载体,是教师完成教学任务的主要工具。苏联教育家苏霍姆林斯基说:"教师的语言修养在极大的程度上决定着学生在课堂上的智力劳动效率。"所以说,教师的教学语言技能是提高教育、教学质量的基本教学技能。

1. 语音语调的变化

一种平缓单调的声音,会使课堂变得死气沉沉。语调过低不利于刺激学生的听觉,更难以刺激学生神经系统的兴奋,大脑容易处于一种抑制状态,甚至会打起瞌睡来。反之,语调过高,虽然会使神经快速兴奋起来,但长时间的兴奋过度则会使大脑产生疲劳感。因此教师要通过声音的变化,使讲解富有戏剧性,并突出教学重点、难点。

教学中声音的变化具有暗示的作用,使那些不听讲或影响其他学生听讲的学生安静下来。声音的变化可以是由低到高,也可以是由高到低,一个训练有素的教师能自觉地运用这一方法。比如,一个经验丰富的教师在讲了一段有趣的内容之后,引起了学生的较大笑声和议论声,然后他把声音变弱,形成安静低沉的声调时,学生便会更加专心地去听。而一个没有经验、缺乏训练的教师在课堂变得喧闹嘈杂时,却往往不会使用这一方法,而是一味简单地去增加刺激的显著变化,不停地大声喊叫"别讲话了!"这种方法虽然可能暂时有效,但损害了教师在学生心目中的威信。在讲解或叙述中适当加大音量、放慢速度,再配合体态语言可以起到强化重点的作用。例如,教授"青藏地区自然环境的主要特征是高寒"这一内容,在讲解中加大"高"、"寒"两个字的音量并放慢速度,效果很好,在一次检测中发现学生对青藏地区自然环境的主要特征一题得分率很高。

2. 语速的变化

讲话速度的变化也是引起学生注意的一个重要因素。讲话速度过快,学生没有思考的余地,在脑海中不能形成深刻的印象;讲话速度过慢,造成松垮疲沓的气氛,使神经兴奋不起来,尤其是对青少年更不适宜。当教师从一种讲话速度变到另一种讲话速度时,即使有人已经分散了注意,也会重新将注意转移你所讲的话题上来。

一般来说,说话速度要根据讲课内容和学生情况而定。对重点、难点要缓慢地讲,让学生有回味咀嚼消化的过程;对一般内容要速度适中、简明扼要地讲,使学生了解概要。如果一律用同样的速度平铺直叙,就会显得机械呆板,使学生一片茫然,不得要领。例如,为了让学生理解青藏高原难以受到冬季风影响的原因,可以这样指图讲解:"青藏高原——世界最高大的高原,冬季风从蒙古、西伯利亚千里迢迢南下,当冲破重重关山,赶到山脚下时,已经筋疲力尽了。抬头一看,真是不看不知道,一看吓一跳。哇! 4 000多米,能爬上去吗? 只好打退堂鼓,在山脚下徘徊。"开头第一句话,是对青藏高原特征的强调,语速应该放慢变缓,后面拟人化的解说,应该语速稍有加快,语调起伏,表现出俏皮生动、富有感情的氛围。

3. 适宜的停顿

停顿也是一种语言,能给学生思考回忆的时间,也是引起注意的一种有效方法。在讲述重要事实之前作一个短暂的停顿,能够有效地引起学生的注意;在句子中间突然插入停顿,也会起到同样的作用。课堂上3秒钟的停顿就足以引起注意,20秒钟的沉默则成了一种折磨,更长时间的沉默简直会使人难以忍受。

新教师往往会害怕停顿和沉默,每当出现这种情形时,他们就赶紧用附加的问题或陈述填补进去。而一个有经验的教师在很多场合会运用停顿,如提问后与回答后用停顿;在对一个概念分析、综合之后,或对一个问题演绎、推理之后,适当停顿,以使学生回味、咀嚼和消化。一节课中恰当地进行停顿会使人感到有节奏感,不停顿地讲述40或45分钟,不给学生留下思考的余地是不可取的。

4. 用词的变化

教学语言应以口语为基础,经过提炼加工形成通俗易懂、明白流畅的课堂语言。地理教师的语言表达形式多种多样,有课堂口语,即口头表达;有书面语言,如板书、批阅作业的批语等。在这两者之中,课堂口语是课堂教学中语言表达的主要形式。教师的教学语言技能水平是影响学生学习的重要因素,在引导学生学习、启发学生思维、实现教学目标等方面具有重要作用。把地理现象、地理规律和原理以富于情趣和感染力的语言表达出来,避免居高临下地说教,关键是用词要富于变化。例如,讲到黄河"地上河"时,故意用变化了的谚语"水往'高'处流,人往'低'处走",起到使人耳目一新的效果。

疑问解答

问:地理教师教学语言的运用应如何与学生的观察、思考等密切结合,以达到课堂变化的良好效果呢?

答:地理教师无论是在课堂上、课外活动中,还是在思想教育工作中,都应该用最完美的语言去启迪、影响、感染学生的心灵世界,用最完美的语言去开拓学生的视野,这是对教师语言总的要求。另一方面,学生每时每刻都在密切地注视着教师的一举一动、一言一行,因此,作为教师,应使自己的语言尽善尽美,以有利于学生的身心健康和智力发展。由于教师职业的这些特点决定了其语言具有教育性、学科性、科学性、简明性、启发性和可接受性的基本特征。

教师的语言要跟学生的思维联系起来,跟学生的接受水平相一致。因此,这要求教师不要一字不差地背诵讲义,而要在充分准备的基础上,一边按计划讲解,一边注意观察学生的反应,从学生的表情上"洞察一切"。发现学生难以理解的问题,应能随时选配学生易懂的词句,或更改叙述的结构进行再一次说明,直到学生理解为止。

三、课堂教学节奏的变化

讲课有节奏感是一种讲授艺术,也是有经验的教师讲课成功的要素。讲课节奏主要包括内容节奏和时间节奏两个方面。

1. 内容的节奏变化

内容节奏指的是教师授课要讲究内容布局,从上课的开始到中间再到结尾,对课堂教学的组织要做到疏密得当、简繁分明、富于变化。具体来说,必须注意以下三点:

第一,导课要醒目、利索,把学生一下子带进设定的场景,引起他们的兴趣和注意。具体应该是:课堂伊始,要先察看一下班级状况,如果感觉学生精神都很集中,用热切的目光等待着上课，那么可以迅速进入教学过程。例如，在讲初中的国家地理"巴西"时，上课铃声一响，就播放巴西国歌，同时画面出现巴西的国旗、国花、国鸟等图片，同时观察学生反应。如果学生表现过于平静，可以稍微激发一下学生的情绪，再进入课堂教学；如果学生表现兴奋，可以适当压制一下其激昂的情绪，使之以相对平稳的心态进入各教学环节。

第二，课堂中间要善于变化，论、叙得当，有节奏地进行有意注意和无意注意的相互转换。教师设计的教学方式要在动静交替中有节奏地进行，比如把教师讲解和学生静听、教师演示和学生观察、学生讨论和教师总结、学生自学和教师点拨等有机地搭配起来。还是以"巴西"一课为例，在讲过巴西的地理位置、邻国邻海等有意注意且非常重要的内容之后，穿插一些巴西球队的球员照片，各种照片中球员们不同的肤色很容易引起学生的无意注意，然后教师就可以顺利地由肤色问题，把学生的思路引入到"人种大熔炉"的内容，使学生在紧张的地图位置识记之后，既得到了身心的短暂放松，又轻松地掌握了有关人种的这一内容。总之，教学整个过程就像孔雀开屏一样，要向学生展示本节课中最精彩的部分，所以教师要花费大量心思，浓墨重彩地予以表现。

第三，结课也要根据整节课的氛围，在变化中寓以丰富的意味，给学生留下想象和思考的空间。如果整节课学生气氛较为沉闷，要在结尾抓住最后一个机会，以活泼幽默的形式，或引出一个与内容有关的话题让学生讨论，或提出一个富有启发性的开放式问题让学生思考。如果整节课上学生都处于精神的高度兴奋状态，那么在结课时，给出一个富有逻辑性的、全面系统的总结，会对学生掌握教学内容起到更好的作用。再以"巴西"一课为例，全部教学内容讲完之后，教师发现整堂课上学生表现都很积极活跃，很好地体现了教学灵活多样的每一步设计，那么到了结尾，教师给出了"巴西"的地理位置、地形地貌、人口文化、经济产业、主要城市等提示要点，让学生边回忆边回答，收到了很好的教学效果。总之，"编筐编篓，全在收口"，课堂教学收尾的灵活变化，就如神来一笔，达到首尾呼应、画龙点睛的神奇效果。在学生方面来看，他们感到"言已尽而意无穷"，就可能在课后反复咀嚼回味，渴望着下次地理课的到来。

2. 时间的节奏变化

课堂上时间的节奏变化是指一节课的时间结构可按课程的进行顺序进行科学的分配，做到有紧有松，帮助学生解除疲劳，以达到良好的教学效果。在一节课的45分钟（或40分钟）里，学生的脑力不可能保持在一种状态，有振奋愉悦，也有疲倦松懈，教师要科学地分配时间。马卡连柯说："教育需要的不是很多时间，而是如何合理利用很少的时间。"

新教师往往不能把握好时间节奏,容易出现虎头蛇尾、草率收场的局面。为避免这一点,教师上课前,必须熟悉自己的讲稿,对每个问题大致占多少时间做到心中有数。讲课时,如果一个问题超出了预定时间,在讲下一个问题时,就应当设法调整节奏,加以弥补。当然这种调整不能削弱基本内容。

🖋 拓展链接

心理学研究证明,学生上课注意力的强弱程度呈现倒三角形的规律,即30分钟左右为传授主要教学内容时间,15分钟为组织学生练习或复习巩固时间,其大致是:

导入阶段激发兴趣:约3~5分钟;

学生感知尝试学习阶段:约8~10分钟;

师生合作授课阶段:约18~20分钟;

总结巩固反馈阶段:约3~5分钟;

学习迁移练习阶段:约3~5分钟。

四、信息传递渠道和教学方法的变化

1. 信息传递渠道的变化

人对客观事物的感知是通过五种感官来完成的,各种与人类感官相对应的传输通道,其传输效率并不相同,任何单一的感官都不可能完成对客观事物的全面认识。生理学研究发现,人的视觉、听觉如果长久地集中在一个固定的信息源上,就容易引起疲劳。长时间使用某一种媒体而不改变信息传递渠道,会引起信息耗散的增加。教学中经常变换媒体的使用,尽可能采用多种教学手段和教学方法,如听录音、看录像和幻灯、做演示实验、用鼻闻、用口尝,不断变化信息传递的渠道,改变对学生的刺激方式,既能加长学生保持注意的时间,又减轻了学生的大脑疲劳。

🖋 拓展链接

心理学研究表明,人类五种感觉器官接受信息的效率是不同的,各自的百分比如表8-1所示。

表8-1 人体感觉器官的效率

感 官	视 觉	听 觉	嗅 觉	触 觉	味 觉
效 率	83.0%	11.0%	3.5%	1.5%	1.0%

教师在选择媒体时要根据各种媒体和教学任务的特点,以及学生学习的具体情况作适当变换。各种媒体既有各自的特点和功能,又有其局限性,在地理教学过程中,教师适时适度地变换教学媒体,将多种媒体优化组合,取长补短,相互补充,综合利用,就可以刺激学生的多种感官,吸引其注意,使其始终保持一种新鲜感,有助于提高教学的质量和效率。例如,在讲授"环境问题与环境保护"的内容时,既要让学生了解环境破坏的严重程度,又要促使学生建立保护环境的意识,可以让学生观察一些环境破坏的图片,观看电影记录片《难以忽视的真相》并倾听相关音乐。此次教学活动若恰当地利用语言、图片、音乐、电影等媒体,可以达到生动、形象的教学效果。

不过,有一点必须注意,教学媒体的变化必须适度合理,要依据不同的教学任务、教学内容及学生的需要和水平进行选择。不恰当地使用过多媒体,往往会分散学生注意力,使学生无法得到系统的知识。

2. 教学方法的变化

变化运用教学方法,能够把各种类型的感官知觉和思维活动同时组织到学习过程中,这有利于增强学生感知和理解的效果。教学方法的变化运用,有利于让智力特点不同的学生都能产生学习兴趣,并发展学生的多元智能。例如,在教学"中国地形分布"这一课题时,有教师这样选择运用教学方法:用歌曲《大中国》导入,引出青藏高原、喜马拉雅山等地名;让学生动手画山脉网格,增强其对山脉位置的感性认识,加深记忆;然后看分层设色地形图,以复习各种地形的表示方法;用小组竞赛的形式,让学生在空白的中国山脉分布图上填出山脉名字;进而出示景观图片,读图说图,分析青藏高原,培养学生分析地理景观现象的能力;接着讨论比较盆地和平原两种地形的差异,锻炼学生的抽象与逻辑思维能力;最后设置开放性的问题:"你认为,中国的四大盆地各有什么地域优势条件,可以从哪几个方面入手提升经济竞争力?"以培养学生的发散性思维。

🔔 疑问解答

问:教学方法变化如何促进学生的多元智能发展?

答:多元智能理论是美国著名发展心理学家、哈佛大学教授霍华德·加德纳博士在 20 世纪 80 年代提出的。他认为,人类的智能是多元化而非单一的,主要由语言智能、数学逻辑智能、空间智能、身体运动智能、音乐智能、人际智能、自我认知智能、自然认知智能等八项组成,每个人都拥有不同的智能优势组合。

这一理论告诉我们,每个学生都不同程度地拥有相对独立的八种智力,由于每种智力有其独特的认知发展过程和特点,因此,在地理教学中,根据教学对象和教学内容灵活多样地变换教学方法,就可以通过各种教学方法的不同优势特点去培养学生的各种智能,如观察直观地理图像可以促进学生的空间智能发展,地理言语讲授方法则可以培养学生的语言智能。

地理教学方法的运用是由教学目的和教学内容所决定的,一节地理课常包含多项教学目的和多种教学内容,而各种教学方法本身是有局限性的,因此,一堂地理课的教学,常常需要各种教学方法的变化使用,才能收到良好的教学效果。地理教师在实施教学方法变化时,应根据地理教学的目的任务、学生的年龄特征和班级特点以及地理教师自身的条件合理组合多种教学方法。

 案例节录

"青藏高原地区"一节教学方法变化

1. 情境引入——演示法

播放歌曲《青藏高原》,课件流动放映有关青藏高原的图片。

······

2. 学生按课题分组——合作探究式法

将全体学生分成四组,每组确定一个主题进行小组合作学习。教师布置学习要求,巡视并加入小组讨论,之后各小组汇报学习成果。

······

3. 各小组汇报学习成果——讨论法

······

4. 屏幕出示改错题——练习法

······

(摘自《地理学科课堂教学设计和实施案例》,上海教育出版社2005年版,略有删改)

当然,提倡教学方法的多样化,并不是要求尽可能多地采用多种方法。如果在一节课内不恰当地使用多种教学方法,会使学生眼花缭乱,反而分散了学生的注意力,破坏了学生的逻辑思维。

总而言之,教学是一门科学,又是一门艺术,地理教师要把握好变化技能的要领,因情而变,因势而化,针对课堂具体情况对教学姿态、教学方法、教学内容作删改、变更和补救,既要放得开又要收得拢。将变化技能运用得出神入化,把其巧妙地融入教学过程,才能使课堂跌宕起伏,充满活力。

第2节 教学变化技能运用的基本要求

教师的教学状态一般要求是情绪饱满、精神振奋、态度端庄、和蔼可亲，这样才能让学生"亲其师而信其道"。实践证明，教师的精神状态直接影响着良好教学气氛的形成，而良好教学气氛具有感染性的催人向上的力量。有经验的地理教师常常富有情趣，既轻松又紧张，既对学生严格要求，又懂得体谅尊重，这就要求有变化。地理教师运用变化技能，应遵循的基本要求主要表现为以下几方面。

一、教学变化应该目的明确

教师运用变化技能要有明确的目的性，首先是地理教学内容的目的性。在设计教学时要考虑到为完成教学任务而分几个层次，针对不同的重点和难点，采用不同的变化形式。例如，讲授重点内容时应该慢一点，应该采用多种直观手段，从各个侧面加以阐述，应该在板书上给以突出等，这些变化的目的就是引起重视，讲透重点。

其次是针对班级、学生具体情况的目的性。依据不同教学对象的认知水平、兴趣特点及学习过程中的思维活动方式和特点，来设计变化的形式。比如，同是教学地球的公转和自转，面对初中学生时，教师的教态动作、语言表述、媒体使用等方式变化，宜生动形象，创造出活泼的气氛，以抓住学生注意力，增进其理解；对高中学生讲授同样的内容时，教师的教态动作、语言表述、媒体使用等方式的变化要更加注意逻辑的严密性和语言的严谨性，同时媒体变换方式也不宜过频繁，内容选择不宜过浅。

此外，地理课堂教学中时常会出现这样的情况，一边是教师在卖命地唱"独角戏"，教学媒体频繁地变化着，教师也忙得不亦乐乎，另一边学生只是在一旁眼花缭乱地看热闹，这是变化技能运用的目的性不强导致的，使教学效果大打折扣。因此，教师一定要有目的、有针对性地运用变化技能，不能为形式而形式。

二、教学变化应该因"需"而变

课堂教学毕竟不同于表演，在运用变化技能时，一定要注意适度性，强度要恰当，方法要得当，否则就会喧宾夺主，冲淡正常内容的教学。

地理教师在教学过程中有时会用手部动作的变化来帮助学生判断一些地理事物的方向、运动形式等，比如南北半球气旋与反气旋的风向、南北半球地转偏向力的方向等，或者是用身体的姿势和眼神、头部的摆动等变化形象地表示一些行为、形态甚至情感等，这些都是教学的需要，"变"得有理。但如果已经采用录像或多媒体给学生直观地演示，教师再同时用双手、身体姿势、眼神等在一边重复变化，这就没有必要了，因为反而可能会分散学生的注意力。

有些新教师由于初涉教坛，对基本方法的掌握还没达到炉火纯青的地步，但却急功近利，盲目地使用各种变化技巧，以为变得越多越好，越频繁越好，结果往往适得其反。例如，有的教师在讲话时双手习惯了不由自主地分开抖动，内容不分重要不重要都拖长着声调重复等，这些没有任何教学意义的变化越少越好。

三、教学变化应该自然流畅

教学实践表明，教师的教学变化应该过渡自然，顺理成章，如"风行水上，自然成文"，而不应该故作姿态，虚伪造作。在地理课堂教学过程中，一些新教师害怕自身魅力不足，只知道一味地通过不断的变化来拼命刺激学生的感官，想以此引起学生的注意，但往往违背了运用变化技能的本意，既没有很好地引导学生跟着教师的思路走，也很难建立和谐平稳的教学环境，更别提达到预期的教学目标了。所以，新教师要做到把课堂变化技能运用得如鱼得水、出神入化，只能靠自己平时不断地实践，多多地练习变化技巧，从中总结出经验教训，才有可能达到"增之一分则太长，减之一分则太短"的理想境界。

🔔 **疑问解答**

问：在课堂教学过程中，地理教师如何才能使不断变化的课堂井然有序？

答：地理教师要做到课堂教学不断变化但又秩序井然，就必须有效管理课堂。根据地理课堂的组织情况，可以分为管理性组织变化、指导性组织变化和诱导性组织变化。组织变化的基本原则是以学生心理发展特点和课堂教学任务要求为依据，地理教师要搞好课堂组织，充分发挥组织技能以引起学生注意，一般来说要注意这么几个方面：

首先，教师要有严谨的治学态度、精湛的教学艺术、高度的责任感。教师的这些品质体现在备课是否充分、上课是否热情投入等方面，对学生有言传身教、潜移默化的作用。这些不仅会影响学生的学习态度，而且会影响到他们的纪律行为。

其次,教师要了解学生,尊重学生。每个学生都有自己的兴趣、爱好和个性特点。在课堂上,教师只有了解了学生,才能根据每个学生的不同特点,用不同的方法进行教学和管理。还要注意班级集体的课堂学习特点,根据班级的学习习惯有意识地组织引导。

再者,教师要掌握一定的灵活应变、因势利导的技能技巧。主要表现为机敏的应变能力,能因势利导、恰到好处地处理个别学生问题,或根据实际情况,灵活地运用多种教学形式和方法,有针对性地对学生进行组织管理。

技 能 训 练

1. 以下是一位教师教学"中国气候特点"一课的部分片段,请观察其课堂中教学内容、教学方法、教学手段、师生活动是如何变化的,并分析如此变化是否合适。

教师:前两节课我们一起学习了我国气温和降水的特点,在今天上课前,老师先请大家看一段风光短片,请同学们仔细观察,并比较片中不同地区的景观。

(屏幕播放我国东北地区隆冬雪景、江南水乡的小桥流水、海南岛的热带景观和西北内陆的沙漠景观等短片)

教师:同学们刚才看了几个短片,有什么感受?

学生:觉得我国各地的景象差别很大、丰富多彩。

教师:很好,我国各地的自然景象的确是千差万别、多姿多彩。这就是我们今天这节课要学习的内容。

板书:我国的气候特点。

教师:刚才我们看到的景象与气候有很大的关系,自然景象的多种多样,正好说明了我国气候的多样性,这是我国气候的第一个特点。

板书:1.气候复杂多样

......

2. 请你搜集某教师的教学录像片段,运用地理课堂教学变化技能的方法与要求,分析该教师在讲授中语音、语调、语速、用词等语言方面和体态方面的变化是否合适。

3. 有教师总结了如下地理课堂教学变化基本要求,你有何补充、修改意见?

适当教室走动,快慢停留得当;声调节奏变化,增强语言情感;适当运用停顿,留出思考时间;注意眼神变化,面向全体学生;媒体变换得当,改变信息通道;变换教学形式,活泼课堂教学。

第9章 | 地理课堂教学结课技能

　　一堂完美的课,犹如一首动听的交响乐,不仅要有"序曲"——引人入胜的"开讲",还应有"终曲"——淋漓酣畅的"收尾"。

　　在"我国的行政区划"课结尾处,教师为了巩固本节课所学内容,安排了"找朋友"的游戏环节:每个学生扮演一个省区,有的扮演两个(因为是 30 人的小班),开始有教师提问,由扮演某省区的学生说出"自己"的简称和行政中心,然后与这个省区相邻的省区扮演者要马上接上去,并要说清楚这两个省区的相对位置。

　　屏幕上出现空白的中国行政区划彩色地图。

　　学生1:我是上海市,我的简称是沪或申,我的行政中心名称就叫上海。

　　学生2:我是江苏省,我的简称是苏,我的行政中心在南京。我在上海市的西北面。

　　学生3:我是浙江省,我的简称是浙,我的行政中心在杭州。我在上海市的西南面……

　　在地理课堂实际教学中,许多优秀教师处理课堂结尾时都独具匠心。或回眸一瞥,或赏心悦目,或画龙点睛,或戛然而止……将系统的知识、丰富的情感完整生动地再现于学生面前。

第 1 节　结课的常用方法

　　课堂教学的尾声也叫课堂教学的结尾,简称"结课"。结课又称断课,它是教师在某项教学内容结束或课堂任务终结阶段,引导学生对知识、能力、方法、情感的再认识、再总结、再实践、再升华的一种教学行为方式。从表面上看,结课是课堂教学的终结,但从本质上看,它是课堂教学的总结、升华和延伸,是后续学习的基础和准备。

课堂结尾是完整课堂教学的有机组成部分。好的课堂教学,不仅应当有引人入胜的开头、丰满翔实的展开,还应有发人深省、余味悠长的结课。在实际地理课堂教学中,结课的形式与方法很多。下面介绍几种常见的地理课堂结课形式与方法。

一、总结整理式

结课时,教师对学生已学的知识内容,进行精心归纳、概括、说理、梳理、串连等艺术处理,用精炼、巧妙的语言,生动、有趣的形式,有重点、有目的地重现新授内容,使其条理清晰。

总结整理式可以分为语言式归纳、图表式归纳等具体形式。例如,进行"板块构造学说"结课时,教师呈现如图9-1所示的课件。

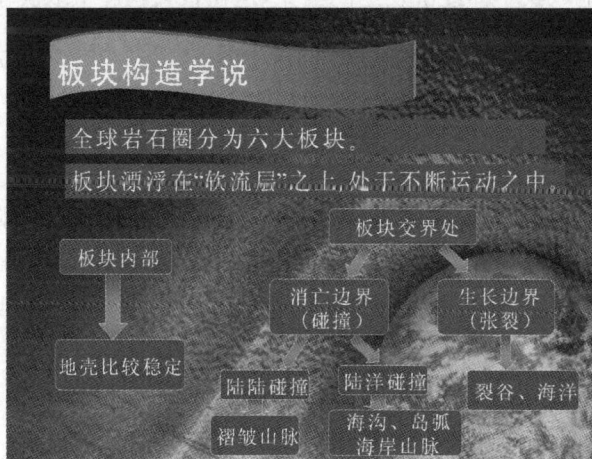

图9-1 "板块构造学说"—课结课课件

案例节录

"日本"—课顺口溜结课

日本四大岛,本州最重要;

火山地震多,海洋影响大;

人多地方小,矿产资源少;

经济发展快,原料靠进口;

铁路速度快,四岛都畅通;

农业单产高,捕鱼北海道;

文化东西兼,樱花是国花。

(摘自《地理学科课堂教学设计和实施案例》,上海教育出版社 2005 年版)

使用总结整理式结课时,应避免对教学内容的机械再现或简单重复,注意情境设计,使教学内容延伸、拓展。

二、承前启后式

承前,是指与教学的开始阶段相呼应,如导入、讲授中设置的疑问,在结课阶段得到回应。启后是指教师将本节课的内容作为下一节课的铺垫,给学生以心理上和知识上的准备。例如,有位教师讲完"新加坡"时,设计了这样的结语:"新加坡是一个资源不足、地域狭小却经济发达的国家,这在很大程度上取决于其扬长避短发展经济。与新加坡一样,世界还有一个资源小国,但经济很发达,它的钟表、军刀、旅游业、巧克力等闻名世界,成为许多旅行者、银行家、商人、政界官员、年轻人甚至小孩子向往的地方,成为许多人梦想的天堂⋯⋯这是瑞士。下一堂课,我们大家一起'去'游览瑞士"。

这样的结课方式会激发学生继续学习的兴趣,为下节课做了很好的铺垫。应当注意的是,运用该结课方式时,对下一课所学的内容应该是点到为止,切忌画蛇添足。

三、拓展延伸式

拓展延伸式结课是指在新课结束时,当学生已经很好地理解所学内容后,教师把学生学习到的知识技能与外界事物进行适当联系,为学生提供一些智趣相融、富有思考性的问题,激发学生探新觅胜的情趣,开阔学生视野,拓展学生思维,从而实现教育目的。例如,学习完"巴西"后,教师在学生理解巴西迁都重大举措的基础上,引导他们思考"我国政府有没有实施过与巴西政府相似的举措?"使学生将巴西迁都与我国政府设立重庆为直辖市这两个重大举措相联系,进行知识的拓展延伸,

地理课堂教学技能训练

贴近生活实际,加深理解巴西迁都的意义。

"板块构造学说"一课的拓展延伸式结课

教师:通过今天的学习和刚才的练习,同学们已经基本掌握了板块构造学说的基本理论观点。进一步运用这些理论观点能解释下列的问题吗(见图9-2)?课后有兴趣的同学可以继续探究……

探究: 1. 试预测太平洋、大西洋面积的变化并说明原因。

2. 假设红海巨幅张裂,试憧憬撒哈拉沙漠的前景。

3. 根据板块构造学说原理,假设出让亚马孙河倒流的条件。

图9-2 "板块构造学说"结课问题

(本案例由上海奉贤区奉贤中学朱军撰写)

四、悬 念 式

悬念式结课是教师根据教学的需要精心设计一些富有启发性的问题,暗示新的学习内容,以激发学生的好奇心、求知欲和学习热情。有经验的教师能够根据学生好奇心强、遇事爱刨根问底的心理特点,在课的结尾时常常设置悬念,布空"留白",使学生在"欲知后事如何"时戛然而止,给学生留下一个亟待探索的未知数,激发起学生对所学知识产生一种急于进一步了解的思维兴趣,使"且听下回分解"成为学习的期待。例如,有教师在讲完"大洲和大洋"时,这样结课:"学完大洲和大洋的内容后,我们已经知道地球表面由七大洲和四大洋组成的,那么地球表面的海陆轮廓是怎样形成的? 七大洲、四大洋自古以来就是这样分布的吗? 要知地球表面海陆轮廓的形成,且听下回分解。"

五、练 习 式

在课堂上习得知识后,学生只有通过有目标的练习,才能加深理解,学会运用。教师应根据教学目标确定每一节课的练习重点,指导学生通过练习,创造性地运用新知。使用练习法时要避免单调乏味,教师应该创设问题情境,让学生运用知识解决问题。

🔍 案例节录

"埃及"一课的纠错练习结课

埃及地处非洲东部,西临红海,东临地中海,是一个地跨非、亚两洲的亚洲国家。苏伊士运河全部从埃及领土上通过,沟通了大西洋和太平洋,大大缩短了从亚洲到非洲的航程,因而被马克思誉为"东方伟大的航道",对埃及经济发展具有特殊意义。

埃及气候具有炎热多雨的特点,植物茂密。世界第二长河尼罗河贯穿全境,孕育了古埃及文明。尼罗河至今仍不停地定期泛滥,肥沃了土壤,形成并发展了埃及的灌溉农业……

注:有下划线的文字即为有错的地方。

(摘自《地理学科课堂教学设计和实施案例》,上海教育出版社2005年版)

"长江"一课的填绘地图练习结课

教师:同学们,前面我们进行的是"识长江"和"析长江",大家对长江已经有了基本的了解,最后我们要"绘长江"。请同学们在发下来的长江空白图上填绘,请一位同学到讲台上来,在计算机上填绘。

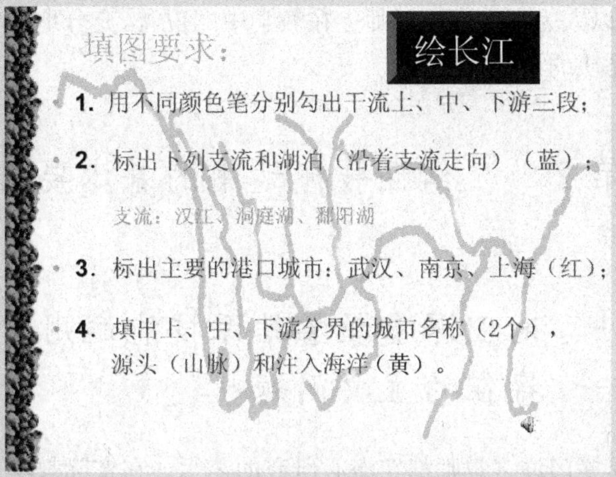

绘长江

填图要求:

1. 用不同颜色笔分别勾出干流上、中、下游三段;

2. 标出下列支流和湖泊(沿着支流走向)(蓝);

   支流:汉江、洞庭湖、鄱阳湖

3. 标出主要的港口城市:武汉、南京、上海(红);

4. 填出上、中、下游分界的城市名称(2个),
   源头(山脉)和注入海洋(黄)。

图9-3 "绘长江"要求

(本案例由上海师范大学03级王雪丽撰写)

六、激 励 式

教师在结课时如果能够充满激情,且以意味深长的话语寄厚望于学生,那么就能打动学生的心,给其留下难忘的课堂印象。因此,课堂结课时,一方面,教师要懂得保护学生学习的积极性,特别是学困生的学习积极性。教师要善于抓住学生在课堂学习中的闪光点,适时进行必要的表扬与激励;对学生出现的问题要满腔热情,正面引导,以激励学生战胜困难,攻克难关,努力学好知识。另一方面,教师要懂得用充满激情的话语,激发学生的爱国热情。

例如,在学习"多变的天气"后,教师引导学生质疑天气的话题,并让学生带着自己的疑问去进行课后探究。学生探究的话题五花八门:有的想知道台风为什么有很多名字,一会儿叫悟空,一会儿又说是第几号台风;有的想知道雨被分成等级的依据是什么;有的想探究防晒指数、洗晒指数是什么……这时,教师不失时机肯定和表扬了学生质疑探究的意识与能力，并鼓励他们认真学习地理，告诉他们学好地理就可以了解生活中很多有趣的知识，而且人也会变得聪明和有素养。

课堂结课是一种课堂教学的艺术，是教师的知识、智慧、感情、口才以及课堂应变能力的综合体现。虽然结课要做到"豹尾"很难，但只要老师多下功夫，相信一定能做到精彩。值得注意的是，无论哪种结课形式，都必须坚持形式与内容的统一，教师都应强调"以人为本"，调控好师生在教学中的位置，充分地让学生自主探究，推进学生思维品质的不断发展。

第 2 节　结课技能运用的基本要求

一、地理课堂教学结课技能运用中存在的主要问题

课堂教学是一门许多教师都在潜心研究的艺术。在实际教学过程中，有的教师非常注重课堂导入，有的教师精心设计课堂提问，然而有不少教师却忽视课堂教学结课。因而，在结课时，有的原本精彩的课堂变得索然无味。

1. 缺乏完整性

许多地理教师在新课导入中，常常设置问题悬念，引导学生去探究、解决问题，而后开始课堂学习。那么结课部分，也应当紧扣教学内容，做到与导入部分相呼应，成为整个课堂教学的有机组成部分，形成完整性。如果导课精心设疑布阵，而讲课和结课都无下文，则在结构或逻辑上会让学生感觉不完整。特别是有些课的结尾实际上就是对导课设疑的总结性回答或是导课思想内容的进一步延续和升华。例如，有教师在"洋流"一课采用了问题导入法，首先讲述了一则小故事："第二次世界大战时，在直布罗陀海峡德国潜艇偷袭封锁严密的英国及其盟军，屡屡获胜，这是为什么呢？学习了今天的'洋流'一课就可以揭开谜底。"在悬念中进行课堂学习。然而，在结课时，该教师却忘记了对导入时的问题进行呼应，使导入问题"悬而未决"，破坏了课堂教学的完整性。

2. 头重脚轻，潦草结尾

结课本来可以将本节课的中心内容加以总结归纳，使学生对学到的新

知识技能理解得更加清晰、准确，抓住重难点，从而记忆得更牢固。然而在实际课堂教学中，许多教师只注重导入和讲解部分，认为结课部分可有可无，只是简单安排，有的甚至不安排，等待下课铃声就可以了，导致课堂出现头重脚轻、潦草收尾的情况。如有教师在"埃及"一课结课时，只是简单地播放一些埃及的风光图片，尽管这些图片可以带给学生对于埃及的感性印象，然而由于教师并未在图片旁边配有任何文字和解说，如同走马观花，课堂教学潦草收尾。

3. 缺少灵活多样

教学结课的形式与方法丰富多样，常用的就有十几种之多。遗憾的是，在实际教学结课中，有些新教师总是"老调重弹"，要么简单地布置作业，要么单调地总结回顾，未能充分有效地利用最后的几分钟时间，使结课显得拘于形式，死板单调。

4. 缺乏提炼升华性

"情感态度与价值观"是课程教学目标体系的重要组成部分，教师应利用结课部分，加大对学生这一维度目标的培养力度。然而，在日常教学结课中，大多数教师往往只是对讲授内容进行概括、总结，而缺少对讲授内容的挖掘、提炼、升华，这就导致课堂教学水平停留在一个平面上，缺乏知识内容和思想境界的进一步升华。例如，有教师在"中国人口迁移"部分的结束部分，简单地采用了总结式结课法。细究起来，略感惋惜。因为大规模人口迁移对迁入地区既有弊又有利，如若能在结课时对知识进行升华，引导学生客观地看待利弊，用积极的态度面对外来务工人员，将取得更好的结课效果。

二、地理课堂教学结课技能
运用的基本要求

好的结课不是教师只凭灵机一动信手拈来的，而需要教师拥有良好的"结课"意识和技能，不断提高结课的艺术水平。在地理课堂教学实践中，"结课"技能的运用必须符合下列一些基本原则。

1. 系统性

好的"结课"应具有高度的概括性，归纳概括本节课的知识，以便在学生头脑中形成系统的认识。教师按知识内在的规律，有机组合排列，形成明晰的条例，使学生宜记难忘、举一反三，实现知识迁移。这就要求在终课之时，教师的小结能深化重要的地理事实、概念和原理，将知识由点串成线，由线织成网，概括出本节课的知识体系，帮助学生形成完整的知识概念和知识结构。

2. 引导性

好的"结课"可以引导学生获取新知。它犹如一幅精美的导游图，由教师引导，学生参与，展现获取知识的思维过程，充分体现教师主导作用和学生主体作用的有机结合。这就要求在课堂结课时，教师要根据学生的需要、兴趣和情感，围绕教学目标，充分体现学生学习的自主性，尽量让学生自己归纳、小结、巩固、提炼、深化教学内容。教师不再是知识的"复述者"，要立足于引导，让学生多参与。引导性充分体现了学生"参与、民主、讨论"的课改新理念。

3. 灵活性

结课的灵活性有两层涵义：一是要求教师根据课堂教学内容、课程、学生心理，在课前设计出不同的结课方案，使结课贴切教学要求，贴近学生实际。二是要求教师结合课堂教学的实际，灵活修正课前设计好的结课形式，教师要"借题"发挥，灵活断课；要恰到好处地粘连，使结课达到自然地"瓜熟蒂落"、"水到渠成"的境地。

4. 简要性

好的课堂结尾犹如画龙点睛之笔，应以"小"为特色，即语言简洁，要言不烦，寥寥数语，画龙点睛，锦上添花，旨深意远，耐人寻味，或另辟蹊径，别开生面。因此，教师在一课结尾时，语言设计要做到"言语不烦、简明扼要"，切忌语言冗长而不得要领，或手忙脚乱地拖堂。

技 能 训 练

1. 观摩其他教师的课堂教学，运用地理课堂教学结课的要求分析评价，并注意从中学习和借鉴。

2. 阅读下面一个教学流程案例，请为这个案例再设计 1～2 个结课方案，并比较分析你的结课方案与案例提供的结课方案的优点与不足。

案例："大气圈——地球生命的保护伞"教学内容与流程

导入:由"智能一号"月球探测器撞击月球引出月球表面特征,通过月球表面与地球表面的特征比较引入新课

↓

大气圈对地球生命的意义与作用:
通过观看图片、阅读课本专栏、读图、动态演示,分析大气圈提供生命呼吸,以及"防弹衣"、"遮阳伞"、"保温被"等作用

↓

大气的组成成分及其作用:
通过填表、阅读课本讨论分析

↓

臭氧空洞的分布、成因、危害:
通过教师举例分析,学生阅读课本,观看图片

↓

保护大气臭氧层的措施:
通过学生讨论、观看图片、举例分析

↓

结课:我们要感谢地球生命的保护伞 —— 大气圈,那是大自然赐予我们的生存环境的组成部分,更重要的是我们还要学会保护,保护好我们共同的生存环境。愿我们能永远生活在安全、美丽的环境之中。

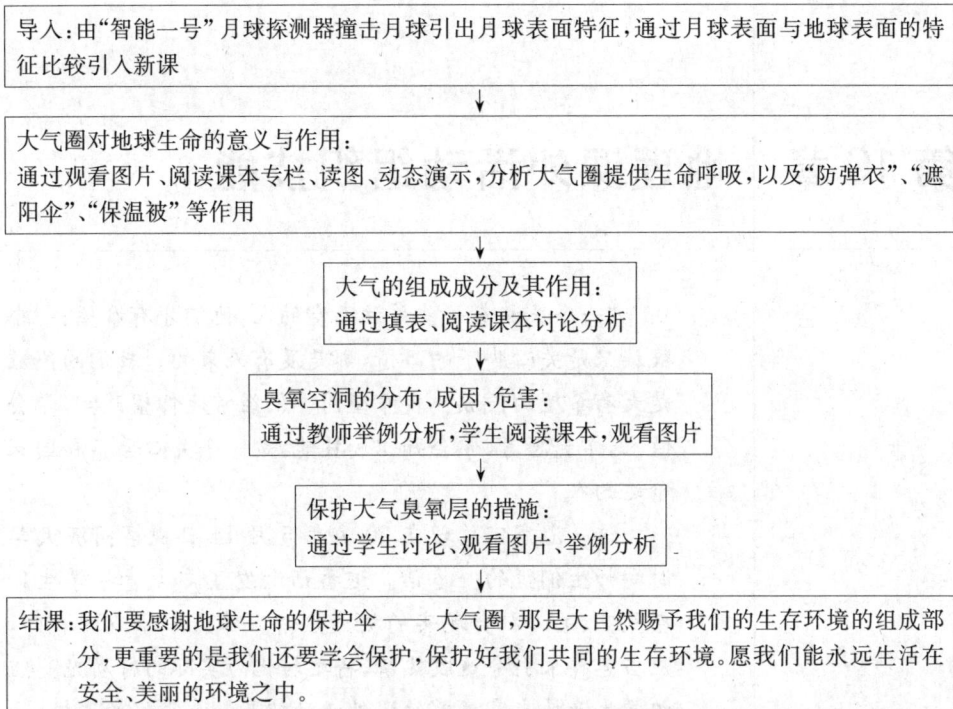

图9-4 "大气圈——地球生命的保护伞"教学流程

3. 选择自己所教的一个课题,运用悬念式结课方式设计出适宜的结课案例,同时进行课堂教学实录,并分析、评价这一结课方式运用的优点和存在的问题。

第 10 章　地理课外活动组织技能

"一个民族有一些关注天空的人，他们才有希望；一个民族只是关心脚下的事情，那是没有未来的。我们的民族是大有希望的民族！我希望同学们经常地仰望天空，学会做人，学会思考，学会知识和技能，做一个关心世界和国家命运的人。"

这是温家宝总理在 2007 年 5 月 14 日视察同济大学时向师生们说的一番话。这番话激发了广大青年学生仰望星空、关心社会现实的极大热情。作为中学地理教师，应当怎样来引导这股热情，将之转化为实际的行动呢？组织学生开展丰富多彩的课外活动就是一个很好的选择。

第 1 节　课外活动的基本类型

地理课外活动不同于一般意义上的课外活动。一般意义上的课外活动是指在课堂教学之外，学校有目的、有计划地组织学生参加的各种有教育意义的活动，其内容主要包括：课外的学科活动、科技活动、社会活动、文学艺术活动、文娱体育活动、劳动技术活动等。而地理课外活动是指学生在教师指导之下，在课堂教学之外开展的与地理学习有关的各种活动的总称，例如野外考察、社会调查、天文观测、气象观测等。通过两个概念的比较就可以看出，地理课外活动是课外活动的下位概念，"地理性"是将之与其他各种课外活动区分开来的本质属性。

由于地理学科研究的对象是整个地理环境，因此决定了其研究内容的广泛性和研究方法的实践性，进而也就决定了中学地理课外活动内容和形式的多样性。对纷繁复杂的地理课外活动进行分类,自然也就多种多样。这里,我们主要根据活动形式的不同,将地理课外活动划分为以下一些基本类型。

一、地理课外阅读活动

地理教师根据不同年级学生的知识水平,向爱好地理的学生推荐并指导他们阅读地理书籍、杂志、报纸等,如《十万个为什么》中的天文、气象、地学分册,《地球十讲》、《科学知识宫·地球科学》[美]等国内外出版的大量地学科普书籍;与地理有关的科普杂志和报纸,如《中国国家地理》、《中学地理教学参考》、《天文爱好者》、《环境保护》、《中学地理报》等。

如果所在学校地理图书资料短缺,那么可以组织"地理书刊借阅交流小组",将学生中持有的这类书籍、杂志制成简明目录卡片(标明书刊名称,持有者班级、姓名),集中到借阅交流小组,为学生提供这方面的信息,由学生查阅卡片自行联系借阅。如果可能,最好把这些书刊集中交由学校图书室代管,或者集中于年级(或班)组成的"小小图书箱",直接向学生借阅。

有条件的学校还可以向学生推荐一些地理专业网站,促使学生获得更多的地理知识。

> **拓展链接**
>
> 一些专业的地理网站:
>
> 中国国家地理中文网http://www.cng.com.cn
>
> 中国科普博览http://www.kepu.net.cn/gb/index.html
>
> 中国地理网http://www.chinageog.com
>
> 世界人文地理网http://www.okgold.cn
>
> 世界地理频道http://www.21page.net/world_geography

二、地理音像播放活动

地理音像播放活动是指组织学生观看地理电影、录像、电视节目。现已公开发行的地理音像资料非常多,如中国地理、世界地理都有系列影碟;不少影片和录像涉及天文知识、火山、地震、动物世界、各地风光等。可以鼓励学生收看有关地理知识的电视节目；还可组织学生观看地理味浓厚的电影故事片，如动画片《狮子王》等。通过这些活动，学生不仅可以开阔眼界，扩大地理知识领域，还可以形成学习地理的兴趣。

三、地理参观活动

根据当地条件，可组织学生参观天文馆、气象台（站）、自然博物馆、经济建设成就展览、民族风情展览；参观工厂、矿山；参观农、林、牧、副、渔业生产；组织地理郊游，观赏山川湖海自然风光和各类人文地理景观。通过这些活动，让学生多接触了解自然环境和社会环境，丰富学生对各种地理事物和地理现象的直观感受。

四、地理专题报告会

请从事地学工作的研究人员作通俗地理专题报告，也可由地理教师自己收集整理资料作专题报告，如天文知识、气象知识、地震知识，神秘的南极、沙漠奇观，珠峰考察，都江堰、葛洲坝水利枢纽、黄河的梯级开发，淮河流域的整治……组织这类专题报告，要特别注意符合中学生的年龄特征，突出趣味性。为此，报告内容要通俗易懂，能激发起学生的兴趣，还应配以地图、图片、幻灯、录像或电影，尽量使报告会生动活泼，切忌长篇大论、枯燥无味的讲述。

五、地理野外观察观测活动

地理野外观察观测活动是教师带领学生走出教室到大自然中进行的实地考察活动。比地理郊游的参观活动要求高，是对地理事物和现象的深入观察、分析、测量、研究活动。

地理观测活动主要包括气象观测、地震观测、天象观测、野外地形观察、河湖及海岸观察、土壤和天然植被观察等。目前开展最为普遍的地理观测活动主要包括天文观测和气象观测。

天文观测的主要活动有星空观测以及日食和月食、流星雨、行星凌日、行星合月等特殊天象观测等。

气象观测的主要活动有定时观测主要气象要素，收听当地气象台的天气形势广播和近期天气预报广播,绘制简单天气形势图,补充预报本地天气,收集验证整理当地民间天气谚语。

六、地理调查活动

地理调查活动是学生直接接触了解社会、认识人文地理环境的一种方式,是有目的、有计划的调查访问活动。通过调查访问能使学生认识各种人文地理要素,掌握收集人文地理资料的途径和方法,加强学生与社会的联系,提高学生的社会交往能力。调查前要拟定好详细调查提纲和调查表格。这类活动主要是配合高中人文地理的教学来开展。调查的范围主要包括:

居民点调查,就是调查居民点的分布状况、人口的增长状况、居民的构成状况、人口发展计划。

工厂调查,主要调查工厂的类型、位置、规模、产值、利税,原料来源、产品销售途径、劳动力素质、技术水平、发展规划等。

农村调查,主要调查农村的自然条件和自然资源、居民构成、主要农作物及其分布、耕作制度、农田水利设施状况、土地利用状况、机械化水平、乡镇企业构成、交通运输状况、农村发展规划等。

环境调查,主要是了解被调查地区的环境条件、环境污染状况及污染源、当前治理状况、依然存在的问题、今后环境治理保护的建议等。

乡土地理调查,是一项小区域综合性的地理调查活动,其内容涵盖地理调查活动的所有方面,主要包括了解本地自然条件和自然资源状况及其评价;调查本地社会经济条件和发展现状;探索趋利避害、合理开发利用本地资源,发展社会经济的途径;调查分析本地存在的环境问题,寻求治理保护的途径;探讨本地的远景发展目标和近期发展规划。

第 2 节 课外活动的组织方法

一、地理课外阅读及音像播放活动

1. 拥有足够的地理课外书籍和音像制品

这些书籍和音像制品主要有两个来源:一是由教师出面向学校或者更高级的

图书馆借阅,或者向学校申请资助购买;二是发动学生将自己拥有的资源进行共享,将所有资源集中在一起,建立资源库,由教师或者指定的人选负责管理,制定出可行的借阅、归还及损坏赔偿制度。

2. 安排好开展活动的时间

课外阅读的活动时间可以相对宽松一些,比如在新学期开始就布置本学期阅读的要求或任务,具体的安排可以由学生自行决定,晚间、节假日均可。音像制品的观摩则应集中进行,可由教师和同学协商后确定统一的时间、地点,全体成员共同观赏、共同讨论。

3. 做好活动的管理工作

为避免课外阅读和音像观摩活动流于形式,切实达到活动的目的,应加强对管理的评价工作。具体地说,一是做好活动过程中的管理,如集体活动应当做好点名工作,非集体活动也要在一段时间后要求学生汇报近期情况等,教师可将这些列入最终考核评价的组成部分;二是做好活动结束后的管理,学生应当提交一份综合的活动总结,写明在这一学期的活动过程中的收获、不足以及改进建议等。教师应当结合学生平时的表现和期末总结这两个方面给予综合评价。

二、地理参观活动的组织

参观前的准备工作包括教师的准备和学生的准备两方面。

教师的准备包括先行参观选定的参观对象,明确参观内容及讲解的内容。最好能直接与讲解人员对话,以保证参观效果。如参观天文馆,需要明确选哪个天象表演的片子及参观展览重点放在哪一部分。此外,还需约定参观日期、时间,并明确参观的人数及参观的方式。教师要做一个简单的参观计划,列出参观提纲并印发给学生,以便学生参观时能集中注意力。

学生的准备主要是依据教师提出的参观要求,明确参观目的、内容,联系教材内容做必要的知识准备。

地理参观活动并不是随意的走马观花,更不能当作假日的游山玩水,它在本质上属于学生的学习活动,因此,应当提出明确的参观目的,并要求学生参观之后提交参观报告。为此,教师可在参观之前设计好统一的参观报告范本,要求学生对照范本的内容、事项进行参观、记录。

案例节录

地质博物馆参观报告

在参观地质博物馆时,可要求学生填写表10-1所示参观报告。

表10-1 地质博物馆参观报告

姓名	日期						
一、地球史馆							
代	太古代	元古代	古 生 代			中生代	新生代
纪							
地壳运动							
形成的矿物							
生物进化 植物							
生物进化 动物							
二、矿物岩石馆							

矿物名称	化学成分	鉴定特征	矿物名称	化学成分	鉴定特征
石英			石膏		
长石			辉锑矿		
云母			赤铁矿		
水晶			刚玉		
方解石			黄铜矿		

(摘自《北京地理丛书:中学乡土地理教学与乡土地理研究》)

三、地理观测活动的组织

地理观测活动主要包括气象观测、地震观测、天象观测、野外地形观察、河湖及海岸观察、土壤和天然植被观察等。这里主要介绍天文观测活动的组织。

根据天文现象出现和变化的规律可以将天文观测分成常态型天文观测和非常态型天文观测两类。常态型的天文观测主要包括星座的观测、月相的观测、行星的观测等。非常态型的观测主要包括日食观测、月食观测、流星雨观测、行星凌日观测等。

1. 常态型天文观测

常态型的天文观测贵在坚持，只要天气状况许可，就应该进行观测。对于中学生而言，一般情况下每次观测的时间不必过长，二十分钟到半个小时的时间就足够了。以下以星座观测为例来说明常态型天文观测的组织。

首先，教师应向学生介绍关于星座的基础知识。

其次，教师要向学生明确进行星座观测的内容和目的。

观测星座时，一是要观测不同季节的代表性星座，二是观测星座的运行规律，这是星座观测的重点，因为星座观测的最终目的是通过星座的运行规律去探寻和证实地球的运动规律。

第三，教师应对学生的观测活动提出具体和明确的要求，可以设计成表格。

第四，在最初的几次观测活动中，教师应当带领学生一起观测，帮助学生辨认主要星座，熟悉星座的形状、相对位置等特征。例如，北斗星像一个勺子，从勺子外侧的两颗星的连线，延长至大约五倍距离的地方就是北极星；狮子座由三角形、四边形和反写的问号组成，它总是位于北斗星勺底下方不远的地方；牛郎星两侧各有一个较暗淡的小星，三者紧密地排成一条直线；仙后座形状像英文字母 W，飞马座的主体是一个正四边形，等等。

案例节录

星座观测指导

我们在夜晚所能看到的星星绝大多数都是恒星，为了辨认方便，天文学家将全天所能看到的恒星分成若干部分，每一部分就是一个星座。星座命名最早起源于古巴比伦，当时的人们就根据想象，将天空中临近的恒星组成图案，并以动物或者人的名字来命名。现代天文学将全天星空划分为 88 个星座，其中北半球中纬度地区四季所能见到的星座(恒星)主要有：

春季：大熊(北斗)、狮子

夏季：天鹰(牛郎星)、天琴(织女星)、天蝎(心宿二)

秋季：仙后、飞马

冬季：猎户、金牛(毕宿五)、大犬(天狼星)、御夫

星座是由恒星组成的，恒星之所以称之为"恒"，是因为它们距离地球和整个太阳系都非常遥远，以至于彼此的运动以及由此所产生的位移都可以完全忽略，所以我们看到星座的图案总是固定不变的，而且每个星座在天球之上的位置也是固定不变的，地球就在这样的星座图案背景之下围绕太阳公转。由于太阳的光芒非常强烈，所以昼半球的人们不可能看到星座(除非在日全食的特殊时刻)，只有处于夜半球的人们才能看到星座，这些星座总是和太阳分处于地球的相反

两侧。这样,随着地球围绕太阳的公转运动,在不同的季节(对应地球处于公转轨道的不同位置),人们就会看到不同的星座。这种情况就像是参观者沿着圆形剧场的墙壁参观壁画一样,他走到不同的位置,就会看到不同的壁画内容。

由于地球绕太阳公转一周的时间约为 365 天,也就是地球公转的角速度大约为每天向东 1°,换言之,地球上所能看到的星座每天都会向西偏转 1°,这就意味着同一个星座,每天都会比前一天提前 4 分钟升起,3 个月后就会提前 6 小时升起。也就是说,如果某月 1 日 20 时,某一颗恒星刚好从东方地平线上升起,那么 3 个月后同一时刻,这颗恒星的位置就会处于正南方的子午线上;再过 3 个月的同一时刻,同一颗恒星将处于西方地平线上,即将隐没(见图 10-1)。

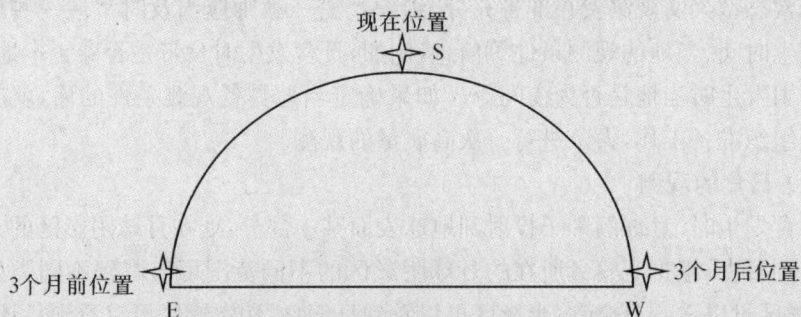

图 10-1   同一颗恒星 3 个月前和 3 个月后同一时刻的位置

表 10-2   星座观测表

观测人:

观测日期:　　　年　　　　月　　　　日

观测时间:　　　时　　　　分

观测内容:

星座名称	主要亮星名称	方　位	地平高度	观测手段或仪器

说明:

星座名称:观测当日实际看到的星座的名称。

主要亮星名称:该星座当中最亮的一颗星的名称,如狮子座中的轩辕十四。

方位:采用 360°制,以当地正南方为原点(0°),顺时针度量。

地平高度:距离地平面的高度角,从 0°到 90°。

(注:方位和地平高度均以星座中最亮的那颗星为准)

观测手段和仪器:条件较差时可以目测,较好时可以使用专用天文观测设备,如天文望远镜等,也可以自制一些简易的测量方位和地平高度的工具。

第 10 章　地理课外活动组织技能

常态型天文观测应注意以下一些事项：

一是可以将学生分成观测小组，一组 2—3 人为宜，实行组内分工，以保证观测记录的连续性。

二是应选择空旷、无过多地面光源干扰处作观测地点，城市可选择在学校操场或者局部区域的制高点，如高楼的楼顶平台，但一定要注意安全。

三是冬季进行野外观测时要注意防寒保暖。

四是如果利用天文台设备观测的话，应注意正确操作，最好有教师在场。

2. 非常态型天文观测的组织

非常态型天文观测贵在准备充分、组织严密。教师应当及时掌握一些珍贵天象的发生时间、当地的观测条件等信息，例如，日食发生时食带是否穿越本地，月食和流星雨发生时当地是否为夜间等。如果确定当地具备观测条件的话，就应当全力以赴组织准备工作，力争进行一次高质量的观测。

（1）日食的观测

日食发生时，月球的影子投射到地球表面某一部分，处在月球阴影区的人们就能够看到日食，根据观察者所在的月球阴影区的不同范围可以看到不同类型的日食，本影区可以看到日全食，半影区可以看到日偏食，伪本影区可以看到日环食（见图 10 - 2）。

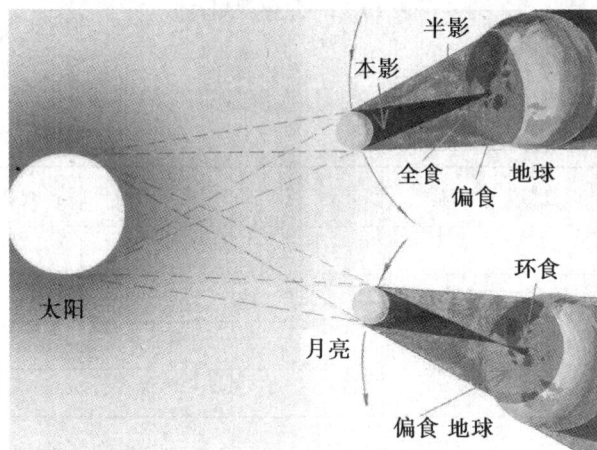

图 10 - 2　日食时日、地、月位置示意

由于日食的发生是月球的阴影所致，月球又是自西向东围绕地球公转的，所以日食变现为月球从太阳西侧向东掠过太阳表面。一次完整的日全食可以持续 2 小时以上，在整个过程中，有以下几个时间节点：

"初亏"：月轮的东边缘和日轮的西边缘相切，这是日食开始的时刻；

"食既"：月轮的东边缘和日轮的东边缘相切，它是全食开始的时刻；

"食甚"：日轮和月轮的中心相距最近时；

"生光"：月轮的西边缘和日轮的西边缘相切，被遮住的日轮开始露面，这是全食结束的时刻；

"复圆"：月轮的西边缘和日轮的东边缘相切时，月轮开始完全离开日轮，整个日食过程到此结束。

日偏食则只有初亏、食甚和复圆三个阶段。

上述时间节点是日食观测的重点，观测前可设计好如表 10-3 所示表格。

表 10-3　日食观察记录

观察时间	年　月　日(农历　月　日) 时　分至　时　分
观察地点	
日食现象记录	初亏 食既 食甚 生光 复圆
日食发生原因	

　　　　　　　　　　　　____ 中学____年级____班

　　　　　　　　　　　　观察者_____

疑问解答

问：听说日食观测不能直接用肉眼进行，那么有什么简易的方法来观测日食，又不会伤害眼睛呢？

答：日食决不能直接用肉眼观测，也不能用没有滤光措施保护的望远镜、双筒镜来直接观测，以下列举一些常用的观测方法。

(1) 找几张完全曝光的底片(照相机底片、X 光底片等等，或用计算机软盘当中的磁盘)，重叠在一起，这样便会减弱阳光的强度，使眼睛得到保护。可以随着日食的进行，增减底片的数量，以达到最佳观测效果。

(2) 利用深色太阳镜观察，最好是墨镜。如果没有的话，可以找一块干净的玻璃，用蜡烛将玻璃熏黑，或者在玻璃表面均匀地涂抹墨汁，然后透过玻璃观测。

(3) 找一个脸盆，盛入半盆水，然后兑入一些墨汁，这样便可观测太阳在水盆中的倒影,间接地减弱了太阳光线的能量。

（4）用附有投影装置的小型望远镜将日像投影在屏幕上,这样就可以观测了。同时还可以描图。如果望远镜没有投影装置,我们可以自己动手。先制作一个遮板,将它固定在望远镜的物镜上,使望远镜的后面形成一个阴影,然后将望远镜支好,调好方向,在望远镜的后面放一张白纸,就会看到太阳的影像,然后调好焦距就可以了。

（5）利用小孔成像的方法来观测日食同样是安全的。先找一个比较结实的长方形纸盒,去掉两头,使之变成一个空筒,在纸筒的一端覆盖上一层铝箔,铝箔的中间事先用针尖扎个小孔。纸筒的另一端用一张玻璃纸覆盖好,这样就做好一个简易的观测器。观测的时候,将小孔对向太阳,这样就会在另一端的玻璃纸上看到日食的像。

（6）如果使用望远镜观测的话,一定要使用专业的太阳滤镜,太阳滤镜应安装在物镜的前方,而不是物镜和目镜之间。另外,在不观测的时候,不要将望远镜指向太阳,并须盖上镜头盖,以免镜头过分吸热,导致爆裂。

（2）月食的观测

月食的观测与日食观测类似,但是要安全许多,可以直接用肉眼观测,同样要做好记录(见表10-4)。

表10-4　月食观察记录

观察时间	年　月　日(农历　月　日) 时　分至　时　分
观察地点	
月食观察记录	初亏　时　分 食既　时　分 食甚　时　分 生光　时　分 复圆　时　分
月食发生的原因	

____中学____年级____班级观察者____

拓展链接

以下为一些专业天文网站,可以获得天文常识和最新的天文信息。

中国国家天文http://www.yadao.com

星空天文网http://www.cosmoscape.com

四、地理调查活动的组织

地理调查活动是一项综合性很强的实践活动,开展起来难度较大,对教师和学生都提出了很高的要求。但是,让学生更多地通过亲身实践来获取地理知识,锻炼和培养技能,陶冶情操,这是地理教学改革的一个重要方面,也是当前地理教育发展的大趋势,所以还是值得我们去努力做好的。

地理调查活动通常应遵循图 10 - 3 所示流程。

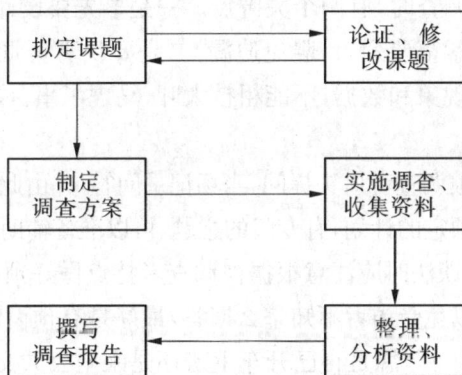

图 10 - 3 地理调查活动常用流程

1. 拟定和论证课题

在拟定课题时,首先,要明确调查内容、调查对象、调查范围;其次,要保证有足够的调查手段来实施;第三,调查的结果应当具有一定的现实意义。拟定出的课题应该至少从以上三个方面进行论证,确认没有问题后,才能确定为正式的课题。

2. 制定调查方案

调查过程千头万绪,事先制定好严密的调查方案能够最大限度地避免失误,提高效率。调查方案一般包括调查目的、调查方法、时间地点、人员安排、可能遇到的问题及应对措施等。其中最重要的是确定调查方法。

科学的调查必须要有科学的方法。观察法、访谈法、问卷法都是中学生地理调查活动的常用方法。

（1）观察法

观察法是直接感知和记录调查对象的调查方法。观察法并非只是简单地用眼睛看，还要做好详细记录，例如，可按表10-5记录汽车流量。

表10-5　汽车流量观测　　　　　　　年　月　日

	路口自＿＿＿＿向＿＿＿＿方向	鸣号次数
	＿＿＿时＿＿＿分至＿＿＿时＿＿＿分	
公交汽车	（辆次）	
卡车	（辆次）	
轿车	（辆次）	
其他汽车	（辆次）	

观测组＿＿＿＿记录者＿＿＿＿＿

采用观察法进行调查时，有两个关键点。一是事先要设计好观察记录表，凡是与调查目的有关的因素都要列入，避免遗漏；二是要认真负责地实施观察，真实详细地记录所观察到的现象和数据，不能粗枝大叶，马虎了事。

（2）访谈法

访谈法是直接向被调查者口头提问，当场记录问答，并由此了解有关信息的一种常用方法。访谈要有预定的计划，有专门的主题，可以准备辅助工具，如录音机、照相机、摄像机等。应用访谈法时应注意根据被调查者特点做好预备性提问。问题不要过多，不要过于宽泛，以免受访者不知怎么回答，最好是有预设性答案的问题，如"您在这个城市生活多久了？""您是自己开车上班还是乘坐公共交通工具？""您大概多长时间去集中购物一次？""您家小区周围有外来人员经营的服务场所吗，他们集中在哪些行业？"等等。

（3）问卷法

问卷法是运用统一的有问有答的资料搜集工具，向各个被调查者了解情况和意见的方法，问卷法的核心是"问题"编制。设计问卷表时应注意：题目不宜过多，要简单明了，不可模棱两可；以封闭性为主，开放性为辅。题目要注意排列技巧，先易后难，同类合并。

🔍 **案例节录**

"上海松江大学城交通"调查问卷

亲爱的老师、同学，您好。我们是××中学的学生，想要了解一下松江大学城与外界（上海市区和松江老城区）的交通状况，请您回答以下问题，感谢您的

地理课堂教学技能训练

支持。

Q1：您平均多长时间乘坐公交工具往返于大学城和外界之间一次？

A．每天　　　　　B．一星期　　　　C．一个月

Q2：在大学城和您常去的目标地（如居住地、购物场所）之间，通常的情况是：

A．一线直达　　　　B．换乘一到两次　　C．换乘两次以上

Q3：您乘坐的交通工具常常人满为患吗？

A．是　　　　　　B．否

Q4：您是否经常遇到车辆晚点的情况？

A．是　　　　　　B．否

Q5：当您从大学城乘车时是否经常遭遇堵车？

A．是　　　　　　B．否

Q6：您认为现有的车辆班次：

A．够用了　　　　　B．太少了，需要增加　C．太多了，应该减少

Q7：您对松江大学城的交通的其他意见或建议：

_____

3. 实施调查

实施调查就是按照既定的调查方案展开调查工作，采用访谈法和问卷法进行调查时，应注意如下问题：

如果访谈的对象是某一级政府的负责人，就需要事先预约，确定访谈的时间、地点、内容等，最好能够将访谈的问题清单事先给对方。访谈过程中应以聆听和记录为主，不清楚的地方可以请对方再补充，但不宜过多插话，更不能提出一些带有挑衅意味的问题。应注意访谈的时间，不要比预约的时间超出太多，访谈结束，应表达感谢之意。

如果访谈对象是在某一公共场所随机选取的，则应注意选取合适的访谈对象。首先，可从对方的行为、神色判断对方是否可能接受几分钟的访谈，如果对方看上去明显有急事的，就不要去浪费时间了。其次，在攀谈时要主动介绍自己的身份、意图，给人良好的印象。提出的问题要短而精干，让对方清楚地知道你在问什么，同时也确保你能够得到清楚的答案。

采用问卷调查时，样本的分布应该具有广泛的代表性，也就是说，样本应该尽量覆盖更大的范围。例如，如果在校园内进行问卷调查，那么与其在一个班内发放50 份问卷，不如在 10 个班内各发放 5 份问卷。

4. 整理分析资料，撰写调查报告

在资料整理时，最好能够应用 Excel 软件或其他统计软件做成统计图、统计表；分析资料就是在整理的基础上对统计的结果进行比较、评价，说明统计结果所反映的问题，分析其原因，提出解决问题的设想或建议，最后将所有这些成果写成调查报告。在整理和分析资料时应实事求是，严格以调查所得的原始资料为基础，既不能夸大缩小，也不能根据个人喜好随意更改数据，如果感觉调查结果不能很好地说明问题，则应反思其原因，提出改进调查的措施。

🔍 案例节录

松江区"肯德基"商业区位的调查报告
松江二中　高二(5)班　叶丹品

[内容摘要]

肯德基连锁店的快速发展给我们留下了思考，我与同学根据课本"商业区位条件"一节内容，对松江区肯德基的交通、人口及集聚情况做了调查研究。我们先通过网络查找了肯德基的相关资料，了解了肯德基的历史。然后选定调查对象，通过查找资料和统计收集数据，进行分析，得出结论。

通过这次调查，我进一步了解了肯德基，通过分析调查材料，我体会到交通、人口、集聚等因素对肯德基的商业区位的影响，交通便利、人口稠密、商业活动集聚为肯德基提供了很好的条件。

[研究背景]

随着中国改革开放政策的实施，国外各企业相继进入中国市场，如耐克公司、麦当劳公司、肯德基公司、家乐福超市、宝洁公司、吉列公司、迪卡侬体育用品超市等等，每一家企业都走出与众不同的道路，越来越受中国人的喜爱。最早了解、接触肯德基是在小的时候，全城唯一的一家肯德基总是吸引我的眼球；长大了，发现肯德基也迅速发展起来了，全城四、五家不在话下。肯德基发展得如此之快，不仅使我惊叹不已，更让我思考起它的成功所在。

[正文]

20世纪70年代末，中国提出改革开放政策，中国与外国在政治、经济、文化方面有了更深的交流。国有企业进入外国市场，外资企业也打通中国经济之门。像我们最熟悉的肯德基、麦当劳也越来越受欢迎。

而我们同时又发现了一个问题：同样都是国外而来，为什么肯德基在中国各地的发展，普遍要比麦当劳快？

带着这个问题，我和同学一起进行了调查研究，了解了肯德基现在的状况，以及与它有关的地理问题。

……

经过一天的统计,我们得到以下表格(见表10-6):

表10-6　6月9日肯德基中山中路店人流统计

序号	时 间 段	门口路过人数	进入用餐人数	用餐人数比例	学校路过人数
1	07:34—07:36	35	3	0.085 714	8
2	10:17—10:19	51	7	0.137 255	11
3	12:15—12:17	62	22	0.354 839	17
4	14:52—14:54	38	6	0.157 895	6
5	17:26—17:28	41	10	0.243 902	12
6	19:51—19:53	49	13	0.265 306	7
7	20:38—20:40	56	16	0.285 714	5

从上表来看:

1. 肯德基位于老城区的商业中心地区,在各时段的人流量,都要比我们学校门口人流量大很多。

2. 早上的客流量和就餐人数都是最少的;而到了中午则是高峰期,不但人流量大,而且就餐的人也很多;晚上,人们逛街的同时,总会有一定比例的人就餐于肯德基。

3. 在不同的时段来看,路人对肯德基的就餐欲望差别也较大,第1号数据显示,早晨人们很少以肯德基早餐为食,不到10%;第3号数据表示,中午时间许多人会选择肯德基,将近有1/3的人数;第5、6、7号数据显示,晚上就餐肯德基的人与中午相比比例差不多,约占25%。

4. 根据平时我们自己的习惯,喜欢在中午和晚上出门上街,由此可知第3、5、6、7号数据较大的原因。

5. 总的来说,肯德基周边人流量大,商品需求量大,有不小的市场。

经过这次调查研究,我有了以下看法:

首先,我进一步了解了肯德基,通过分析资料及调查材料,我体会到交通、人口、集聚等因素对肯德基的商业区位的影响,交通便利、人口稠密、商业活动集聚为肯德基提供很好的条件。

其次,我还感受到亲身作调查研究的兴奋,找到合作的乐趣。整个研究还有很多问题,譬如时间安排上不合理,最后只好调查了一天的时间,因此数据会有一定的不准确性,偶然率会较大。若是条件再允许的话,可以做更多家的调查。

总之,不管文章好坏,这次调查研究还是很有意义的!

[参考文献]

http://www.cherryflava.com

http://www.marketeando.com.br

http://www.7419.com

http://msnbcmedia2.msn.com

http://brand.icxo.com

[教师点评]

这位同学在学习了"商业区位条件"之后,选择深受大众喜爱的肯德基作为调查对象,切入点非常合适,具有很强的可操作性。她在调查过程中,运用了网络查询、实地考察、人流统计、数据分析等多种研究方法,更为可贵的是,在得出结论的同时,能够看到存在的局限性,并提出下一步的研究意见,充分反映出作者严谨的科学态度。小论文虽然篇幅不长,但是"麻雀虽小,五脏俱全",从格式到内容,无不符合正规科学论文的要求,可算是一篇上乘之作。

第3节　组织课外活动的基本原则

一、主动参与,独立实践

地理教师组织中学生参加地理课外活动时,必须使中学生充分认识开展这项活动的目的和意义,启发他们的自觉性,使他们能积极热情、自觉主动地参加,确保活动的顺利进行,并取得预期的效果。当然,学生的兴趣是多方面的,有些学生对于某些地理课外活动确实不感兴趣,教师就要区别不同情况加以对待,或调整活动方案以适应学生的兴趣,或通过谈心使学生明了活动的意义,但千万不能勉强甚至强迫学生参加。

在活动过程中,必须保证学生充分独立实践,发挥其主体作用,以利于培养他们的观察、分析和解决问题的能力,进而达到扩大知识领域、增长才干的目的。地理教师在活动过程中应抓住时机作适当的启发诱导,但不宜过多干预,更不能包办代替。

二、因地制宜,勤俭有效

因地制宜,就是地理教师要从实际出发来开展地理课外实习活动。"因地"既指全国不同地区,又含同一地区不同学校,其具体情况各不相同。同一地区(甚至同一地点)不同学校的设备、经费条件和师资水平等可能会有较大差异。因此,地理教师必须从本地、本校的实际情况出发,选择切合实际的活动内容和方式,即"制宜"。

勤俭有效,是指本着勤俭节约、讲究实效的精神开展地理课外活动。由于各地经济发展水平不同,各所学校可自主支配的资金以及资金的使用重点也有很大差异,要依靠学校拨出较多的活动经费比较困难。因此,必须本着少花钱多办事,甚至不花钱也办事的精神来开展地理课外活动。

🔍 案例节录

使用量角器测量恒星地平高度

(1)用硬纸板制作一个半圆形的量角器,与普通量角器不同的是,0°标在正中,90°标在两侧。

(2)用小铁片或其他材料制作一个带箭头的指针,尾端连接在量角器底边的中点,并使它能够自由转动,顶端指向量角器半圆的边缘。

(3)使用时,让量角器的底边向上,并且与眼睛和某一颗恒星的连线重合,指针自由下垂,此时指针所指示的角度就是所观测的恒星的地平高度。图10-4所示为测量北极星的地平高度,其数值等于当地的地理纬度。

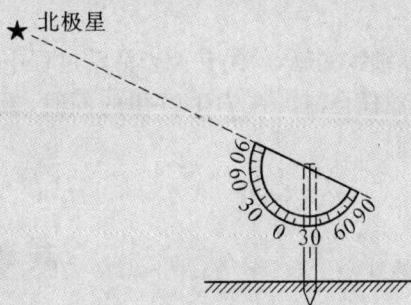

★ 北极星

图10-4 测角器测北极星的高度角

(摘自陈澄《地理教学论》,上海教育出版社1999年版)

三、周密准备,细致实施

"周密准备"是指要有周密的计划和充分的准备,准备工作主要包括:

1. 舆论准备

宣传地理课外活动的意义和必要性,以争取校领导、班主任、其他学科教师的充分支持和配合,提高学生对地理课外活动的认识和兴趣,为活动的开展奠定坚实的思想基础。

2. 组织准备

属于全班参加(有时甚至是全校参加)的活动,由于人数多,组织工作显得尤其重要,是促使活动开展得活而不乱、管而不死的重要保证。由少数地理爱好者参加的地理课外小组活动,从人员的选择、小组的建立、组长的确定到活动制度的规定等都十分重要,这是活动顺利开展、长期坚持不懈的组织保证。

3. 知识准备

包括地理教师和中学生两方面。地理教师必须深入钻研直至精通每项活动所需的专业知识和具体操作技能,以确保活动成功进行。学生必须根据每次活动的具体内容,进行必要的知识补充和某些操作技能的训练。

4. 物质准备

包括经费的筹措,交通工具的落实,活动所需仪器、用品的检查、购置、制作、借用等。

细致实施,就是在调查活动过程中,教师虽然不能全部包办,但也不能甩手不管,放任自流。在学生自律的同时,教师也不能放松对整个活动过程的监督和管理。

技 能 训 练

1. 如果你要指导学生开展一次关于校园用水是否存在浪费现象的调查,请设计一份尽量详细的调查表格。

2. 请您设计一个活动方案,能够比较准确地测定所在学校的经纬度位置。

3. 假如您打算在新学期组织学生开展气象观测活动,请制订一份项目计划书,内容包括活动的目的、所需要的仪器设备名称、来源(购买或者自制)、活动的形式、组织、管理及其他事项等。

4. 地理知识竞赛、辩论会、地理墙报、地理游戏等也属于地理课外活动的范畴,任选一种形式,自定主题,组织学生进行一次活动,记录活动过程,并写出活动感言。

第11章 地理教学课后反思技能

　　星期天整理书柜,翻开许多年前的一本备课笔记本,其中一段话吸引了我:今天的课又砸锅了! 大概是下午课的缘故,教室里一直没安静,我刚批评了几句,居然一部分学生还在哄笑……我开始批评全班同学,说……这时有个男学生插嘴说……我怒气冲天,把他……

　　晚上坐在书桌前很郁闷! 是我太严厉了? 是我批评时带成见了? 是否他们就一直在这种成见中生活学习,非常自卑所以自暴自弃? 如果给他们一些尊重会怎样……最后我决定,明天就向全班同学道歉,向他道歉!

　　这是我刚工作时的事了,记得那时很艰辛。但也是在那几年我走好了地理教学的第一步,现在想来,在工作中反思,在反思中成长,也许是支撑我那几年艰苦教学工作的全部。

　　(摘自陆芷茗著《初中地理教学中的问题与对策》,东北师范大学出版社2007年第1版,第313页)

　　正如有人精辟地言道,思之则活,思活则深,思深则透,思透则新,思新则进。反思对于一名教师的发展具有重要意义,本章将重点探讨地理教学课后反思的话题。

第1节 课后反思的主要途径

　　美国心理学家波斯纳曾提出一个教师成长的简要公式:"经验＋反思＝成长。"可见,成功的教师就是在对自己教育教学过程中种种问题的不断反思中逐渐成长起来的。

教师在上完一节课后,总会获得来自不同方面的反馈信息。这些信息常涉及课堂教学过程(内容、设计、组织、策略与效果等)、教学环境(硬件支撑、课堂氛围等)与教育理念等方面。只有在记录整理、具体分析的基础上加以反思,才会成为促进教师专业发展的动力源泉。具体来说,反思包括自我、学生、同事及文献等四个方面。

一、自我视角的反思

一般而言,反思之旅往往始于独自一人,其间可能有其他途径的反思,但最终仍要融入自我反思的过程中,所以自我反思是几种反思途径中的核心。自我反思的形式多种多样,有自我对话、教学录像、教学后记、专题反思、教学叙述、论文写作及个人备课等方式。将这些方式结合使用能够帮助教师进行有效的自我反思,了解工作中的缄默和盲点。

拓展链接

缄默知识是英国物理化学家和哲学家迈克尔·波兰尼在《人的研究》一书中提出的。波兰尼认为:"人类有两种知识。通常所说的知识是用书面文字、图表或数学公式表述的,这只是知识的一种形式。还有一种知识是不能系统表述的,例如我们有关自己行为的某种知识。"前者称为"明确知识"(显性知识),而后者称为"缄默知识"(Tacit knowledge)。简而言之,"缄默知识"就是指那种以经验为基础的只可意会、不可言传的知识。

有些地理教师很擅长调控地理课堂纪律与气氛,举手抬头间就能处理好课堂突发事件;有些地理教师非常善于在课堂上即兴发挥,创设轻松的课堂教学氛围;而有些地理教师能仅从一次简单课堂回答、小练习中就能了解学生的地理基础。诸如这些源自于实践、习惯、个性等的知识都属于缄默知识。波兰尼认为:"缄默知识只能通过师傅带徒弟的方式加以传递。是不能'学'、只能'习'的知识。"

1. 自我对话

自我对话指的是课后教师的自我反省。这种反省往往集中于课堂教学中印象最深之处——亮点或败笔。例如,我上课的感觉很好,为什么学生作业情况不理想呢?为什么我上课画板图、板画,学生会有兴趣,而演示 PPT 有时学生却不屑一顾?究竟采用什么办法才能让学生喜欢上地理课?这些都是富有思想价值的反思,是教师自我反思的开始。

2. 录像反思

录像反思指的是教师凭借技术手段的一种自我反思方式。通过录像来捕捉教学过程的每一细节,帮助教师站在客观立场上去认识自己体态和言语上的不足;通过录像来审视自己在课堂上的全部行为,帮助教师认识真实的自我或者隐性的自我,改善自我的教学行为。尽管在自我反思的诸多途径中,教学录像具有客观性与全面性的优势。但限于目前的硬件条件,不可能做到每节课都有录像,所以使用还不够普遍。

3. 教学后记

"教学后记"简称教后记,顾名思义就是教师在课后将所授课的经验和教训记录在教案上。教后记是一种简易且常用的个人课后反思方法。

在内容上,教后记涉及对教学设计、课堂随机事件及教学效果等成败的总结。其中对教学设计的反思主要包括:教材分析——重点与难点的确定、教材内容的删减等,教学顺序——内容呈现的顺序、环节的设计等,教学组织——提问设计、组织形式等方面。对课堂随机事件的反思主要有:课堂上发生的"亮点"或"败笔"的记述与分析,教学中生成性问题的记录与解决过程。

在形式上,教后记一般写在备课笔记的最后,可以聚焦于某个突出的具体问题,形成"专项式";也可以对教学中方方面面的内容进行全面的反思,进而提纲挈领地罗列,形成"揽纲式";也可以只字片语,言简意赅地在教案旁进行批注、评述,形成"点评式"。更有优秀的教师把教后记具体写成"再教设计"。总之,教后记的形式是不拘一格的,教师可依个人的习惯选择相应的方式。

> 案例节录
> ### "世界人口分布"的再教设计
> 原预设:学生读"世界人口分布图",找出人口四大稠密区,然后依次出示世界气候分布图、世界地形分布图与世界人口分布图分析比较,逐一归纳影响人口分布的自然因素。
> 再预设:找出世界四大人口稠密区后,先让学生思考"为什么四个地区的人口如此密集呢? 可能有哪些因素影响了人口分布?"但实际效果是"牵着学生鼻子走",学生在被动地接受学习,没有自己主动建构知识的机会。
> 所以经过反思,再教设计成:在具体分析影响因素前,先让学生自己作出造成人口分布不均匀现象的假设,然后利用各种要素分布图与人口分布图对比分

201
第 11 章 地理教学课后反思技能

析,检验假设,形成结论。这体现了从整体到局部的认识过程,符合学生的认知规律。

通过反思,找到实际与预设的差距,修改完善原预设、扬长避短、精益求精,使课堂教学走上高效循环之路。

(摘自陈成忠《找准地理教学反思的十个"着力点"》,《教学与管理》2006 年第 5 期)

4. 专题反思

专题反思不同于教后记,它并不限于在课后对具体一节课进行反思,而是针对某一时段(学期或学年)、某一方面(地理图表使用、课堂师生互动与地理课堂纪律维持等)进行的有明确主题的反思。进行专题反思有利于教师从较高的层面上对某种教学手段或教学方法的运用情况及效果作深入细致的反思,进而进行提炼、概括,以指导今后的教学实践。如果说教后记具有零星、分散特点的话,那么专题反思则具有针对性,它是开展专题研究的一种有效方式。

案例节录

关于地理课堂机智的反思

罗丹说:"在艺术中有风格的作品,才是美的。"其实有风格的课堂教学才是美的。课前的预设仅仅是老师的一厢情愿,由于课堂上很多偶发事件是事先预料不到的。所以如何借题发挥,既不回避,又能合理巧妙地解决问题,都需要一定的机智。

在新学年开始的某一天,我非常精心地准备了"月球与月相"这一节课,由于知识点非常抽象,要求学生要有较强的空间思维能力,所以我借助多媒体动画等手段。正当学生的注意力全被投影屏幕上或圆或缺的月亮所吸引时,突然"啪"的一声,停电了。随着电脑的黑屏,我的脑子也一片黑暗。怎么办? 没有动画演示,继续把课本的内容讲下去,势必课堂会变得枯燥无味,学生兴趣也大打折扣。还是按惯例,改为作业讲评课,或者自习课。正当我还在犹豫不决的时候。后排哪一个调皮的学生已经把下一节上体育课要用的篮球迫不及待地取出来,掉得满地响声……我灵机一动,拣起地上的篮球,并用粉笔把它的一半涂成白色,又请了两个学生帮忙,顺利完成了月球绕地运动及月相变化的展示。

在复习"东南亚"一节时,我正情绪饱满地给学生介绍新加坡的国情——面积仅 680 多平方千米,是个弹丸小国,但经济……就听到有个学生怪腔怪调地问:"是肉丸,还是鱼丸?"顿时引来一阵哄堂大笑。我强压住心中的不快,平静地说道:如果把我们城厢区500多平方千米的土地比做肉丸,把秀屿区近700平方千米的土地比做鱼丸的话,那么新加坡比鱼丸稍小,比肉丸稍大,学生先是一愣,既而掌声雷动(城厢和秀屿是莆田下辖的两区)。面对课堂的意外,首先是冷静,它可使一堂"事故课"获得"故事课"的意外效果,可使"调皮鬼"的"恶作剧"得到巧妙的处理。利用意外情况与讲授内容快速合理地契合,这样灵感性的发挥创造是课前备课在课堂上的随时延伸。多留心生活地理,多积累课外资料,才有可能借题发挥做好"文章"。

(摘自吴荔飞《注重地理教学反思,促进教师专业成长》,《福建教育学院学报》2007年3月)

5. 教学叙述

本节中的教学叙述仅指对课堂教学活动的"故事化"描述,是一种以自我叙述为方式的个人反思活动。它既不同于教育叙事,也不同于教后记。教育叙事陈述面广,涉及日常生活、课堂教学和教改实践活动等教育教学的方方面面,而教学叙述仅围绕课堂教学进行陈述,不涉及其他方面。教后记是针对具体一节课的,相对来说,教学叙述在内容、时间及方式上更随意、自由。内容上可以是具体某节课的陈述,也可以是针对某一方面(图表使用、地理实验、纪律维持等)进行的陈述;时间上不限于某节课后,可以是对某一时段(学期或学年等)的陈述反思;形式上则有故事、日记、总结报告等多种形式。总之,撰写教学叙述,一定要能吸引读者;描述要能再现事件的场景和过程;读后要给读者带来一定的想象空间。一篇好的教学叙述就是一篇高质量的行动研究成果。当然,撰写教学叙述是需要大量第一手资料的,从这一角度讲,教后记又成为教学叙述写作的重要素材库了。

案例节录
释放你的美丽——发生在地理课堂中的小故事

场景1:

学校的铃声变成了彩铃,20秒的各色名曲,不敢说感动学生,但至少能感动我。

第四节地理课伊始,看着他们的一举一动:懒散,随意,交头接耳,甚至还有人在说脏话。我真的有些愤怒:年轻人的朝气都哪去啦?年轻人的热情哪去啦?

于是,我显出很懒散的样子,目光移向窗外,外面有落叶在飞。初冬,也许是一个让人烦躁的季节。我有气无力地说,"同学们,你们好!"

他们定定地看着我:不解,吃惊,疑惑。有几个同学随声附和:"老师好。"

课代表站起来问:"老师,你怎么了?"

这时的课堂已渐渐安静。

我仍很懒散的样子，保持1分钟沉默后说，"你们喜欢这样的老师吗？一个没精打采、注意力在课堂之外、对你们不够热情、对课堂不够主动的老师。"

"不喜欢。"

"可你们给老师的表现呢？伴着这优美的上课铃声，你们说话的说话，聊天的聊天，写作业的写作业，找书的找书，趴桌上的趴桌上……再看看你们的精神状态，懒洋洋的。冬日，第四节课的太阳很灿烂，可为什么我看不见你们灿烂的面容呢？你们可是一群风华正茂的男孩和女孩耶。"

我的笑容开始绽放，他们听我用他们的语言说话（耶），也悄悄笑了。

"其实，无论男人还是女人，男孩子还是女孩子，每个人都是天使和魔鬼的组合。在众人面前，为什么我们要把自己魔鬼的一面表现出来，而不是把自己天使的一面释放出来呢？众人面前展示自己的缺点，是不是傻子行为？

学生，不单要学书本知识，更重要的是学会做人，做事。所以，我们应该学着在众人面前隐藏自己的丑陋，释放自己的美丽。这不是虚伪，恰恰是成熟、长大的表现。

我希望我的学生们在课堂上是积极的、热情的、活泼的、上进的、充满朝气的……"

在说话的过程中，我发现学生们都悄悄坐好了，挺直腰身，面带笑容，不约而同地把目光定格在我的脸上……

场景2：

我的教学继续。

他的小动作也在继续——又在和左边的男生挤眉弄眼。

我很愤怒，对他的屡禁不止的行为。

"黑夜给了你一双黑色的眼睛，可你却用来挤眉弄眼。"我敲敲他的桌子，拍拍他的头。全班同学笑了，他也不例外。

"副科级"嘛，所以，地理课总是第四节或中午的第一节课，学生不是饿就是困，自然因素，我一直没有太好的办法解决。

这不，又有一位，趴在桌子上，梦得很香甜。

"李宁的广告语是什么？"教学内容正好告一段落，我抛出一个与课无关的问题。

"一切皆有可能。"几个爱好体育的男生很溜地说了出来。

"不错，看，地理课堂，14岁的先生正在呼噜，一切皆有可能啊。"

同学们的笑声把他惊醒了。

"动感地带,我的地盘我做主。请你站5分钟。"

他也笑了,大家都笑了。

楼主反思:

老师亲近学生,学生才会亲近老师,所以,当我们的尊严变得内敛的时候,学生才会在我们面前彰显他们的自尊。我一直认为,在初中地理课堂,育人比教知识更重要。问问自己就可以知道了,当我们回想起老师时,总是说那个老师的哪方面的魅力让我们记住,而往往不是哪节课的知识。总之,给我的感觉是:①学生更喜欢尊重他们的老师;②学生更喜欢博学的老师;③学生更喜欢信守承诺的老师;④学生更喜欢给他们的错误以改正机会的老师,然后你再严厉批评,他们都会接受。

(摘自"无限透明的蓝",http://bbs.pep.com.cn)

这一案例是目前网络上十分流行的教学随笔,能生动、详尽地再现课堂的场景和过程,属于教学叙述范畴。实际上,撰写教学叙述并无严格界定。撰写时,可以按事件发展的顺序陈述;可以从教师的视角,夹叙夹议地陈述事件;也可以从学生的角度陈述故事。

6. 论文写作

论文写作是教师进行课后反思的高级形式。教师在反思中发现问题,若以此为对象展开教学研究,既可以解决问题,又可以加强教师的理论素养。通过论文的形式把自己的教学经验加以总结提升,系统化,进而提高理论与实践相结合的能力。目前,许多教师的论文大多是源自于课后反思活动,论文形式以行动研究、案例研究为多。

7. 个人备课

个人备课作为教学的一个基本环节,是所有教师在教学中必须进行的一项工作。但与教后记不同的是,教后记是属于行为后的一种反思,它对于课堂教学行为是没有预见性的,而个人备课尽管发生在课前,但从另一角度讲,每次课前的备课本质上都是建立在对先前课堂教学经验与教训的种种反思基础上的。故比较而言,个人备课是一种行为前的教学反思,它对于课堂教学行为有一定的预见性。它既是先前反思结果具体运用的表现,也是反思过程的体现。即备课时教师把先前的实践反思结果先运用进来,然后再靠进一步的反思,使其完全融入下一次教学设计之中。个人备课一般涉及教学内容、学生与教学方法等三方面。

以上所述的个人反思方式,教师可以按实际情况选择使用,更好的是组合使用。在实际操作中，可以准备一个教师成长文件夹，以收集教师平常所写的有关反思性论文、专题反思，或所作发言的记录等，这样教师也便于与他人进行交流，并能够以发展的眼光看到自己的进步，促进教师的专业发展。

二、学生视角的反思

从学生的视角进行课后反思也十分有必要。学生由于在实际需求、知识能力及兴趣爱好等方面的个体差异，必然会对同一节地理课的教学方法、教学内容、教学进程等方面有诸多迥异的感受。据此，教师在课后应从学生的角度来反思自己的教学行为及其结果，时常扪心自问："这节课学生听懂了吗？学生能学到些东西吗？课后学生会有兴趣继续探究吗？学生学得开心吗？"这种基于学生视角的反思可以使教师更清楚地认识到自己教学上的优点与不足，从而使教学更具有广泛性与针对性。正因如此，从学生眼中来观察教师的教学行为，也是课后反思的一个重要途径。具体方法有与学生谈话、课堂调查、作业评析等。

1. 和学生谈话

通过谈话征询学生对自己教学的反馈意见，从学生的眼里认识自己，这是教师进行课后反思的一个重要渠道。谈话形式多种多样：有见面式的，如师生单独交谈、师生座谈会等；也有不见面式的，如设立个"悄悄话信箱"，引导学生倾诉个人看法，或借助网络技术，在 MSN 或 QQ 上交流等。这样的交谈不仅有利于教师获得反馈信息，以促进反思，还有利于增进师生的感情，培育出一种融洽、和谐的师生关系。

> 🔍 案例节录
>
> **关于"三板"教学与现代教育技术的反思**
>
> 记得有一次自己去上课，按照惯例带着U盘，可到了教室发现U盘无论如何也打不开了，上课的铃声响了，这时候的我急忙调整思路，看了看黑板，迅速设计好了板书和板图。然后用最传统的一支笔、一张嘴和一本书，从容走上了讲台。课后与学生交谈时，却意外地获得了学生的好评。有的说："老师这节课的板书实在太好了，板书和PPT比起来的好处就是可以较长时间地保留，这样上课时可以方便学生随时回顾前面讲过的内容，但是PPT每换一张，前面的内容就看不见了，所以我们急于抄笔记，往往忘记了抓重点。"还有一个学生说道："如果一堂课从头到尾用多媒体就像给学生放电影，记得开头，记得结尾，就是不记

得中间讲什么了。学生抓不住重点,笔记也无从记起,一味地放 PPT,显示不出重点啊。板书——我指的是黑板板书,能体现出一个教师的性格和素养,对于学生对教师的了解以及师生间的沟通有促进作用。"曾经以为现代教育技术能够取代传统的板图、板画、板书,原来并不是这样的,学生对传统的板书充满了期待,这不能不引起我们的思考。

（摘自陆芷著《初中地理教学中的问题与对策》,东北师范大学出版社 2007 年第 1 版,第 240 页）

2. 课堂教学调查

课堂教学调查是教师根据自己的课堂教学实际自我组织的调查。内容主要涉及某一时段内学生对教师教学行为的某一方面或某几方面的感受,如教学内容的处理、教学方法的选择、语言的运用、突发事件的处理等等。此外,教师还可以向学生了解这一时段内,学生什么时候感情最投入、什么时候最不能引起学习兴趣、什么时候感觉困惑和迷茫等等。课堂教学调查通常可采用选择题或问答题的形式,题量不宜过多,回答也不宜过于繁难。这一方式既有助于教师了解自己的课堂教学对学生的影响,又让学生们获得了受重视的体验。

🔔 **疑问解答**

问:某校运用"初中学生有关地理的调查问卷"进行了一次调查,得出部分数据:51％的学生觉得老师聊天式讲课好,38％的学生喜欢听老师讲述自己的体会,11％的学生满足于照本宣科式的讲课。当拿到一幅地图后,有 51％的学生能读懂一些,48％的学生会读。若去一个陌生的地方之前,有 36％的学生要查阅地图,而 54％的学生则是问别人怎么走,还有 10％的学生跟着别人走。你如何看待以上数据?

答:前者说明,讲授法无疑仍是最常用的方法。对教师来说,如何讲是一个素质问题、一个基本功问题。学生希望老师的课讲得更贴近自己、贴近生活,更具有吸引力;讲得有声有色,生动有趣,好听好记。后者说明,绝大多数学生具备一定的读图能力。但能在平时自觉使用地图的学生还不够多,因此作为教师应该加强对学生应用地图的指导。

3. 作业评析

学生作业的情况是检验教师教学效果的一个有效手段。通过对学生作业完成情况的反思,教师能够检查出自己的教学效果以及教学中存在的不足,以便改进。

同样,考试也是教学评价的重要方式,它所反馈的信息,有助于教师调整下一步教学过程、修正教学目标。因此,对考试反馈信息的反思,也是教师反思的重要内容之一。

案例节录

让地理作业生动起来

在高一地理(必修一)"地壳物质的循环"授课后,我照以往一样布置作业,要求学生画张"地壳物质循环示意图"。在布置作业时,对前两个教学班,我简明扼要,没有过多的描述,学生反应平常,对作业也没有什么异议,如期上交。在随后的几个班中,我特别向学生强调:这张图无论怎么画,只要符合地理原理,有科学性就可以,要求是每个同学能"画出你的风采,show出你的个性"。当晚,在15班的晚自修时,有一个学生慌慌不安,又有点得意地交了一份比较"另类"的作业给我,并暗自观察我对作业的反应,我注意到,有不少学生在对我察言观色,等待我的态度。看来这份作业已在班上的小范围内传看了,当作业得到我的高度赞赏后,班级中更多的学生开始对这份作业传看,并进行讨论,学生的兴趣被激发了,更多的学生开始创作,结果15班是让我收获最多惊喜的班级。在完成作业的质量、完成的认真程度、上交的积极性、对老师的评价的期待度上,与以往相比有明显的不同,特别是在作业的创新性上远远好于其他班级。

可以看出,这次不同以往的作业形式,更多地调动了中等程度学生的学习积极性,让更多的学生参与学习实践活动,在自主探究活动中获取了新知识,所以学习效果比较明显。其实不论采用什么形式的作业,只要教师精心设置,体现新课程要求,而学生能自主完成作业,就能指导学生进行独立思考,体现学习的实践性。

(摘自海口市第十四中学地理组,http://blog.cersp.com)

三、同事视角的反思

课后反思不仅仅局限在教师自我独立的反思,还需要与同事对话,开展群体合作反思,这样课后反思的效果才会更好。这是因为单纯的自我反思不易深入,往往囿于自我狭隘的教学习惯中,倘若与同事进行对话,一方面可以发现自己平时意识不到的优缺点,增进反思的广度与深度;另一方面,观察周围同事的工作状况,挖掘他们的成功体验,也有助于解决自我反思中的疑惑。开展同事间的群体反思,常见的方法有听课、集体备课、案例讨论、闲暇谈话、网络日志等。

1. 听课

促进课后反思的听课,往往采取"走出去,请进来"的办法进行。"走出去"指的是主动去听同事的课,"请进来"指的是请同事来听自己的课。这两种形式的听课活动,都有助于切磋教育教学经验,增进群体反思。

"走出去"听课一般有两种方式:一是对比式听课,即听不同教师教授同一教学内容。这种形式的听课可以把反思的单位时间最小化,内容最具体化,反思到实践的周期最小化。二是观摩式听课,即指教师依据一定的教学要求上公开课,其他教师听课观摩。在形式上,除现场观摩外,还可观看录像,采用微格回放的技术,边看、边议;在科目上,除本学科外,还应跨学科听课,反思那些受学生欢迎的其他学科教师的上课风格、思维谈吐及教学流程等。总之,"走出去"听课除了要关注授课内容外,更重要的是关注授课形式,反思形式是如何为内容服务的,从中选择最好的教学方式。

"请进来"听课也有两种情况:一是听上课,请同事或专家光临自己的课堂,课后教研,让他们指出自己课堂中存在的优缺点,并反思改进。二是听说课,说课是对自己处理教学内容的方式与理由的说明,这些说明体现着教师对自己处理教材方式的反思。因此让同事或专家来听自己说课,也是一种高效率群体反思的方式。

拓展链接

同文异构一词源于"同文异教",最早是由上海市徐汇区中学语文教研员曾宪一提出的。原意是对同一篇课文采用不同的教法,具体形式多样。后来,"同文异构"拓展为不同教师在同一年级的平行班采用不同的教法,突出不同教师的教法对课堂教学的影响及效果。

2. 集体备课

教研组、年级备课组同事间的相互讨论、交流,所形成的集体智慧可以促使教师重新设计和完善自己的教学过程,矫正个人理解的偏颇,促进自我更深刻、更全面地反思。

3. 教学案例讨论

教学案例讨论是指将同事关心的课堂教学案例作为剖析的对象,共同参与讨论与反思,最后求同存异地形成书面稿。一般步骤有:

首先阅读分析教学案例。设身处地地分析教学案例中的教学行为及对策是否合理,弄清问题产生的原因,寻求解决的办法。

然后分组讨论。个人通过第一阶段的阅读、研究、分析获得自己关于案例问题

第 11 章 地理教学课后反思技能

及讨论问题的见解后,便可进入小组讨论阶段,讨论中要求小组中每个成员都要简单说出自己所做的分析及对问题的看法,供大家讨论与切磋。

最后反思总结。这是最后的环节,要求每个教师写一个案例学习报告,对自己取得了哪些收获,解决了哪些问题,还有哪些问题留有疑问等,做出全面的总结。

4. 闲暇谈话

教师闲暇时的谈话,可以启发对教育理念的理解;可以为教师解答疑惑提供新的思路;也可以激发灵感,促进教师更有效地进行思考。这种谈话应保持一种轻松、随意的氛围,可以在办公室、食堂等不同地方进行;也可以在不同学科教师间进行。某些学校组织的沙龙实质上也属于此类型。

5. 网络日志

计算机网络技术大大拓展了同事间反思的渠道、层面和水平。网络日志——"博客"(Blog)是其中的一种典型手段。它是一种表达个人思想、内容,按照时间顺序排列,并且不断更新的出版方式。教师可以利用网络日志将日常的思想精华及时记录并发表,也可以通过阅读别人的网络日志,来获取对自己最有价值的信息。网络日志提供的交流方式突破了时空限制,使同事间的交流更具有平等性与自由性,同时也提高了反思的自主性。在网络日志所提供的这个反思空间中,教师可以放弃所有的顾虑,畅所欲言。此外 MSN、QQ 也是目前十分流行的网络聊天软件。

除上述外,同事间的反思还可依靠定期或不定期的培训或教研活动等展开。

四、文献视角的反思

课后重读有关教育的理论著作及杂志,可以帮助教师更好地进行反思。这是一种与专家、同行不见面的"对话"。凭借文献的反思,教师可以开拓视野,汲取有效信息,并用来诊断自己在教学实践中所遇到的疑惑和困难;有助于把自己的经验或缄默知识上升到理论层面;有助于教师冲破传统的实践模式和所谓的"集体共识"。文献所提供的与个人想法相左的内容,往往具有启发意义,这些因素能给教师提供创新的契机,从而避免理智上的停滞。总之,反思若能与重读文献相结合,则可以提高反思的质量。长久坚持,必有收获!

第2节 课后反思技能运用的基本要求

一、运用地理课后反思技能的共同要求

1. 自觉性

地理课后反思是具有责任感的地理教师的积极、自觉的行为。若仅靠外界(年级或单位)的行政要求,消极被动地进行反思,无论运用哪种技能,都是敷衍了事,无法取得良好效果。因此,自觉性是保证课后反思效果的前提。

2. 坚持性

地理教师在运用课后反思技能时,应持之以恒,使之成为一种习惯。每次地理课后,无论运用哪种技能,或结合使用,最好形成相应的规律。如每节课后可进行自我对话;每周及时撰写教后记;每次公开课录像后,可进行录像反思;每两周可以撰写网络日志;每个学期可进行课堂调查、专题反思等。持续的课后反思会促进教师的专业发展,相反,那些偶尔为之的课后反思即使伊始作用显著,但不久就会消退。

3. 继承性

地理教师在运用各种课后反思技能时,都要在原有基础上进行,不能凭空奢谈。反思时既不能妄自菲薄,也不该刚愎自用。用今日的自我同昨日的自我比较,汲取其中先进、积极的成分,摒弃落后、消极的成分,在扬弃中不断促进自我的专业发展。

4. 合作性

"吾尝终日而思矣,不如须臾之所学也",荀子的这句话道出了地理教师在课后反思中的合作性要求。反思要寻求同事、专家的帮助,不能闭门造车,而要互动发展。即使在上述自我视角的反思中,貌似没有合作性要求,但自我反思的一些评价标准、方法技能也会带有他人的烙印。

二、各种常用地理课后反思技能运用的基本要求

除上述共同要求之外,下列几种常见反思技能在运用时也有各自的基本要求。

1. 教学后记

（1）要以地理课程标准为指导

在撰写教后记时，要以课程标准为立足点，应仔细、反复研读课程标准，确立反思的视角及教后记撰写的基本框架。

（2）要有自我诘难的勇气和习惯

在撰写教后记前，脑子里要像放电影一样，自己把先前的课堂教学过一遍。最好还要征询学生的感受，养成不断追问自我的勇气与习惯。以豁达的胸怀、谦恭的态度审视自己的教学行为，在貌似没有问题的地方发现问题。

（3）要有对今后课堂教学改进的思考与措施

完成一篇教后记不是最终目的，由此产生一个对自己课堂教学行为的改进方案，才是教后记的最终目的。前面所述的"再教设计"就属于此类。

2. 教学叙述

（1）突出主题

对收集的各种素材按一个主题（感兴趣的、有争论的或新提倡的等）进行筛选，串联起来。如前面案例"释放你的美丽——发生在地理课堂中的小故事"叙述的课堂教学场景，主题很鲜明，即地理教师如何科学艺术地处理课堂教学中常见的纪律问题。

（2）注重细节

顾名思义，教学叙述的写作应以叙述为主。因此，撰写时必须处处注意用"事件"来讲故事。关注对事件细节的描绘，使读者在了解故事的来龙去脉中，感悟隐藏在细节间的潜在之意。富有感染力，引起共鸣是教学叙述的价值。当然，有时评析也是不可缺少的，但一定要言简意赅，不能长篇大论。

3. 课堂教学案例讨论

（1）讨论前精心准备

同事共同反思教学案例时，需要事先做精心准备，这样才能避免流于形式的群体反思。首先，地理教学案例须是组织者（教研员等）精挑细选的，教师熟悉、关心的，能体现新地理课程标准的教学案例。其次，参加讨论的教师都要事前听过这堂课或看过教学录像。最后，组织者还应将教学案例事先发给每位教师，使教师有充分的时间阅读案例。此外，还应附有此次讨论反思活动的步骤计划及讨论的主题（即若干个供选择的问题）。

（2）讨论中听讲结合

在共同讨论中，首先应避免"应付检查"的消极心理，真正地以主人翁的意识积极投入。在具体讨论中应听讲结合：既注意仔细倾听，又要直抒己见，增强群体反思的有效度及参与度。应避免教师"听"得多，"说"得少；人云亦云，一边倒；小组讨论，逐一发言，少有争论等现象。除了每位参加的教师需注意之外，更需要主持者、小组长把握好讨论的形式、方向，保证讨论的有效性。另外，须准备好记录本、录音机及照相机等必要工具及时记录讨论过程。

（3）讨论后求同存异

讨论反思后，教师肯定会提出不同的见解，这是很正常的现象。有些问题可以在讨论中逐渐清晰，获得共识，但对有些问题仍会存在认识上的分歧，而讨论中也会产生新的问题。因此同事间进行案例讨论时，需要求同存异。切忌把与讨论当成辩论比赛，没有必要好辩逞强，争得你死我活。

4. 网络日志

地理教师运用 Blog（博客）进行课后反思，应具备一定的网络条件，如硬件支撑——校园局域网、Internet 及个人电脑等；软件基础——教师的信息技能、网络教研氛围等。除此之外，在撰写 Blog 时，还有下列几方面的基本要求：

（1）勤于观察、捕捉问题

Blog 不是对课堂教学事件的记录，而是要求地理教师通过观察与思考，捕捉那些能引发自己思索的事件，形成问题意识，进行有效反思。地理课堂教学可能会遭遇各种问题，除地理教师自身的知识、教学方法问题外，还有相当一部分涉及地理的学科地位、学生的纪律等问题。因此在提出问题时，不应消极地抱怨，而应客观陈述事实，提供自己的思考和观点。

（2）善于记录、留住问题

引发自己思索的事件有时是随机出现、稍纵即逝的。因此，地理教师平时就要及早捕捉信息，善于记录，留住问题。课堂教学之后，有了想法就要迅速记在教科书或教案上（若随身备一迷你记事本更好）。记录时，用些自创的符号，只言片语地记录，力求迅速。课间或回家后，应在专用本上仔细描述这一想法。过段时间后，就可以从中挑选撰写 Blog 了。

（3）夹叙夹议、分析问题

具体撰写 Blog 时，应将事件的描述与分析结合起来，夹叙夹议地撰写。描述要详细，使读者能凭借文字，在脑海中再现场景或片段。分析要有自己的思考与观点。

最后，已完成的 Blog 要经常上网浏览，看看他人的评论留言，重读原来的日志，从中产生新的体悟。

三、运用地理课后反思技能时
需要避免的几个误区

1. 失败时反思，成功时不反思

有教师认为，反思是犯错误和失败的代名词。的确，当地理教师遭遇挫折时，更能激发自我的反思活动，但仅如此理解，则是肤浅的。其实反思不应仅仅停留在"悔过"上，总结经验比检讨错误更加重要。课后反思时，应首先指出自己的闪光之处，然后才是怎样做得更好，最后才是还有什么感到遗憾。只有这样，课后反思才能促使日常教学更积极地开展。

2. 让他人知道自己的经验反思，避免他人知道自己的教训反思

这一误区是担心若把自己的失误让同事或学生知道，会影响自己的威信。其实这个顾虑是多余的。敢于自我否定、纠错其实会得到更多的敬重。一方面可使自己进步得更健康；另一方面会体现出人格魅力。

3. 反思重想轻做

有些教师望文生义地简单认为，反思就是"冥思苦想"，是纯思辨。实际上，这是错误的理解。反思的目的是要引起行为的变化。在行动中反思，反思后再行动。

4. 反思是自己的"独立思考"，与他人无关

正如前所述，课后反思有许多其他方式，但并不排斥师生间、同事间的合作交流。群体反思可以取长补短，激发新的思想。

5. 反思是自己对教学的实践研究，不必再学习理论

反思的确促使教师从个人的经验中学习，但并不否定教学理论的作用。理论可以为反思服务，为我们的课后反思提供新的视角。

技 能 训 练

1. 运用下列提供的两种"自我反思训练方法"样例，选择自己所教学的一节课和一单元内容进行反思；并要求反思后对所提供的样例内容作补充和修改，使其更加完善。

样例1:课堂教学反思录

科目_____课题_____班级_____

时间:_____年_____月_____日_____午 第_____节

(1) 我的教态(音调、体态、表情及行为等)如何?

(2) 授课后的自我感觉(快乐或沮丧、成功或不知所措)。

(3) 地理教学中有没有联系实际生活中的事象、热点?若有,哪些地方,如何联系的?

(4) 地理教学中有没有进行跨学科的横向联系?若有,哪些地方,如何融合的?

(5) 哪些教学设计取得了预期效果?有生成性问题吗?若有,如何处理的?

(6) 学生听课时对地理知识、原理及图表的反应是什么(是否有兴趣、是否能掌握)?

(7) 发现有闪光点的学生吗?若有,叫什么名字,闪光点是什么?

(8) 有扰乱课堂教学秩序的学生吗?若有,叫什么名字,行为及其原因是什么?

(9) 教学时,我与学生所占时间分别是多少?方式是什么?

(10) 如果给我重试的机会,在哪些方面我将做得更好?

样例2:单元反思表

表11-1 单元反思表

内　　容	次数	原因
地理课堂上的窘迫情形		
地理课堂上的得意之笔		
课堂里意料之外的学生亮点		
目前引起思索的问题		
……		

2. 邀请地理教师和其他科目的教师听课,观察你的教学思路与教学过程,并指出教学中存在的问题,你据此进行课后反思。

第 12 章　地理教学课后评课技能

　　张老师在她的博客中写道:"一直以来,都觉得评课是一种很好的教研活动方式,通过评课,任课教师可以集中众多评课教师的意见,集思广益,提高教学水平。所以,曾经愚钝地以为,评课是对执教者的馈赠,最大的受益者是被评价的任课者。日前,笔者参加了一次教研活动,发表了个人的一些见解,与评课教师的互动,激发了我的评课灵感,感觉收获很多,突然发现,评课同样是对评课人的馈赠,评课人也是评课活动的受益者。"

　　庄子曰:"知出乎于争。"教师间的一种常见的争论、交流方式就是评课。正如张老师所述,评课对于执教者与评课者双方都有所裨益,评课的效益直接影响着课堂教学质量。

第 1 节　课后评课的基本方法

　　在日常的地理教学中,有许多种评课形式,如有领导对地理教学人员鉴定式的评课,有教研员或学科带头人等有经验的教师指导性的评课,还有同行间研究探讨、相互交流式的评课等等。评课形式不同,其功能差异也很大。新教师的评课当然不会有专家、领导评课那样的指导、管理、评定等功能,但对于刚走上三尺讲台的地理教师来说,学会评课也是教学实践的重要一环。在评课过程中,地理教师将会进一步认识沟通及学习借鉴,同时教学科研能力也会有所提高。

一、好课的评价标准

要评价一节课,首先得有一个评价标准。好课的标准是什么呢?

华东师范大学教授孔企平认为,一堂课是不是好课,既要看结果,又要看过程。他在《好课看什么与评课文化反思》中作出了鲜明的阐述:看过程,可以从教师教的角度来看,也可以从学生学的角度来看。要看学生是否参与了、投入了,是不是兴奋、喜欢;要看学生在课堂教学中的思考过程。

张万龙老师在《小学青年教师》中认为:能让学生主动参与的课是好课,能让学生受益一生的课自然是好课,能让学生拥有一种精神、一种立场、一种态度、一种不懈的追求的课才是名副其实的好课。

从上述关于好课特点的分析中,我们了解到,当前评价地理课堂教学的关注点已由教师的"教"转到学生的"学"了。能够让学生实现有效学习的课,是好课;让大多数甚至让每个学生都能在相当程度上实现有效学习的课,是最好的课。这一评课标准的转变是对新课程理念的积极响应,同时也要求评课者在今后的评课活动中,结合教师的"教"与学生的"学"共同来评课。尤其要突出学生学习过程中方法、情感的评价。

为此,我们分别提供两种视角的地理课堂教学的评价标准供比较、参考(见表12-1、12-2)。

表 12-1 基于教师教学行为视角的地理课堂教学评价

评价项目	评 价 标 准
教学思想	1. 面向全体学生,全面提高学生地理素养;体现差异,因材施教 2. 给学生创造机会,让他们主动参与地理学习
教学目标	1. 符合地理课程标准的要求,目标明确、全面、操作性强,且符合学生实际 2. 教学目标达成意识强,贯穿地理课堂教学始终
教材处理	1. 内容安排合理、系统、有序,注重逻辑性和科学性,利于学生的接受、理解和探究教学内容 2. 重点突出、难点突破 3. 适时补充相关背景材料及地方资料支持学生学习,拓展教材内容。反映地理学科前沿,反映地理学科知识与社会、生活之间的联系
教学过程	1. 教学思路清晰,课堂结构严谨,教学密度合理 2. 体现地理三维目标的形成过程,结论由学生自悟与发现

评价项目	评 价 标 准
教学方法	1. 教法符合教材、学生和教师的实际 2. 能落实基本地理知识，又能体现地理技能与思维的训练 3. 重视运用地理图表、运用其他学科知识及现代教育技术进行教学
师生关系	1. 能够有效地营造活跃、平等的师生情境，激发学生学习地理的兴趣 2. 结合地理教学内容，鼓励学生动手、动脑、自主探索，创造良好的氛围
教学 基本功	1. 无地理及相关学科的知识性错误 2. 言行规范、亲切、自然、端庄、大方 3. 板书工整、美观，言简意赅，层次清楚 4. 能熟练运用现代化教学手段 5. 应变和调控课堂能力强
教学个性	体现地理教师个人的教学风格

表 12－2　基于学生学习视角的地理课堂教学评价

	评 价 项 目
学习方式	接受学习、探究学习、合作学习与自主学习等多种学习方式组合
学习水平	1. 能围绕地理主题主动提出相应问题 2. 积极参与地理课堂讨论，能表达自己的见解 3. 能独立思考、思路独特、有个性 4. 富于多姿多彩的想象与幻想力 5. 拥有主动探究、质疑的精神 6. 能用地理知识应对实际问题
学习效果	1. 较好地掌握地理基础知识和基本技能 2. 地理实践能力得到较好的培养，有自学能力 3. 学习地理积极，课堂气氛活跃，外延至课外

🔔 **疑问解答**

问："基于学生学习视角的地理课堂教学评价"未包括有些方面，如学生的课堂活动，你知道可以从哪些方面评价学生的课堂活动，它们能说明地理课堂教学的什么问题？

答：学生的课堂活动可以从活动广度、活动时间及活动质量等方面评价。①活动广度，一方面是指学生多感官都能积极、主动地参与到课堂学习之中，另一方面是指学生参与的广度，如有些地理课尽管有师生对话，但回答仅集中于少数学生，小组活动也仅是组长的活动，那么这样的地理课没有面向多数学生，是低效的。②活动时间，即一堂地理课属于学生自己的时间是多少。在"满堂灌"的地理课中，显然学生难以有自己发挥的时间，也就没有进行探究学习、合作学习及自主学习的可能。③活动质量，活动也不是时间越多越好，越热闹越好，应该确实能培养学生的学习能力，激发学生的深度思考。现在有些地理教师肤浅地理解了"以学生为本"的理念，追求学生的竞赛、游戏等外显的活动，追求热闹，甚至是演戏过场。一节地理课下来，无论是学生还是听课教师，走出教室，脑海就是一片空白。这显然是更无效的地理课堂教学。

二、评课的基本方法

评课的方法多种多样，不同的评课者所使用的评课方法也不尽相同。但所有的方法都应围绕上述标准展开。下面结合地理学科实际介绍几种常用的评课方法。

1. 单项评析法

单项评析法是从一堂地理课的某个方面进行有针对性的评析，是一种局部评课法。单项评析法既可降低评课难度，避免流水账式的面面俱到，又节省了时间，这对大多数教师参与评课是十分适用的。选取的评析项由于往往是自己听课后印象最深、感触最大的，因此对自己的借鉴作用也很大。一般选取的切入点越小，往往能评析得越深刻越透彻。例如，在地理教学评课中可以常常从地理教师的语言、板书、板画、图表的使用、多媒体的辅助、导入设计、练习设计、学生活动的组织、教材的再处理、地理基础知识与技能的落实、地理思维的训练等视角评析。

拓展链接

特级教师徐世贵在《怎样听课评课》一书中，从课堂教学单项评析的视角提出了表 12-3 所示参考建议。

表 12-3　课堂教学单项评析的视角

选择单项评析角度	选择更小角度评析
从处理教材角度评析	1. 从教学思路设计角度分析 2. 从知识处理科学性、准确性角度分析 3. 从突出重点、抓住关键角度分析 4. 从搞好铺垫、突破难点角度分析 5. 其他

选择单项评析角度	选择更小角度评析
从教学环节设计角度评析	1. 从导入设计角度分析 2. 从讲授新课角度分析 3. 从练习设计角度分析 4. 从课堂小结角度分析 5. 其他
从教学手段运筹角度评析	1. 从课堂情境设计角度分析 2. 从课堂板书设计角度分析 3. 从课堂提问设计角度分析 4. 从运用电教手段角度分析 5. 其他
从现代教育思想角度评析	1. 从发挥学生主体活动角度分析 2. 从重视思维训练、能力培养角度分析 3. 从重视学法指导角度分析 4. 从重视学生创新能力角度分析 5. 其他

案例节录

“长江”一课的读图评课

“长江”这节课的教学主要采用图像法，以多种图像(地图、景观图、示意图等)为主线进行学习。该课教学有以下两个特点：

1. 注重学生用图的指导

乐老师平时教学中就非常注重地图的运用。本节课乐老师不是按部就班地一幅幅出示地图，让学生根据老师设定的程序读图，而是提出：要了解一条河流我们会先从哪些方面着手来一步一步认识它呢？当学生提出要学习了解的内容后，乐老师不是急于给出答案，而是再追问：那我们想想，可以通过哪些图来寻找答案呢？这一提问非常好，它打破了传统的学生等待老师给出地图再来阅读，教师给什么图，学生就读什么图的现象，而是引导学生自己选择用图。学生在动脑选择用图的同时，建立了地理知识与地图之间的联系，这一方法指导对学生学会学习是很有意义的。

2. 注重地理景观图的阅读指导

地理景观图是地理图像系统中的重要内容。过去教学中往往忽视景观图的作用，只是将景观图作为一种情境，而忽略了景观图中所蕴含的地理特征。事实上，景观图中所显示的地理特征是很直观的，有利于学生在感性认识的基础上，形成有关的地理概念。乐老师则抓住了景观图的这一特点,要求学生通过观看景观图片和录像片描述长江上、中、下游的地理特征。通过对景观图片的描述,学生不仅感受到景观的美,而且认识到景观与地理特征及其成因之间的关系。

(摘自《地理学科课堂教学设计和实施案例》,上海教育出版社 2006 年版)

2. 特色评析法

特色评析法是指对一堂地理课中的某些与众不同、新颖独特的好做法与创新举措进行评析。简而言之,就是对执教者教学风格的评析,体现了执教者的教学个性。特色评析法通常使用在对优秀教师、老教师的课堂教学评析中。特色评析法不同于单项评析法,因为特色可能是单项的,但也有可能是综合的。所以评课者可能要综合考虑授课者的特色所在,哪儿与众不同,哪儿有所创新? 当然这些特色都要对地理教学起到积极作用,都应以现代地理教学理论为指导,反映了现代教学思想,符合现代教学论要求,符合学校、学生及教师本身的实际情况,而不能是哗众取宠的。

例如,有地理教师在"地球上的五带"一课中,使用图片、地球仪、自制阳光照射板等传统教具时,表现了"细"与"巧"的特色。尽管此课设计于 20 世纪 80 年代,采用的是传统的教学媒体,但由于该课创造性地使用了传统教具,所以即使在计算机多媒体已普遍使用的今天看来,依然先进独到、特色鲜明。因此,评课时就可以以"细"与"巧"做文章。

3. 诊断评析法

诊断评析法是侧重于在评课中发现问题、提出问题,进而研究问题、解决问题的评课方法。按特级教师徐世贵的观点:"诊断评析通常要经历'诊—断—治'三个阶段。所谓诊,是发现问题和提出问题。通过对课的分析,找出优点,找出缺点,分析特点。所谓断,就是对于提出的问题进行原因分析。分析原因,一是要注意借助教学理论和优秀教师成功的教学经验;二是要同行间广泛地交流与启发,以便'确诊',找到'病根'。所谓治,就是针对'患病'的原因,对症下药,提出改进教学的意见。"尽管教学诊断通常是由教学经验丰富的教师来担任,但对于刚走上工作岗位的新教师,同样也具有借鉴价值。运用这一评课方法,也能较好地进行自我诊断。

案例节录

"地球自转的地理意义"的诊断性评价

基本情况:

这堂课是"地球自转的地理意义"(初中)的第 2 课时,主要教学内容为时区的时间计算和日界线的作用。听课教师通过 1 小时的交流,对整堂课的情况进

行了分析,作出如下评价:

1. ×××老师的教学基本素养高,教学应变能力比较强。

2. ×××老师对课程资源的开发和利用意识比较好。

3. ×××老师的教学准备充分,教学细致到位。

4. ×××老师善于问题情境引导,注重教法、学法。(比如"关于孕妇生双胞胎姐妹,先出生的姐姐比妹妹年龄小的问题"等,这些问题趣味性、应用性很强。)

问题与建议:

问题一:×××老师的语言清晰,但教学语调较平,激情不足。

建议:注意语言速度、音量的调节。尤其在新知识的引入及重点知识的教学中,如果能进行强调,把声音抬高,会起到更好的教学效果,课也会显得更生动。

问题二:×××老师的教态亲切,但与学生的沟通上稍显不够。

建议:注意走到学生中去,尤其是在学生交流时。提问时,应改变"用手指点"为"用手请的姿势",虽是细节,但感觉不同,要改变习惯。另外,最好能多记住一些学生的名字,多了解学生,定能发挥学生的积极性。

问题三:×××老师注重开发、利用课程资源,但未能有效地捕捉到课堂中的一些生成性资源。比如在"双胞胎"一问中,下面学生中有两种不同的见解。虽然所选的学生答案"从西到东"是正确的,但教师没有继续追问。导致一部分学生知识仍然混淆,到后面一题中这一问题又凸现出来。

建议:教师要注重捕捉并运用课堂中的一些生成性资源,特别关注学生学习中的一些问题,及时引导、解决。

问题四:×××老师备课认真,但一些课前准备需要注意。比如,由于课件没打开,对整堂课有影响,对教师发挥有影响。实际上,最后课堂时间紧,没来得及小结均是受此影响。

建议:使用课件可早几分钟、或提前到教室,将课件拷贝到电脑上,尝试是否可以正常使用,避免课堂使用出现类似问题。

问题五:缺乏小结。

建议:低年级的课堂要特别注意小结,使学生明确学习任务、课堂学习的主要内容。教师在课堂中注意时间上的把握,处理好小结这一环节。

问题六:多媒体的使用存在一些细节问题。

建议:在复习地球自转,介绍日界线的时候,尽管多媒体也能呈现,但不要忽略,可以让学生使用地球仪。有时,地球仪在地理教学中具不可替代的作用。

建议:实物投影不要直接用手去指,应改用笔或其他尖细的工具;指屏幕尽可能不用尺,而是准备教鞭或激光笔。

(摘自 Shuiqi's Blog, http://www.xingyun.org.cn)

4. 探讨评析法

探讨法就是对一堂地理课中出现的某些事物(尤其是新事物,如新专题、新教法、新学法)或某些把握不准的问题进行探讨性评析。运用探讨法评课,有利于学术讨论氛围的形成;有利于澄清一些模糊或错误的认识与做法;有利于新思想、新方法的确立。若学校按教研组设置办公室的话,探讨评析法将可能是使用最频繁的评课方法了,它简单易行,可随时进行。

🔍 案例节录

地理双语课的探讨评价

笔者前不久去聆听了几堂地理双语课,在一堂"澳大利亚"的地理双语课上,教师在教学日常用语中使用英语,如:"class begins"、"open your books and turn to page xx",充分打造英语环境;在具体教学中借助学生在英语课中学会的句型,进行地理设问。如设问"Which ocean is to the east of Australia?""What is the area and population of Australia?"等。另外又耳目一新地设计出了一个"Why"—"Corners"—"So"—"Brain storm"四个游戏,整堂课在四个游戏的贯穿下,徐徐进行。在"英国"地理双语课中,教师则采用浸入式进行双语教学。既有精致的中英对照的板书,又介绍了某些地理名称的英语表述。既考虑了学生的实际情况,又有意识地扩充了他们的英语词汇。课后笔者即为执教教师的英语水平所折服,但总感觉少了些"地理味"。有些地理课俨然成为了英语课,缺少地理技能的培养与地理思维的深度。能不能实现地理与英语的"双赢"?笔者认为这是地理双语教师需要认真探讨的。

5. 综合评析法

综合评析法,就是对一堂地理课进行综合全面的评析。这种评课方法能对一堂课做出较为客观的评价,有利于授课者全面总结经验,克服不足;同时也有利于评课者借鉴经验,取长补短。但是综合评析法对评课者要求比较高,费时较多,不易操作。所以使用时应先分析后综合,并适当进行书面记录,避免报流水账。

用综合评析法评价一堂地理课,正如上所述,需要从师、生两个角度进行全面评价,内容包括上述评价表中的诸多指标。

🔔 疑问解答

问:上述"地理教师教学行为的评价标准"(表12-1)中有许多评价指标,你认为它们之间权重如何?与传统的地理评价标准比较,新地理课程标准有哪些变化,侧重点是什么?

答：权重当然不一样。过去评价注重教师语言清晰流畅，教学思路清晰有序，板书工整合理等；而新课程则注重是否有效地组织学生发现、寻找、搜集和利用学习资源，是否恰当地设计学习活动并引导学生主动参与，是否落实学生的主体地位，是否建立良好的学习环境，是否在落实地理基本知识的同时，培养了地理技能与地理思维。总之，将"评学"作为课堂教学评价的重点。

在新地理课程标准下，教师的素质和教学能力都需要进行重新定位。语言流畅、思路清晰、板书板画工整合理，这些虽然是地理教师的基本素质，但仅做到这些还不够。地理教师的教学能力应更多地表现在能否及时地了解学生在课堂上做了些什么、说了些什么、想了些什么、学会了些什么和感受到了什么；能否为学生开展有效的学习活动创设理想的学习环境；能否有效地为学生提供动手时间、自主探索与合作交流的机会和空间；能否创造性地使用教材而不是教教材等。在有些地理课堂中，教师在讲台上讲得大汗淋漓，但学生却鼾声呼呼；教师讲得滴水不漏，学生却茫然无措，这显然是无效的地理课堂教学。著名教育家叶圣陶老先生曾经在一次评课活动中意味深长地说过一句话："重要的是看学生，而不是光看教师讲课。"所以，评价一节地理课，需要站在学生的角度融合上述师生两个视角的评价标准进行评析。

📌拓展链接

地理课堂教学综合评价指标

在进行地理课堂教学评价时，可以采用表12-4所示的综合评价指标体系。

表12-4　地理课堂教学综合评价指标

评课人姓名：　讲课人姓名：　科目：　时间：　课题：

评价项目	评 价 要 点	符 合 程 度	
		基本符合	基本不符合
1. 教学目标	#(1) 符合课程标准和学生实际		
	(2) 可操作程度：目标明确、具体		
2. 学习条件	(3) 学习环境有利于学生身心健康，有利于教学目标的实现		
	#(4) 学习资料的处理：学习内容的选择和处理科学，学习活动需要的相关资料充足，选择恰当的教学手段		
3. 学习活动的指导与调控	#(5) 学习指导的范围和有效程度：为每一个学生提供平等参与的机会，对学生的学习活动进行有针对性的指导，根据学习方式创设恰当的问题情景，及时采用积极有效、多样的评价方式，教师的语言准确，有启发性。		

评价项目	评价要点	符合程度	
		基本符合	基本不符合
3. 学习活动的指导与调控	(6)教学过程调控的有效程度:能根据反馈信息对教学过程和教学难度进行适当调整,合理处理临时出现的各种情况		
4. 学生活动	(7)学生参与活动的态度:对问题情景的关注,参与活动积极主动		
	#(8)学生参与活动的广度:参与学习活动的人数较多,学生参与活动的方式多样,学生参与活动的时间充分		
	(9)学生参与活动的深度:能提出有意义的问题或能发表个人见解,能按要求正确操作,能够倾听、协作分享		
5. 课堂气氛	#(10)课堂气氛的宽松程度:学生的人格受到尊重,学生的讨论和回答受到鼓励,学生的质疑问难受到鼓励,学习的进程张弛有度		
	(11)课堂气氛的融洽程度:课堂气氛活跃、有序,师生、生生交流平等、有序		
教学效果	#(12)目标达成度:基本实现教学目标,多数学生能完成学习任务,每个学生都有不同程度的收获		
	(13)教师和学生的精神状态:教师情绪饱满、热情,学生体验到学习和成功的愉悦,学生有进一步学习的愿望		
教学特色			
评价等级	A　　　　　　　　B	C	D
评语			

操作说明:

1. 基本等级评定办法:6个标有"#"的评价要点,有一个被评为"基本不符合",应被评为D级;如果6个标有"#"的评价要点,都被评为"基本符合",或在这个基础上还有1～2个要点被评为"基本符合",可定为C级;6个标有"#"的评价要点,都被评为"基本符合",并且还有3～5个其他要点被评为"基本符合",定为B级;6个标有"#"的评价要点,都被评为"基本符合",并且有6～7个其他要点被评为"基本符合",定为 A 级。

2. 特色表现升级办法:基本等级评定为 C 或以上级别,并且教学过程中出现某一方面的特色,则该课可在原来等级基础上升一级。例如,教师能创造性地使用教材,使学生取得良好的学习效果;在网络教学中,教师通过有效的指导策略,促进每个学生的自主学习;学生在解决问题的过程中,创造性地解决了问题;学生在解决问题或探究的过程中,发现了教师或教科书不能解决的问题等。

(摘自 http://tljy.tledu.cn)

以上各种方法的运用并不是彼此孤立的。有时是以某一种方法为主,同时并用其他几种方法。

第 2 节　课后评课技能运用的基本要求

只有掌握、贯彻评课的一系列要求,才能科学有效地实施地理教学评价,提高评课的质量。针对当前地理教学评课的状况,我们从理念、操作、学科、内容、结果及态度等六个方面探讨地理教学评课要求。

一、在理念上要依据新课程标准

关注促进学生发展的地理、关注贴近学生生活的地理、关注实践与应用的地理及关注与现代信息技术整合的地理是地理新课程标准中的课程理念,因而在评课时要从过去单纯评价教师的教向评价教师教与学生学的结合,立足于评价教学对促进学生地理学习方式的改变;评课要关注教学是如何引导学生运用地理知识与技能解决实际问题的过程,如何有意识地帮助学生建立地理与社会生活的密切联系;评课要重视在地理教学中开展地理观察、地理实验、地理考察及地理调查等活动;评课应关注信息技术在地理课堂教学中使用的有效性问题,是否适时与适量,是否拓展了学生的视野,挖掘了学生的思维深度,是否为学生的认知活动尤其是高水平的思维活动提供了有效的帮助。

总之,评课应围绕地理新理念,对教师的教育观念、教学方式和学生的学习方式等方面进行思考和评价,以促进教师教学水平的提高。

"英国"一课精彩的课堂练习

笔者曾经执教过一节"英国"的地理课。

课中,笔者在出示苏格兰花格裙的视听题前先播放一段"花格裙"的影片,使学生了解苏格兰的民族风情,然后设问"英国制作花格裙的面料最早主要是什么?"这样通过民族风情又回顾了英国的毛纺业及其发展的地理条件;通过首届世博会来复习举办地(英国)的传统工业类型;在英国的体育运动的选择题中,英国人喜爱运动,体育运动的起源大多与当地的自然环境相关。通过温带海洋性气候及西北丘陵低山所形成的起伏草地,判断出英国为高尔夫运动及现代足球的发源地。

课后听课老师对课堂练习的设计运用印象尤深,认为很精彩。有位老师评价道:"这些题目从内容上,都以英国的日常现象、人文现象为切入点,但又紧紧围绕教学目标展开设计。试题貌似与地理关系不大,但它们的解答又与地理密切相关,充分体现了执教者关注学生生活、从生活中设计地理题、训练学生知识迁移的能力与意识。"

......

二、在操作上要实事求是

对课的评析要以课堂的真实情况为基础,不带任何偏见,客观公正地进行评价。尊重差异性,做到可行性。

我国地区差异悬殊,城乡之间和同一地区的学校之间差距都很大,因此,评课时要因地、因校制宜,对不同学校的地理教学要求应有所区别。具体而言,评价应做到可行性,指标不贪多求全,而要有所选择地突出重要因素;应定量与定性相结合;结论不宜过高,不能坐而论道地空谈。

三、在学科上要兼顾通识性与地理性

中学教育属于基础教育阶段,学科教育应立足于"通识教育"。"通识性"要求我们在评课时要注意执教者是否在传授让学生能更好适应社会的知识、技能与价值观。"地理性"则要求评课者以综合性、地域性、开放性和实践性等地理学的特点来进行评析,同时也要突出地理技能的评价,如随手板图板画的能力、地理图表运用能力、地理教具制作能力等。

疑问解答

　　问:现在化学、生物、政治等学科都涉及城市环境问题的介绍。我们在地理课应讲些什么能做到与众不同,但又有地理味呢?

　　答:众所周知,城市的环境问题是个跨学科的热点问题。化学课可以从化学原理和化学技术的层面探讨如何实施无废料排放、如何防治水污染和水环境的恶化;生物课可以从生态原理的角度,从生态链、生态系统的角度探讨问题。那么,我们地理讲什么呢? 有的地理教师在讲解城市环境问题时,浮于城市环境问题的表象,泛泛而谈。如围绕"垃圾如何分类"、"公民如何养成良好的习惯"、"政府如何颁布环保的法律",这样的课课堂气氛可能很热闹,但貌似政治课,缺乏地理味。我们地理课应该从地理环境的容量、不同区域气候和地貌对城市环境的影响、区域环境与城市产业布局等角度探索城市、人与自然三者的和谐共存关系。

四、在内容上要兼顾全面性与特色性

　　课堂教学是一个复杂的系统,而要评价这个系统,必然要把评价标准尽可能覆盖到全部要素。

　　此外,学生和教师的个性特点差异,导致了每堂课从某种程度上讲都是独一无二的,因此评课中要把听课时印象最深的、最受启发的和感到遗憾的方面加以重点评析。这两方面恰恰是教师专业化成长的关键点,对它们的评价有助于教师发展特色,弥补缺陷,形成风格。因此评课要评出亮点与不足,这非常有利于促进新手教师向专家型教师转变。

五、在态度上要和善坦诚

有经验的教师进行评课时，大多遵循激励性原则。而作为一个新教师进行评课时，更需要抱着以相互学习和共同研讨的态度进行评课。要做到虚心和善，切忌抱着挑剔或不良动机去评课；坦率诚恳，充分尊重讲课者的劳动；讲究方法，及时评课。此外，指出问题时，应在私下以商榷或建议的口吻提出，尤其注意场合，切忌在大庭广众之下使教师难堪。

🔍 案例节录

评课是挑刺还是欣赏

永清的评课，让我受到了很多的启发，我不得不重新审视自己的评课，究竟是给教师以启发还是高高在上地说完了事，让老师们难以接受？我走了，会不会我走了，剩下的苦恼是你们的……我请教永清，希望他能如实告诉我他的观点……永清指出："你的评课可以说是高屋建瓴，但有些居高临下了……他们更需要的是鼓励，有些具体的建议可以私下里交流。"第二天在永清的《让课堂教学充满生机与活力》的报告中，听了他对评课的思考和认识，特别是他说的"听课，是挑刺还是欣赏学习"深深地震撼了我，让我知道了评课应该更多地去鼓励老师、欣赏老师……

（摘自迎春花开"跟着永清学评课"，http://article.hongxiu.com）

六、在结果上要以诊断为原则

在结果上，评课要坚持诊断性原则。所谓"诊断"就是评价者依据评价标准，对评价对象的有关信息进行分析，最后作出科学的诊断，明确其优点及不足，提出完善的建议，以促进今后课堂教学的正常进行。

技 能 训 练

1. 提问是地理课堂教学中的"常规武器"，也是评价一堂地理课是否成功的一个重要因素。请评价下列提问中的不当之处：

（1）在高二"长江三峡工程建设的意义和作用"一课上，教师边展示着美丽的三峡景观的课件,边提问道:"从一排的首位学生开始,一个接一个地回答问题,请问……'坝高'、'坝长'、'库容'……"

(2)一节课上,教师问:"除了降雨,还有什么降水类型?"学生答出雪、雾、雹等。教师说:"对。"随即,在黑板上写下了降水的主要形式:雨、雪、雹。

(3)在复习"自然资源"概念时,甲老师问:"什么叫自然资源?"乙老师问:"闪电、水、小麦、铜矿石四种物质,哪些属于自然资源?为什么?"甲、乙中,哪位设问更好,为什么?

3. 一堂课的教学设计直接决定了课堂教学的成败。教学设计中蕴藏着教师的教学理念、学科功底,体现着教师的创造力。请评析以下教学设计:

(1)在"学画降水柱状图"的教学中,教材给出北京多年的月平均降水数值。3位教师有如下不同的设计,请问各自的优点是什么?

教师甲:批判法。教师拿出四幅描述降水的图,请学生给这几张图挑错(或无图名,或横、纵坐标无标注内容和单位,或降水没有用折线表示,等等)。

教师乙:试错法。教师给出学生制作地理图的三种形式:饼状图、折线图和柱状图。然后,请学生把北京降水数值变成图形表达出来,要求每组选择一种图式。并鼓励学生创作个性化的图形。结果学生发现:饼状图最难画,从扇形面不能直接读出雨量的绝对值。公认柱状图最直观。

教师丙:探究法。教师让学生把北京降水数据以红色溶液的形式装入带有刻度的12支量筒中,然后把它们按1至12月的顺序排列起来,再用画有横、纵坐标的白色纸板衬托在已经排好序的这12个量筒后,这样一幅降水柱状图就诞生了。(摘自刘慧霞《对一节地理课的几种不同设计的案例分析》,《中小学教材教学》2005年第4期)

(2)有位教师在执教"旅游景观的欣赏"一课时,采用如下步骤,请评析设计的优劣之处:

第一步,用几分钟多媒体播放我国著名旅游胜地简介;

第二步,要求学生从教材上提到的领悟自然与人文的和谐、以情观景、景观欣赏的其他要求三个方面进行评价;

第三步,从不同旅游名胜地历史着眼综合,其中教师播放了几段历史镜头;

第四步,组织学生交流活动展示;

第五步,两个学生模仿表演傣族舞与新疆舞蹈,同时还组织学生唱民族特色的歌曲,课堂上学生又唱又跳,课堂气氛热烈。

(摘自陈作㭪《新课程实施中地理课堂教学的反思》,《地理教学》2005年第8期)

参考文献

［1］陈澄. 新编地理教学论［M］. 华东师范大学出版社，2007

［2］陈澄. 地理教学研究与案例［M］. 高等教育出版社，2006

［3］陈澄. 地理典型课示例［M］. 华东师范大学出版社，2001

［4］陈澄. 地理课堂教学技能训练［M］. 华东师范大学出版社，2001

［5］陈澄. 地理课堂教学设计［M］. 华东师范大学出版社，2001

［6］陈澄. 地理教学论［M］. 上海教育出版社，1999

［7］夏志芳. 选修课教与学——地理［M］. 北京大学出版社，2006

［8］陈敬文. 评课［M］. 福建教育出版社，2005

［9］陈茂新. 地理活动组织方法［M］. 中国人事出版社，1998

［10］地理课程标准研制组. 初中地理新课程案例与评析［M］. 高等教育出版社，2003

［11］刁传芳. 中学地理教材教法［M］. 北京师范大学出版社，1991

［12］刁传芳. 中学地理课堂教学艺术［M］. 江苏教育出版社，1992

［13］段玉山. 地理新课程教学方法［M］. 高等教育出版社，2003

［14］段玉山. 信息技术辅助地理教学［M］. 高等教育出版社，2003

［15］高爱玲，白宝彦. 教师反思能力的培养与训练［M］. 东北师范大学出版社，2004

［16］郭成. 课堂教学设计［M］. 人民教育出版社，2006

［17］胡淑珍. 教学技能［M］. 湖南师范大学出版社，1996

［18］黄兆明，游世成. 课堂结尾艺术［M］. 中国林业出版社，2003

[19] 蒋金镛.教学艺术与学法指导散论[M].陕西师范大学出版社,2006

[20] 蒋宗尧,汪玉珍.评课艺术[M].中国林业出版社,2001

[21] 李冲锋.教学技能应用指导[M].华东师范大学出版社,2007

[22] 李岩.经典教学案例与创新课堂设计(初中地理)[M].世界知识出版社,2006

[23] 陆芷茗.初中地理教学中的问题与对策[M].东北师范大学出版社,2007

[24] 吕洪波.教师反思的方法[M].教育科学出版社,2006

[25] 南月省,叶滢.中学地理教学新论[M].河北科学技术出版社,2003

[26] 人民教育出版社地理室.地理课外活动[M].人民教育出版社,1986

[27] 上海市教育委员会.上海市中学地理课程标准(试行稿)[M].上海教育出版社,2004

[28] 上海市教育委员会教学研究室.地理学科课堂教学设计和实施案例(七年级)[M].上海教育出版社,2006

[29] 上海市教育委员会教学研究室.地理学科教学目标与课堂教学设计[M].上海教育出版社,2007

[30] 李如密.教学艺术论[M].山东教育出版社,1995

[31] 宋济平.简易地理教学板图·板画·板书基本功系列[M].高等教育出版社,1991

[32] 傅道春.新课程中教学技能的变化[M].首都师范大学出版社,2003

[33] 孙从义.地理课堂教学[M].哈尔滨地图出版社,1991

[34] 夏志芳.地理课程与教学论[M].浙江教育出版社,2003

[35] 谢利民.教学设计应用指导[M].华东师范大学出版社,2007

[36] 徐世贵.怎样听课评课[M].辽宁民族出版社,2003

[37] 叶禹卿.新课程听课评课与优秀案例解析[M].中国轻工业出版社,2006

[38] 袁晓斌.现代教育技术——理论与实践[M].安徽人民出版社,2005

[39] 郑金洲.课改新课型[M].教育科学出版社,2006

[40] 郑金洲.教学设计应用指导[M].华东师范大学出版社,2006

[41] 周勇,赵宪宇.新课程说课、听课与评课[M].教育科学出版社,2004

[42] 徐智.中小学教师教学反思研究[D].广西师范大学教育硕士学位论文,2005

[43] 陈夏英.基于教学反思的教师发展模型研究[D].浙江师范大学教育硕士学位论文,2004

[44] 陈立新.地理新课程实施中听课应该关注什么[J].地理教学,2006(3)

[45] 李广水.试论地理课堂教学中的评课艺术[J].课程教材教学研究,2003(10)

[46] 李一泉,关颖.论地理课堂教学的评课[J].中学地理教学参考,1998(7~8)

[47] 陈庭.高中地理新课程标准下的评课方法[J].教学与管理,2004(9)

[48] 林培英.地理实践活动教学的意义与发展[J].课程·教材·教法,2002(11)

[49] 王焕博.教态变化技能[M].中国人事出版社,1998

[50] 国际地理联合会地理教育委员会.地理教育国际宪章[J].地理学报,1993(7)